中国敦煌石窟保护研究基金会资助

敦煌研究院学术文库
敦煌研究院 / 编

彭金章 / 主编

敦煌莫高窟
北区石窟研究

上册

读者出版传媒股份有限公司
甘肃教育出版社

图书在版编目（CIP）数据

敦煌莫高窟北区石窟研究/彭金章主编.--兰州：甘肃教育出版社,2011.1(2013.1 重印)

ISBN 978-7-5423-2406-1

Ⅰ.①敦… Ⅱ.①彭… Ⅲ.①敦煌石窟—研究 Ⅳ.①K879.214

中国版本图书馆 CIP 数据核字(2010)第 257457 号

责任编辑：白　鑫

封面设计：徐晋林

版式设计：李伟杰

敦煌莫高窟北区石窟研究

彭金章　主编

甘肃教育出版社出版发行

(730030　兰州市读者大道 568 号)

www.gseph.com　0931—8773255

天水新华印刷厂印刷

开本 787 毫米×1092 毫米　1/16　印张 42.25　插页 20　字数 700 千

2011 年 4 月第 1 版　　2013 年 1 月第 2 次印刷

印数：1 201~2 200

ISBN 978-7-5423-2406-1　　定价(全二册)：108.00 元

彩版一：莫高窟北区石窟群

彩版二：莫高窟北区外景

彩版三：
B222：1（正）
波斯银币

彩版四：
B222：1（背）
波斯银币

彩版五：莫高窟北区出土回鹘文木活字

彩版六：莫高窟北区出土回鹘文木活字特写

彩版七：B86:9　木雕彩绘女俑

彩版八：B86:11　木雕彩绘胡人俑

彩版九：
B142：2　模制脱佛

彩版十：
第 462：4　泥质影塑经变

右页图 ——→

彩版十一：莫高窟北区出土
红地织金锦

彩版十二：莫高窟北区出土
卷草纹锦

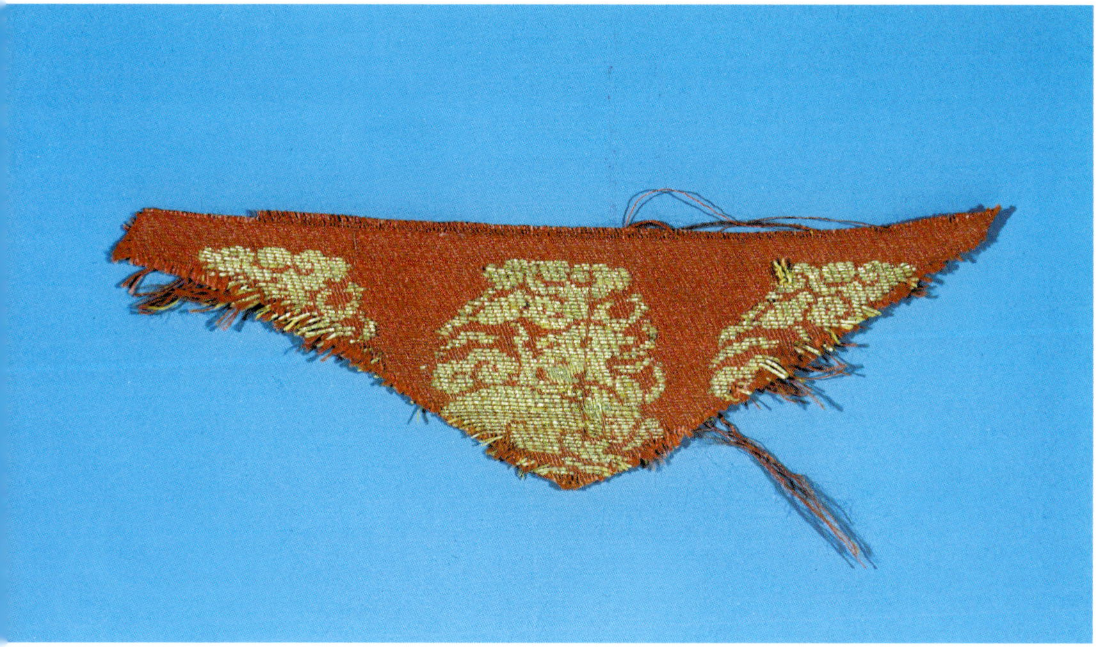

↑ 彩版十三：B32：5 刺绣

← 彩版十四：B53 禅窟

↓ 彩版十五：莫高窟 B113 窟出土西夏钱币

彩版十六：B105:2　铜十字架

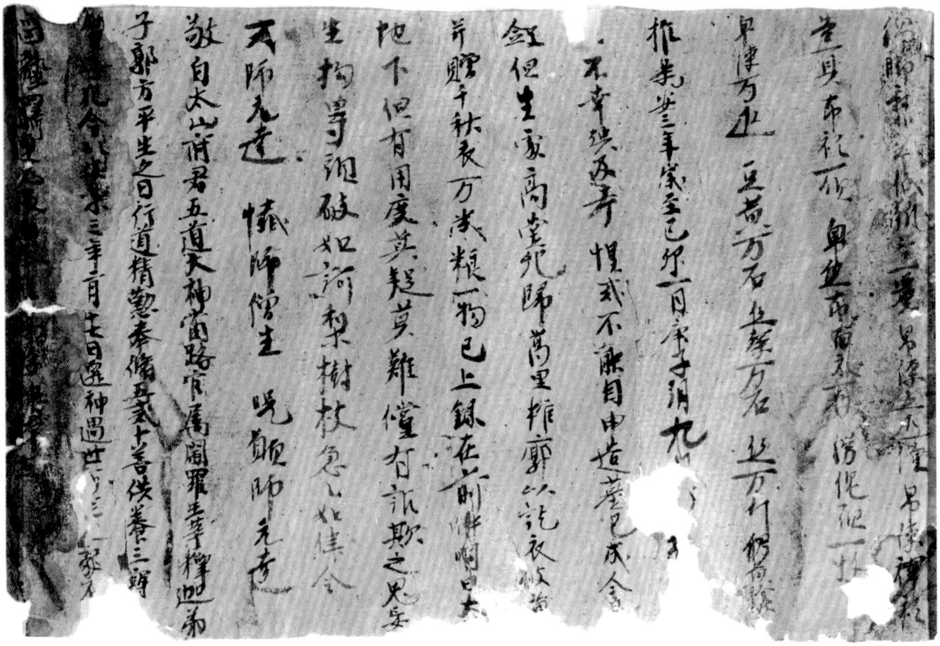

彩版十七：B228∶1 《河西大凉国安乐三年郭方随葬衣物疏》

彩版十八：B159∶3-1 《妙法莲华经》

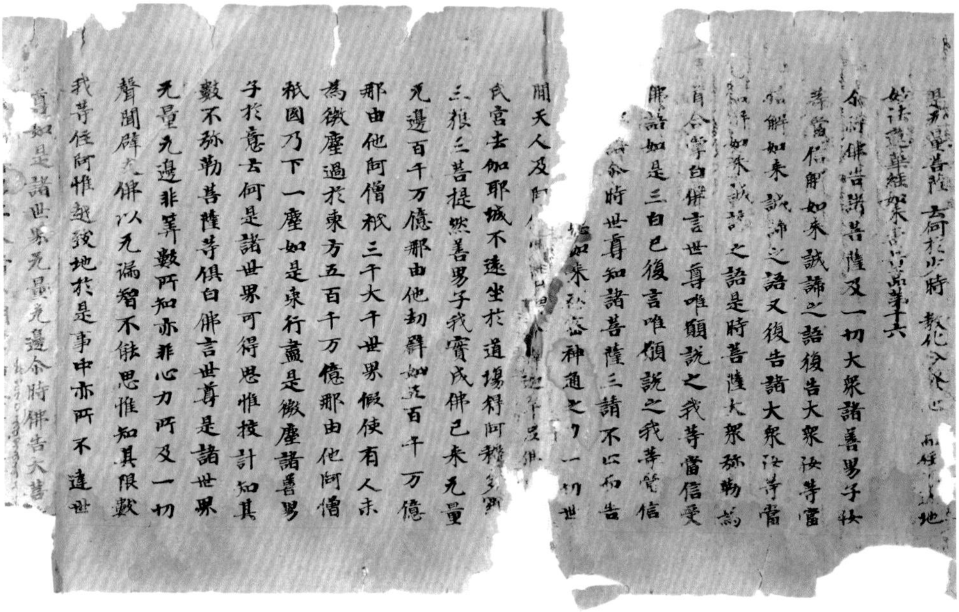

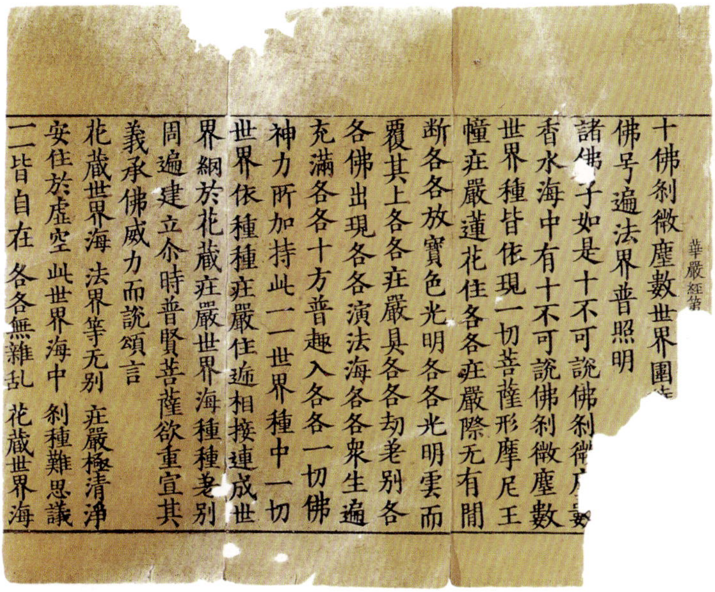

華嚴經第

十佛刹微塵數世界圍
佛号遍法界普照明
諸佛子如是十不可說佛刹微
香水海中有十不可說佛刹微塵數
世界種皆依現一切菩薩形摩尼王
幢荘嚴蓮花住各各荘嚴際无有間
斷各各放寶色光明各各光明雲而
覆其上各各荘嚴具各各刧差別各
各佛出現各各演法海各各衆生遍
充滿各各十方普趣入各各一切佛
神力所加持此一一世界種中一切
世界依種種荘嚴住遞相接連成世
界網於花藏荘嚴世界海種種差別
周遍建立介時普賢菩薩欲重宣其
義承佛威力而說頌言
花藏世界海 法界等无別 荘嚴極清淨
安住於虛空 此世界海中 刹種難思議
一一皆自在 各各無雜乱 花藏世界海

彩版十九：B53:1 《大方广佛华严经》

彩版二十：B59:5-1 《排字韵》

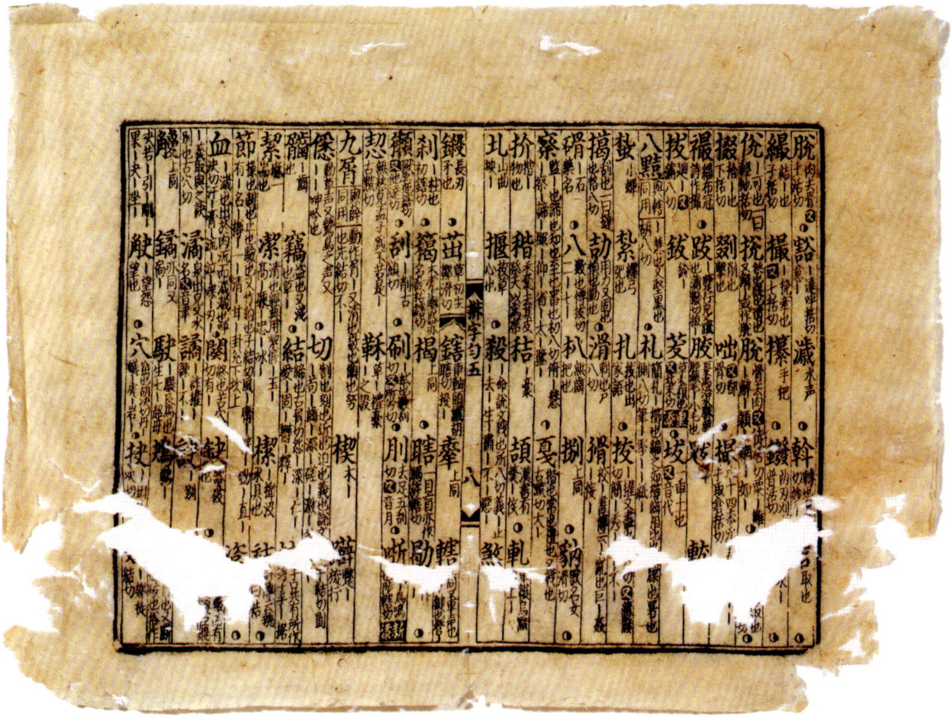

彩版二十一：莫高窟北区崖壁上悬空的洞窟

序

敦煌莫高窟北区石窟,早在20世纪初就有人将其称之为“千佛洞以北诸洞窟”。到了20世纪40年代,国立敦煌艺术研究所学者将莫高窟有洞窟的崖面划分为11段,其中1~8段在今南区,名为“南大段”,9~11在今北区,名为“北大段”,当时尚无北区之称。直到20世纪80年代初期,敦煌文物研究所学者“根据洞窟分布的情况,可分为南、北两区”,正式提出了莫高窟北区之名称。

莫高窟保存至今仍有石窟的崖面全长1700余米。以原敦煌文物研究所编号的第1窟为界,此窟及其以南为南区,第1窟以北的石窟为北区。南区崖面长1000余米,分布着《敦煌莫高窟内容总录》所记录的492个石窟中的487个。北区崖面长700余米,亦开凿石窟数百个,其中仅有5个石窟由敦煌文物研究所进行了编号,即第461、462、463、464、465窟,并在《敦煌莫高窟内容总录》中做了记录,其余石窟因多无壁画或塑像,敦煌文物研究所当时未予编号,亦未记录。因而在以往有关莫高窟的多种出版物中,除第461~465窟外,绝大多数北区石窟很少被提及,它们几乎成了被人遗忘的角落。

然而,在北区崖面上,除个别地段因地质原因未开凿石窟外,其余地段均有石窟分布。这些至今尚保存的石窟,也和南区崖面所开凿的石窟一样,彼此上下相接,左右毗邻,状如蜂巢。崖面上石窟最密集处上下可达五六层,亦十分壮观。

据有关资料显示,莫高窟北区石窟从20世纪初至40年代国立敦煌艺术研究所成立前,曾有多人涉足,他们或乱挖,或盗掘,使北区石窟遭受不同程度的破坏。1944—1988年,国立敦煌艺术研究所、敦煌文物研究所、敦煌研究院曾先后对北区石窟进行过有计划的管理和保护,但从未对北区石窟进行过科学的考古发掘。于是,北区崖面上开凿的石窟数量、石窟形制与特征、石窟性质与用途、北区石窟在莫高窟石窟群中所处地位以及它们属于什么时代等问题形成了一个个谜团，成为国内外学术界的关注点。

为了揭开蒙在北区石窟上的神秘面纱，经过报请上级主管部门批准，敦煌研究院遂即组织本院考古研究所专业人员，从 1988—1995 年分六次对北区石窟逐一进行了考古发掘，并取得了重大收获。

通过对北区石窟发掘资料的系统整理和研究，已弄清了北区崖面现存石窟数量为 248 个，其中 243 个石窟为此次发掘清理后新编窟号的石窟。发现了多种形制的石窟，其中僧房窟、僧房窟附设禅窟、瘗窟、廪窟的发现，填补了敦煌石窟原已知石窟类型的空缺。弄清了北区石窟的性质和用途，是僧人修禅、居住生活、死后瘗埋的集中区域。纠正了以往有关北区石窟是“画工窟”“塑匠窟”的不确切说法。证明北区石窟是莫高窟石窟群不可分割的一部分。其时代与南区石窟相当，当南区石窟存在时，北区石窟就存在了，当南区石窟停止开凿时，北区石窟也随之荒废。

不仅如此，在北区石窟考古发掘中，还发现了大批极为珍贵的文物，仅出土的文献就有 524 件，这是继敦煌藏经洞文献和莫高窟土地庙文献发现后，敦煌文献的又一次大发现。这些文献根据文字种类的不同，可分为汉文文献、西夏文文献、回鹘文文献、藏文文献、回鹘蒙文文献、八思巴文文献、梵文文献、叙利亚文文献、婆罗迷字体书写的梵语文献等。此外，还出土了银币、铜币、铁币、木印章、木活字、铜十字架以及其他文物。如此丰富的考古新发现和出土新资料，为敦煌石窟考古、敦煌学以及与敦煌学相关的学科的研究提供了全新的信息和资料，揭示了许多鲜为人知的内涵，填补了敦煌莫高窟乃至全国佛教石窟的某些空白，开辟了敦煌学研究的新领域和新天地，同时也提出了诸多新问题有待学术界进一步探讨。故被学术界誉为是 20 世纪敦煌莫高窟又一重大的考古新发现。这些新发现具有“极高的研究价值”，“是对敦煌学的一大贡献，它将永远载入敦煌学术史的史册”。

随着敦煌研究院编《敦煌莫高窟北区石窟》(第一至三卷)考古报告的出版和大批北区新资料的首次刊布，国内外诸多领域专家学者开始广泛关注，并对其进行了深入探讨。由于他们的潜心研究，不仅使北区出土的一批死文字变活了，还通过对其的释读，揭开了这些死文字以及其他新发现的资料所深藏的诸多重要信息和丰富内涵。汉文文献学者研究认为，北区出土的汉文文献有藏经洞中所未见的珍贵文献，有的则为久已失传的古佚书。据西夏学学者研究，北区出土的西夏文文献，如《碎金》、西夏文和汉文双语双解词典《番汉合时掌中珠》、有序言的《三才杂字》、押捺汉文“僧禄广福大师管主八施大藏经于沙州文殊舍利塔寺永远流通供养”施经愿文的《大藏经》等均为国内所仅存。而出土的西夏文活字印刷本《地藏菩萨本愿经》《诸密咒要语》则是海内外的孤本。北区出土的西夏文大型楷书木质印章为首次发现。北区出土的某些字形相似的少数民族文字文献，经学者研究才知道有的是回鹘文文献，有的则属于回鹘蒙文文献。据回鹘学学者研究，北区出土的回鹘文文献为学术界提供了大量前所未知的材料，如《阿毗达磨俱舍论实义疏》梵文原本已不存世，而流传下来的汉文本亦未见全文，而北区出土的回鹘文《阿毗达磨俱舍论实义疏》则弥补了汉文本及梵文本的不足。出土的夹写有婆罗迷文字母的回鹘文《大乘无量寿经》《长阿含经》是目前国内现存同类佛经中的孤本。蒙古学学者研究成果显示，北区出土的蒙古文文献和八思巴文文献乃是全新的资料，有重要研究价值。其中八思巴文《善说宝藏》，亦称《萨迦格言》，填补了该文献在国内的空白。藏文学者研究认为，北区出土的藏文数学乘法口诀文献是乘法口诀的创新。这里出土的既用文字表示数字，同时又有近似阿拉伯数码的藏式数码的藏文文献以及专门书写历史地理的藏文文献，在藏经洞所发现的藏文文献中尚不多见。北区出土的内容涉及佛教逻辑学的《量学》《因明量学》藏文文献，是难得的珍品，具有很高的研究价值。由于专家学者的研究，使我们得以知道北区出土的叙利亚文文献在国内十分罕见，这次出土的叙利亚文《圣经·诗篇》是中国现存最古老的叙利亚文《圣经·诗篇》版本，亦可能是中国现存最古老的《旧约》经文。它的发现为研究曾经流行于中国境内的景教提供了最新的线索和资料。北区出土的字形类似吐火罗文的文献，后经学者研究认为是婆罗迷字体书写的梵语佛教文献，而且是现存汉文佛教典籍中没有相应的汉译本的珍品。北区出土的文物中除了多种民族文字文献外，还有首次在敦煌发现的波斯银币和西夏钱币，而发现的回鹘文木活字则是迄今为止经过科学考古发掘而获得的世界上最古老的活字实物。此外，还有敦煌第一次发现的属于景教（基督教）的遗物——铜十字架等等。经过专家学者多年来的研究和探讨，莫高窟北区石窟的研究更加深入。他们陆续在国内外多种学术刊物上发表了一系列有关莫高窟北区石窟的重要研究成果，其范围涉及石窟考古学、敦煌学、历史学、西夏学、回鹘学、蒙古学、藏学、民族学、语言文字学、宗教学、艺术学、石窟保护等多个学科领域。在此，特向为敦煌莫高窟北区石窟研究作出贡献的专家学者表示由衷的感谢！

为了进一步推动对北区石窟的研究，促进敦煌石窟考古、敦煌学及相关学科研究深入发展，在敦煌研究院的支持下，在中国敦煌石窟保护研究基金会的资助下，我们把分散发表于国内外刊物上有关莫高窟北区石窟的学术论文，结集成册出版，以满足学术界继续研究所需。

在《敦煌莫高窟北区石窟研究》即将出版之际，特向长期以来对敦煌莫高窟北区石窟的研究一直关心和支持的师友同仁以及国内外专家学者深表谢意，并期待着诸位有更多的敦煌莫高窟北区石窟研究新成果发表！

彭金章

2010年10月30日于敦煌莫高窟

目 录

上册

考古发掘与研究

汉文文献研究

石窟保护研究

下册

民族语言文字文献研究

考古发掘与研究

敦煌莫高窟北区洞窟清理发掘简报

彭金章　沙武田　著

敦煌莫高窟开凿于鸣沙山东麓长约1700米的断崖上，根据洞窟分布情况分为南区和北区。在长约1000米的南区，集中了原编号492个洞窟中的绝大多数（共487个洞窟，分布在北区的第461~465窟5个洞窟除外）。在北区全长700余米的断崖上，也开凿有洞窟（彩版一）。洞窟与洞窟间上下相接，左右毗邻，状如蜂巢，最密集处可达四层或五层，非常壮观（彩版二、图1~3）。由于北区洞窟内绝大多数无壁画和塑像，因此莫高窟

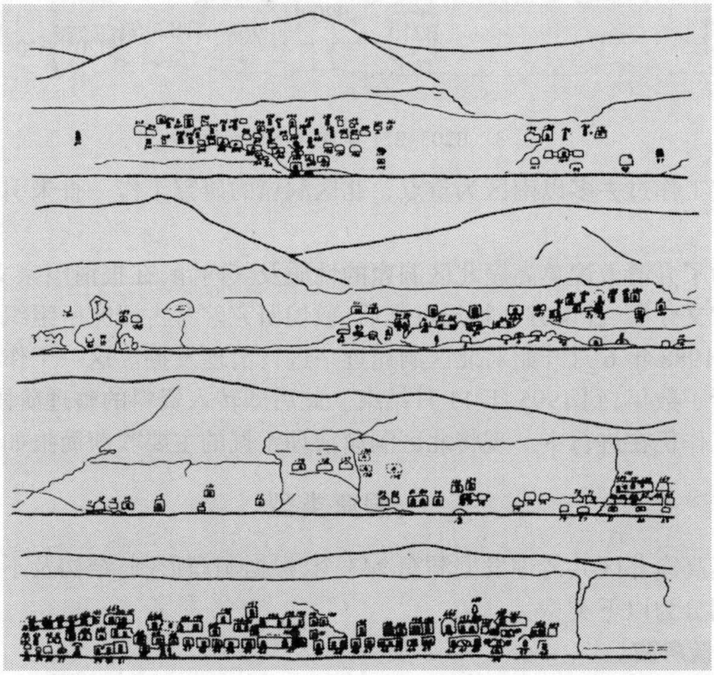

图1　敦煌莫高窟北区洞窟立面分布示意图(自上而下，四段图示依次相接)

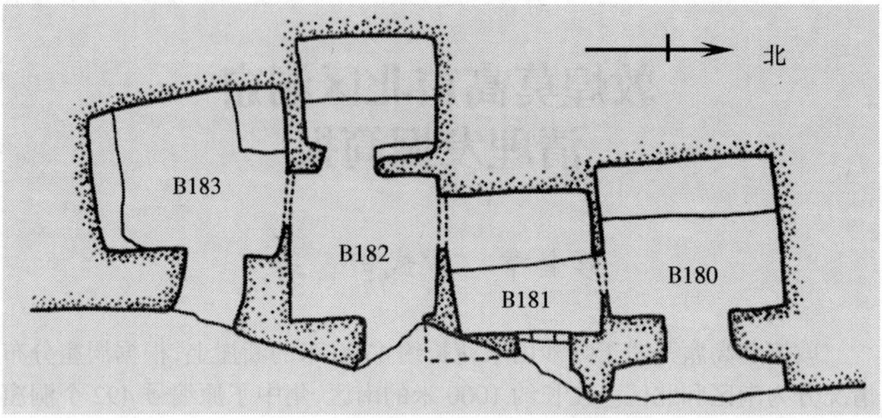

图 2　B180~183 窟联合平面示意图

图 3　B203~211 窟联合平面示意图

的研究工作过去多以南区为重点，北区洞窟的研究工作一直未引起足够重视。

为了弄清敦煌莫高窟北区洞窟的性质及其内涵，在报请国家文物局、甘肃省文化厅、甘肃省文物局批准后，敦煌研究院考古研究所组织专业人员，于 1988 年 6 月开始对北区洞窟逐一进行清理发掘。这一工作断断续续进行了数年，到 1995 年 11 月结束。此后即转入资料的整理阶段，目前此项工作仍在进行中。现将北区洞窟清理发掘的主要收获简报如下。

一、洞窟类型

莫高窟北区共清理发掘洞窟 243 个，根据洞窟形制、结构及不同功能将其划分为以下类型。

1.僧房窟。

僧房窟是专供僧人或莫高窟的“常住百姓”生活、起居的地方，共发现

65个。这种类型的洞窟一般由前室、甬道、主室三部分构成。主室平面呈方形或长方形，内有炕（砾石炕或用土坯砌的有烟道的火炕），有灶及伸向室外的烟道。顶部形制可分为人字披顶、覆斗顶、平顶，以人字披顶多见。

僧房窟四壁及顶的表面处理一般是在开凿好的砾石面上先抹一层粗草泥，再抹一层细草泥或细泥，有的还抹一层澄板泥或刷一层白灰。个别洞窟略有出入。

现以B211窟、B159窟为例具体叙述如下。

（1）B211窟。

位于北区崖面最南端洞窟的第三层。前室已残。有甬道，甬道长0.79米、宽1.08米、高1.57米。从甬道进入主室凿有下降的二层台阶，每层台阶宽0.30、高0.11米。主室平面近方形，南北长3.45~3.74米、东西宽3.44米。主室后部有一砾石炕，炕宽1.82米、高0.36米。南壁东侧下部另有一土坯砌成无烟道的炕，长1.63米、宽1.06米~1.25、高0.24米。东壁门北下部有一土坯砌成的灶，灶径0.66米、灶膛深0.19米，烟道经东壁绕向甬道上部而通前室。烟道系先在砾石壁上开一凹槽，深0.11米、宽0.11米，其

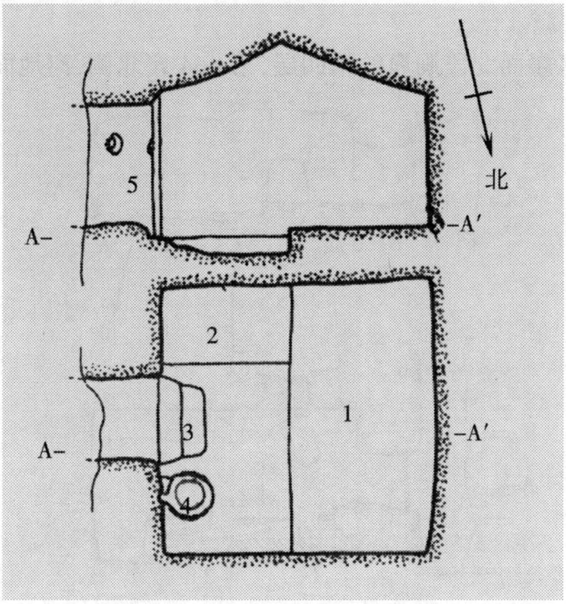

图4　B211窟平、剖面示意图

1.砾石炕　2.土坯炕　3.台阶　4.灶　5.灯龛

上盖以筒瓦,并抹以草泥。人字披顶距地面高 2.87 米(图 4)。

主室西壁及甬道各开小龛,主室西壁小龛呈椭圆形,小龛长 0.39 米、高 0.22 米、深 0.23 米。开凿于主室东壁门南侧拐角处上部的小龛呈锥体,高 0.20 米、底宽 0.08 米。后者至今仍保留厚厚一层油垢,当为长期放置灯盏所致。

主室四壁、顶及甬道表面均抹粗细两层草泥,部分草泥已脱落而露出砾石面,有较厚的烟熏痕迹。炕面也残存草泥痕迹,地面砾石层上亦抹厚约 0.03~0.04 米的草泥,平整光滑。

洞窟内地层堆积分为四层:风积细砂层,厚 0.60~0.80 米;碎草屑层,厚 0.03~0.05 米;砾石砂层,厚约 0.25 米;细砂层,厚约 0.12 米。各层中均未见遗物。但在南壁东侧下部的土坯炕内却出土了少量西夏文文献残片。

从该窟存在着两种质地的炕分析,其时代至少有两个阶段,一是砾石炕的开凿时代,即洞窟的开凿时代,一是土坯炕的垒砌和使用时代。前者时代待考,后者根据土坯炕内出土的西夏文文献残片,推测其时代为西夏至元。

(2)B159 窟。

位于北区崖面北段洞窟的第四层,第 464 窟北侧,离地面比较高。系

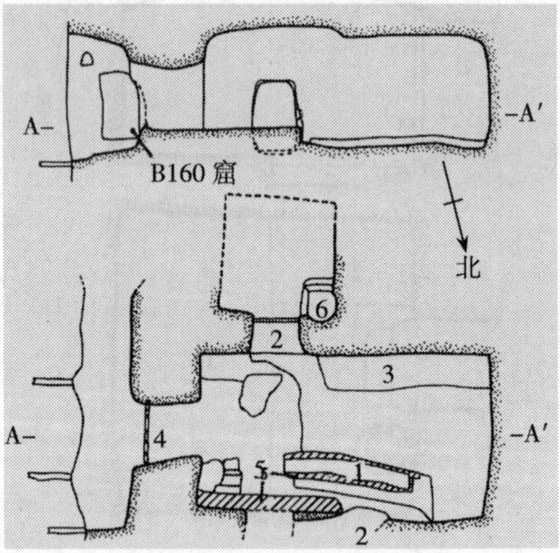

图 5 B159 窟平、剖面示意图

1.烟道 2.通道 3.贮物槽 4.窗底框 5.土坯墙

由多室禅窟改造而成(图 5)。现主室面积比较大,呈长方形,东西长 5.42 米、南北宽 2.62~3.24 米。主室内靠近北壁东侧和东壁有一不规则形火炕,长 1.28~4.40 米、宽 0.90~2.62 米、高 0.24 米。从炕的残塌部分可见烟道两条,内有灰烬,主室东壁下部,有一烟道通过现窗户北侧伸向窟外。火炕系用长方砖和花砖等平铺炕面,其下用土坯、石块等砌成(图 6)。主室虽为平顶,但顶部却高低不等,顶高约 2.10 米。

图 6 B159 窟的火炕

地层堆积分为两层:一是风积细砂层;二是石块、砖块、木枝、树叶等堆积层,在此层内出土陶瓷片以及汉文、回鹘文、藏文等佛经残片,还有皮革及棉麻织物。该窟原为多室禅窟,故开凿时代可能较早,被改造成僧房窟以后,从其中的出土物分析,使用下限当在元代。

2.禅窟。

禅窟是供僧人禅修、诵经的地方。在莫高窟北区发现的禅窟中,可分为单室禅窟和多室禅窟两种形制,单室禅窟共计 68 个,多室禅窟共计 10 个[①],其基本特征分别如下。

(1)单室禅窟。

单室禅窟即仅有一个禅室的禅窟。这类洞窟有甬道通前室,一般面积较小,平面近方形,禅室后部有一砾石禅床;人字披顶距洞窟地面比较低,一般仅容一人勉强站立;禅窟内无灶,亦无用火痕迹。四壁及顶表面有的抹粗细两层草泥, 少数有简单壁画; 有的禅窟四壁及顶表面不作任何修饰,故开凿洞窟所形成的砾石面完全裸露在外。

①不包括原为多室禅窟后被改造为礼佛窟的第 462 窟和第 464 窟。

现以B158窟为例具体叙述如下。

B158窟位于北区崖面北段洞窟的第4层，离地面高约10.00米，是非常适宜佛教徒静坐禅修的地方。

前室已残，东西长已不可知，南北宽2.70米、高2.00米，前室后壁四角各有一个方形木构窟檐痕迹。甬道长1.15米、宽0.85、高0.96米。主室略呈方形，南北长2.58~2.71米、东西宽2.30~2.44米，室内后部禅床宽1.20米、高0.38米。人字披顶，距地面高1.84米(图7)。

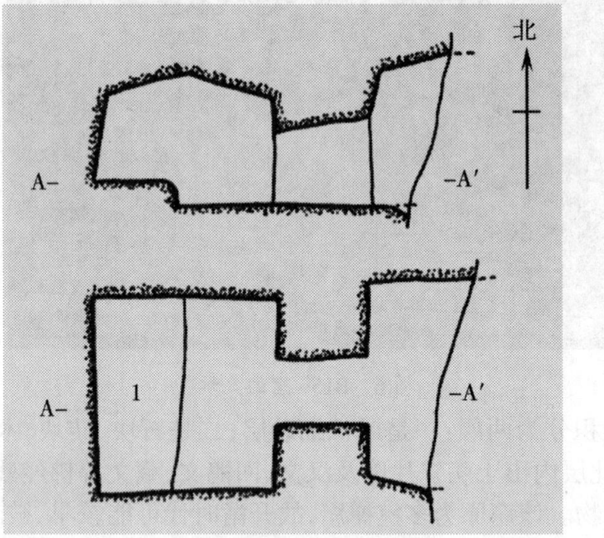

图7 B158窟平、剖面示意图

1.禅床

主室顶、四壁及甬道表面均抹粗细两层草泥，砾石禅床及地面亦抹草泥，但已剥落。未见灶，亦未见用火痕迹。

室内堆积两层：一层是风积细砂层；另一层是砾石细砂堆积层，此层出土遗物有脱塔等。

该窟开凿时间有待探讨，但从出土的泥质脱塔分析，其使用下限在西夏、元代。

(2)多室禅窟。

即有多个禅室的洞窟。其基本特征是有前室、中室和后室以及1~5个不等的侧室。中室无禅床，其余各室均有禅床，有的还有小矮台与禅床相连;中室面积比较大,可能是供佛教徒集体活动的地方,故不设禅床。

现以 B113 窟为例具体叙述如下。

B113 窟位于北区崖面中段偏南二级台面的上部,属北区崖面洞窟的第三层(图 8)。

图 8 B113 窟外观

该窟由前室、中室、后室和侧室四大部分组成(图 9)。

前室仅残留西壁,南北宽 1.41 米、高 2.00 米。前甬道地面略高于主室和前室地平面,前甬道长 1.20 米、宽 1.20 米、高 1.45 米。

中室较大,呈长方形,东西长 3.80 米、南北宽 2.55 米。顶部为前人字披后平顶,人字披脊东西长 2.54 米、离地面高 2.20 米;平顶部分东西宽 1.25 米、离地面高 1.66 米。四壁及顶表面原为粗细两层草泥上刷白灰,居住面上亦抹草泥,剥落严重。现中室东南角有一西夏时期土坯灶,并有烟道通前室,由于此灶的存在,致使中室、后室及各侧室均留下较厚的烟熏痕迹。

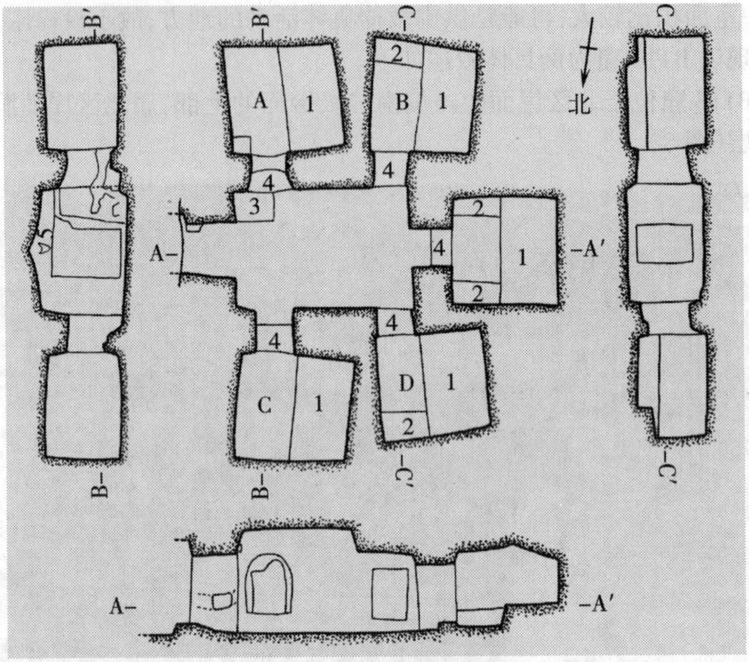

图 9　B113 窟平、剖面示意图

1.禅床　2.小矮台　3.灶　4.通道地面　5.小龛

中室前壁正中开凿一后甬道通后室，后甬道地面略高于中室和后室地面，后室平面近方形，长 2.40 米、宽 2.28 米。人字披顶，距地面高 1.78 米。后室后部有一禅床，禅床前靠南北壁各有一小矮台，禅床矮台形状略呈凹字形，禅床宽 1.26 米、高 0.48 米，南北两个小矮台，其中南矮台宽 0.38 米、北矮台宽 0.46 米。室内表面均抹粗细两层草泥，上刷白灰。在后室的细砂、草泥等堆积中出土有“祥符通宝”“宣和通宝”“天盛元宝”“乾祐元宝”等北宋和西夏钱币(有关本洞窟出土的钱币详见《试论敦煌莫高窟北区出土的波斯银币和西夏钱币》一文)。

中室南北壁各开两个门，分别通 A、B、C、D 侧室。其中 A 侧室东西长 2.44 米、南北宽 2.30 米，禅床宽 1.22 米、高 0.40 米，人字披距离地面高 1.80 米。顶及四壁表面均抹草泥，并有零星简单暗红壁画，其内容是椽子、梁等仿木建筑。禅床上堆积细砂，禅床前堆积草屑，出土有铁刀、皮鞋、麻布、瓷碟、布佛像画、“乾祐元宝”等遗物。

B 侧室东西宽 2.32 米、南北长 2.36 米，禅床宽 1.20 米、高 0.42 米，南壁下小矮台长 1.10 米、宽 0.50 米、高 0.30 米，人字披顶高 1.80 米。顶及四壁表面均抹草泥。未见遗物。

C 侧室东西宽 2.30 米、南北长 2.30 米，禅床宽 1.26 米、高 0.44 米，人字披顶距地面高 1.82 米，顶及四壁均抹草泥。未见出土物。

D 侧室东西宽 2.20 米、南北长 2.40 米，禅床宽 1.36 米、高 0.48 米，北壁小矮台长 1.00 米、宽 0.66 米、高 0.40 米，人字披顶距地面高 1.80 米。禅床上有坍塌砂砾，禅床前也有细砂堆积，出土“宣和通宝”“天盛元宝”“乾祐元宝”等北宋和西夏钱币以及皮、毛、毡、铁钉等遗物。

从出土遗物分析，该窟最后一次使用是在西夏党项政权占据沙州(1036—1227 年)时期，此时该窟不再作为禅窟使用，而是作为僧众生活起居的地方。但 B113 窟何时开凿，有待研究。

3.僧房窟附设禅窟。

僧房窟附设禅窟，亦即是僧房窟与禅窟的结合，不仅有供僧人日常生活起居的僧房窟，也有供其坐禅修行的禅窟，两者作为一个整体而存在，这或许是人们在经过开凿单独的僧房窟与禅窟后，总结经验而开创的一种更加方便的造窟方式。

莫高窟北区洞窟中，属于僧房窟附设禅窟的洞窟共有 9 个，其中又分两种：一种是比较多见的僧房窟与禅窟共一前室，此类洞窟共计 5 个；另一种是在僧房窟主室西壁开一较小且矮仅容一人坐禅、平面呈椭圆形或方形的小禅室，此类洞窟共计 4 个。限于篇幅，后者在这里不作单独介绍。

B127 窟位于北区崖面北段洞窟的第三层，是由共一前室的甲、乙两室构成，甲室为僧房窟，乙室为禅窟(图 10)。所共前室南北宽 4.35 米、东西残长 0.90 米、高 1.90 米。甲、乙两室甬道在同一平面上，均长方形，略高于前室。甲室平面近方形，东西长 3.00 米、南北宽 2.80 米，其后部有一炕，宽 1.70 米、高 0.38 米。在东壁甬道北侧有两个土坯灶。人字披顶，西披宽于东披，离地面高 2.50 米。室内四壁及顶表面均抹粗细两层草泥，其上刷一层白灰，有零星简单的土红色壁画，内容为仿木结构建筑、云纹等，洞窟四壁上又多见刻画花草、动物纹样。炕面及地面均抹草泥，现剥落严重，甬道顶及南北壁有草泥痕。

乙室主室平面呈长方形，东西长 4.10 米、南北宽 1.26~1.46 米，地面

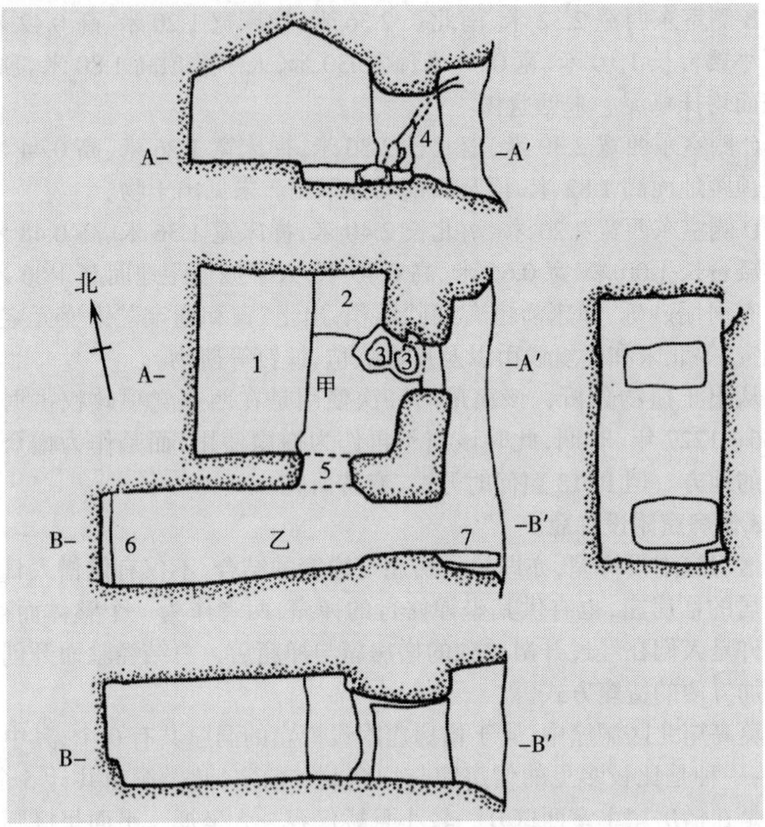

图 10　B127 窟平、剖面及前室立面示意图

1.炕　2.土坯台　3.灶　4.烟道　5.通道　6.窄台

不见禅床,但在西壁下有一窄台,高 0.40 米、宽仅 0.20 米。平顶,顶宽 0.84 米,顶距地面高 1.68 米。乙室顶及四壁、甬道壁表面均无草泥痕迹。无灶,无用火痕迹。据此推测该室似供禅修用的禅窟。

甲乙两室内堆积分为两层:风积细砂层和遗物堆积层。甲室出土陶瓷片、西夏文、回鹘文、藏文等文书残片,同时还出土墨绘眉毛、鼻、眼、耳、口的木雕佛头像;乙室出土葫芦残片、羊皮、木块等。

另外,在甲室南壁东侧有一晚期通道通乙室,在两室的部分地方还多见晚期所抹粗草泥的痕迹以及土坯台的存在也说明该窟曾多次改造使用。从现有资料分析,该窟开凿年代尚难判断,但从出土物分析其使用下限为元代。

4.瘗窟。

瘗窟即用来埋葬僧人、俗弟子等佛教徒的洞窟。性质类似墓葬,但又有区别。瘗窟的发现与清理发掘,是莫高窟北区考古工作的一大收获。在已发现并经清理发掘的23个瘗窟中,洞窟形制、葬式、出土遗物等都不相同。它们往往成片或成组开凿于北区崖面上。瘗窟形制多样,它们有的类似禅窟,有的原来就是禅窟,有的原为僧房窟,有的类似崖墓,还有的瘗窟低矮狭小,此次发现的瘗窟一般用土坯或石块封堵窟门。在23个瘗窟中共发现了属于几十个个体的人骨,其性别、年龄、人种各不相同,更值得探讨的是部分头骨有人工锯痕①。葬式有单人仰身直肢葬、多人合葬、二次葬、坐化葬、火葬、棺葬等。随葬品多寡不一,特别是有几个瘗窟出土有可供断代的遗物诸如衣物疏、木雕彩绘俑、钱币等,因而显得特别重要。

现以B222窟为例具体叙述如下。

B222窟位于北区崖面南端洞窟的第五层,位置比较高,离地面约10米。该窟前室及甬道均残毁,主室也部分残塌,但仍能反映洞窟形制及埋葬的基本情况。主室平面近方形,东北角残,南北长1.90米、东西宽1.62米,后部有一棺床,宽0.80米、高0.52米(图11),顶部为前略呈弧形人字披后接斜披顶,窟顶距地面高1.46米,棺床距后斜披顶0.60~0.80米。该窟四壁、顶、棺床、地面都抹粗细两层草泥,西壁隐约可见简单呈红色小方格的壁画。

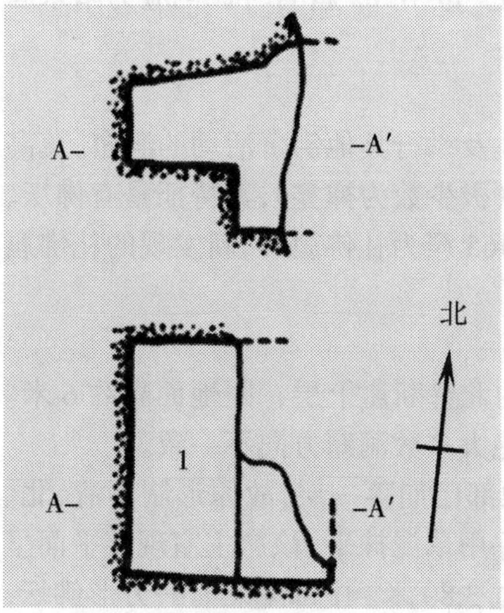

图11　B222窟平、剖面示意图
1.棺床

棺床上放置一长条形草垫,其上可见人体腐烂痕,应为遗体腐烂所致,草席被翻动过,其下发现波斯银币一枚,当为随葬品。人骨架今已不存,但有人体腐烂后的堆积物(图12)。棺床上发现有零散黄色绢,亦有人体腐烂痕,当为死者衣物无疑。

①莫高窟北区瘗窟发现的人骨经中国社会科学院考古研究所研究员潘其风先生鉴定。

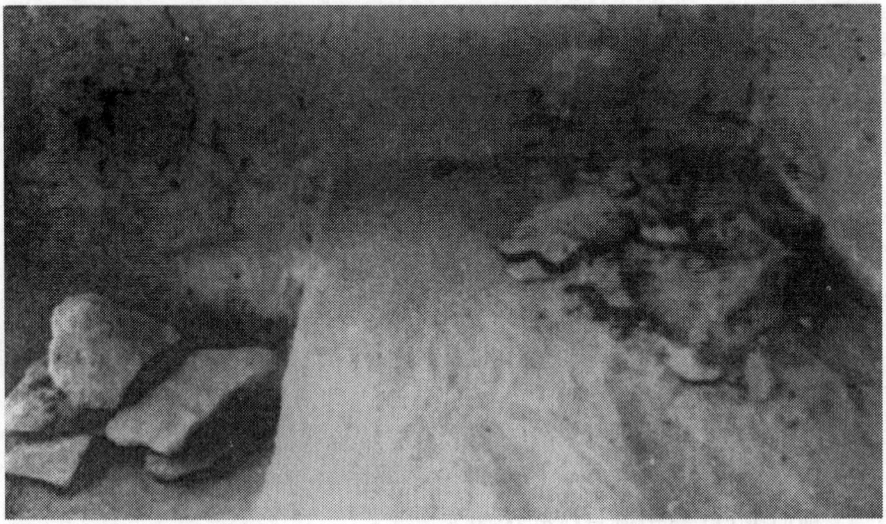

图 12　B222 窟棺床及遗物

该窟所在位置与 B228 窟邻近，其形制与 B228 窟相同，又均为瘗窟，两窟所出随葬品中的丝织物完全相同，据此分析 B222 窟与 B228 窟时代相当。B228 窟出土有隋末唐初衣物疏，故 B222 窟的时代也应为隋末唐初。

5.礼佛窟。

礼佛窟是供佛教徒进行观像、巡礼及举行其他佛事活动的洞窟。莫高窟南区几乎所有的洞窟都属于礼佛窟(极少数为禅龛)，其特征是有佛坛、塑像、壁画。北区除已编号的第 461~465 窟为礼佛窟外，新发现的礼佛窟有两个，即 B175 窟和 B77 窟。

现以 B175 窟为例具体叙述如下。

B175 窟位于北区崖面的大豁口内北壁断崖上层，距地面高约 6 米。该洞窟坐北朝南，与北区崖面走向及绝大多数洞窟方向不一致。

由于坍毁严重，仅存主室，该室顶部已崩落一层，故原形制不清，北、东、西壁上部均残，下部用土坯垒砌，并用草泥抹平。该窟主室现存平面呈长方形，南北残长 3.77~5.20 米、东西宽 3.80 米。中部偏北有一方形佛坛，边长 1.08 米，佛坛用土坯砌成(土坯长 0.42 米、宽 0.20 米、厚 0.10 米)，残高 0.36 米，表面系先抹草泥再抹夹麻细泥，佛坛内填充物有砾石、细砂、

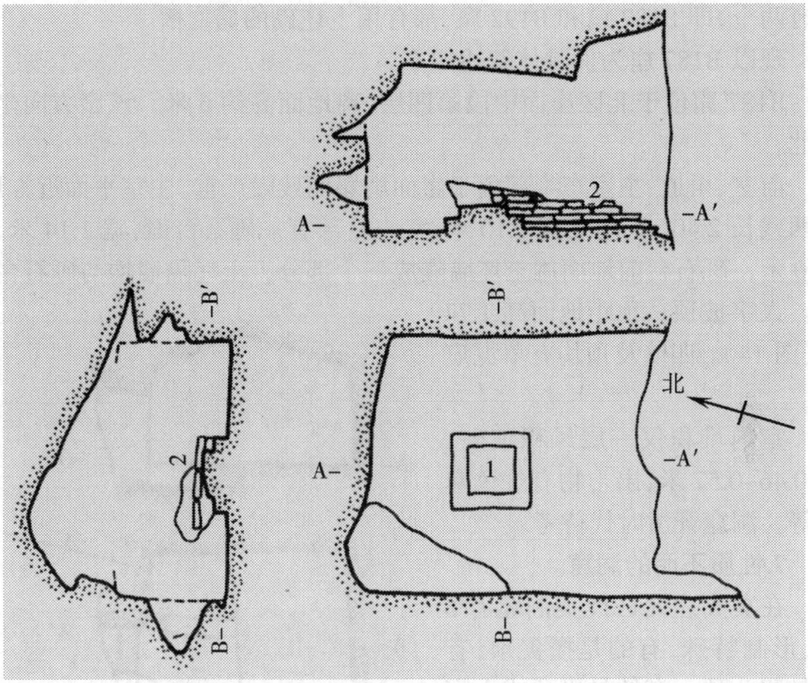

图 13　B175 窟平、剖面示意图

1.佛坛　2.土坯墙

芦苇、树枝等(图 13)。

窟内堆积分为三层:风积细砂层,由北而南倾斜,厚 0.30~0.50 米,中夹有顶部塌落的石块、泥皮等;坍塌物层,厚 0.50~0.90 米,中有草泥块、壁画残块、砾石、土坯等,该层中又出土人骨,用麻布包裹①;砂土层,厚 0.15~0.30 米,该层出土芦苇、树枝以及汉文佛经、宋代钱币、绢幡等。

从该窟出土壁画残片分析,说明当时室内均绘壁画。出土的汉文佛经有《妙法莲华经》《佛说灌顶经》等,从书法体例等初步断定为晚唐五代以前遗物。其他遗物有绢幡、残木雕、泥质浮塑、宣和通宝钱币等。

该窟有中心佛坛,又出土五代及其以前遗物,其开凿时代应不会晚于五代时期,延续使用至宋代,后坍塌废弃。

6.廪窟。

廪窟亦即仓库窟,是作为存贮物品使用的洞窟。莫高窟北区发现的廪

①此处发现的人骨系该窟废弃后所置,与真正意义上的瘗窟有别,故未按瘗窟统计。

窟有两个,即 B187 窟和 B192 窟,都有用土坯砌的储物槽。

现以 B187 窟为例具体叙述如下。

B187 窟位于北区崖面中段第四层,离地面高约 6 米。该窟方向坐南朝北。

前室、甬道、主室东半部由于崖面坍塌而残毁严重。主室平面近方形,东西残长 2.40 米、南北宽 2.10 米,室内后部有一砾石台面,宽 1.14 米、高 0.30 米,砾石台前地面用土坯墙隔成三个部分,土坯隔墙均与砾石台等高。人字披顶,顶距地面高 1.74 米(图 14)。四壁及顶均有草泥痕迹。

室内堆积仅一层风积细砂,厚 0.46~0.57 米,出土物有红色麻布等。洞窟开凿时代待考。

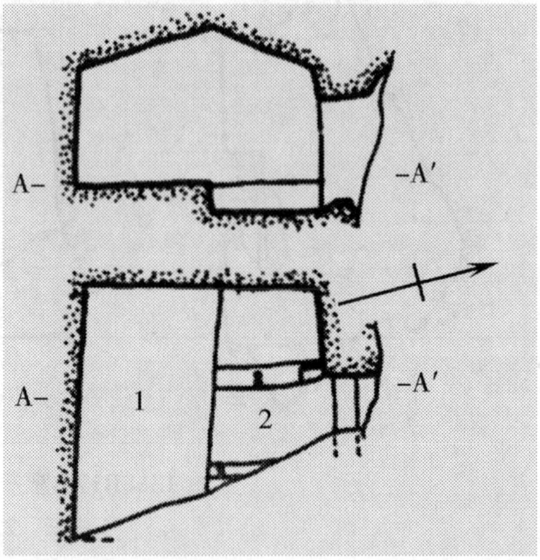

图 14　B187 窟平、剖面示意图
1.砾石台　2.土坯隔墙

7.性质不明的洞窟。

在莫高窟北区此类洞窟有 5 个,形制特殊,有的是攒尖顶,有的是覆斗顶,有的是平顶或人字披顶,个别洞窟有小矮台或台阶,无灶,无用火痕迹。

现以 B183 窟为例具体叙述如下。

B183 窟位于北区崖面中段二级台面上部,属北区崖面的第四层洞窟。前室坍塌严重,仅存西壁,其上部可见一排 10 个椽孔,有的椽孔呈椭圆形,有的呈近方形,有的呈近长方形,长宽均 0.15 米左右,深 0.08~0.21 米不等。在前室西壁尚存 4 个方形木檐孔,它们显然为该窟木构窟檐痕迹(图 15)。

甬道近长方形,长约 0.78 米、宽约 0.98 米。主室平面呈长方形,南北长 3.10 米、东西宽 2.55 米,在南壁、西壁和北壁下残存一圈小矮台,小矮台残宽 0.38~0.80 米不等,高 0.12~0.14 米不等。顶为平顶,顶距地面高 1.80 米(图 16)。

该窟四壁及顶部表面未作任何处理,故砾石面裸露,室内无灶,也不

图 15　B183 窟外观

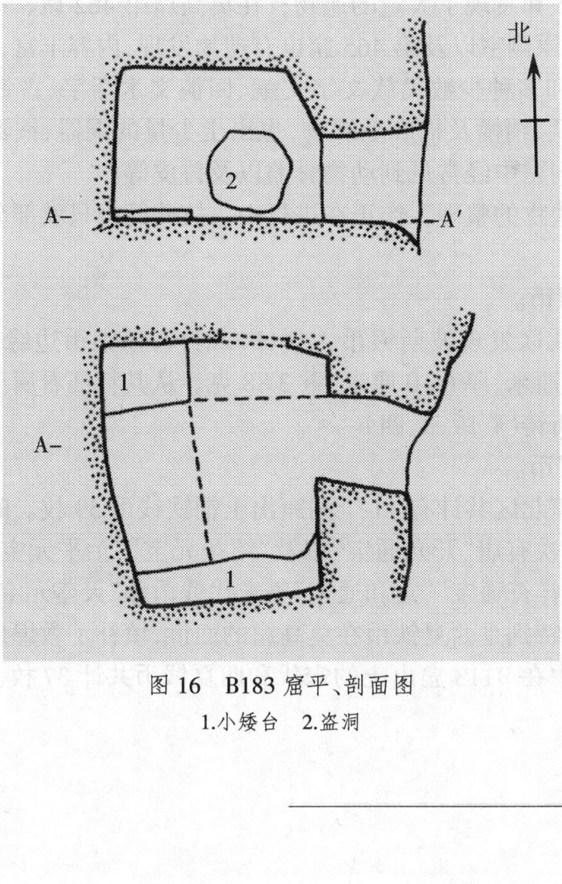

图 16　B183 窟平、剖面图

1.小矮台　2.盗洞

见用火痕迹。

因其形制与北区僧房窟、禅窟均有别,故该窟性质难以判断。

8.未开凿完工的洞窟。

未开凿完工的洞窟,指仅开凿了洞窟一部分而停工的洞窟,这类洞窟在莫高窟北区发现了 3 个:即 B129 窟、B130 窟、B230 窟。这些洞窟为何中途停止开凿,原因不明。

9.残毁不清的洞窟。

莫高窟北区已编号的 243 个洞窟中,除上述 8 类洞窟外,还有 56 个洞窟由于崖面坍塌,其形制难以判断,但其类别超不出上述 8 类洞窟则是可以肯定的。

二、遗物

经过我们对莫高窟北区编号的 243 个洞窟的清理发掘，在相当一部分洞窟中出土和发现了大量的遗物；在莫高窟第 462 窟、第 463 窟原侧室、第 464 窟原侧室以及第 465 窟也有遗物发现,内容丰富,数量可观。其中包括汉文和多种少数民族文字文献、回鹘文木活字、古钱币、木器、浮塑、陶瓷、丝绸、绢幡及棉麻毛织物,也出土少量的铜器、铁器、骨角器等。另外在一些洞窟中经常见到动物骨骼以及兽皮等。

因出土遗物的整理工作正在进行中，故此简报只就部分遗物作一概略的介绍。

1.波斯银币。

莫高窟北区发现波斯银币 1 枚(B222:1),该银币边缘不十分规则,径 2.90~3.10 厘米、厚 0.10 厘米,重 3.88 克。从其特征看属于波斯萨珊朝卑路斯王时所铸(彩版三、四)。

2.铜铁钱币。

在莫高窟北区共计有 11 个洞窟出土铜铁钱币 59 枚。时代最早者为“五铢钱”,其次有唐“开元通宝”以及“绍圣元宝”“治平元宝”“嘉祐通宝”“皇宋通宝”“祥符通宝”“宣和通宝”等宋代钱币和“天盛元宝”“乾祐元宝”等西夏钱币,特别是西夏铁币在莫高窟的面世,填补了敦煌地区西夏钱币的空白。其中在 B113 窟出土的宋代和西夏钱币共计 37 枚。

3.多种文字文献。

在莫高窟北区洞窟清理发掘过程中出土了大量多种文字文献残卷，这是继敦煌莫高窟藏经洞、土地庙出土遗书后，敦煌遗书的又一重要发现。出土的多种文字文献，有汉文、西夏文、回鹘文、藏文、梵文、婆罗迷文、回鹘蒙文、八思巴文等文献残卷。残页百余件。有手写体，也有印刷体，其中手写体中有的用硬笔书写。其内容多为佛经，社会文献为数有限。这批文献为敦煌学的研究，为敦煌北区洞窟的研究提供了不可多得的文字资料。

(1)汉文文献。

汉文佛经有：手写《佛说救疾病经一卷》《佛说灌顶经卷第十二·佛说灌顶拔除过罪生死得度经》《妙法莲华经嘱累品》《妙法莲华经神力品第二十》等；印刷《大宝积经·卷九十四(第二张·始字号)》《华严经·卷五十五》等残卷、残页，篇幅长短不一。除此之外，有的佛经，由于残缺不全，经名不详。有部分汉文佛经背面用回鹘文书写佛经或其他资料。

B175:1《佛说救疾病经一卷》残页，宽 25.50 厘米、残长 9.40 厘米，行首为经名，有 4 行经文，手写体，书法厚重，粗麻纸，未见乌丝栏。同层出土宋"宣和通宝"，此经似亦属此时代。

《妙法莲华经如来寿量品第十六》有两件，均为手写体，B159:31 残长 50.00 厘米、宽 26.00 厘米；另一件 B159:3-3 残长 42.00 厘米、宽亦为 26.00 厘米，有乌丝栏，从字体、纸质看该写经应为唐代遗物，于回鹘时期在该佛经背面又用硬笔书写了回鹘文佛经。

汉文社会文书数量不多，完整的比较少，其类别有衣物疏、牒、官告、勋告、残名籍、唐残籍、唐残辞、唐贷钱折粮账、纳物折钱账、顷亩计账、捉钱账、贷□□契等[①]，详细内容待考，其中多见唐代纪年。此外还有印刷的《三国志》《排字韵五》残页等。

(2)西夏文文献。

北区洞窟出土的西夏文资料比较丰富，有佛经也有非佛教内容文献，虽均为残卷，但仍不失其重要的学术价值。经西夏学者初步研究[②]，此次北区出土的西夏文资料有《大方广佛华严经·卷二》封面(B53:10)和《番汉合时掌中珠》《三才杂字》及西夏文咒语等，另外还发现有用泥金书写的西夏文佛经残片等。《番汉合时掌中珠》残页(B184:9)，为《掌中珠》一书的半页，半页面 15.10×21.80 厘米，半页文面 12.25×18.30 厘米。若将其复原成

①部分社会文书的研究曾得到武汉大学历史系陈国灿教授的帮助，在此表示感谢。

②北区洞窟出土的西夏文资料，由中国社会科学院民族研究所研究员史金波先生和白滨先生进行研究。

一整页,则页面约为 30.20×21.80 厘米,与《西夏文物研究》一书中所介绍的《番汉合时掌中珠》“页面 23.00×15.50 厘米,文面 18.70×12.00 厘米”似有别,表明莫高窟出土的《番汉合时掌中珠》为另一版本。

(3)其他文字文献。

有回鹘文、藏文、梵文、吐火罗文(龟兹—焉耆文)、回鹘蒙文、八思巴文文献①。其中回鹘文文献出土的数量比较多,均为残卷,有的正面为汉文佛经,背面为回鹘文佛经,有的两面均为回鹘文,有的行文中加汉字,多见硬笔体,少数为泥金书写。此外还有数量相当多的回鹘文碎片。

藏文文献发现数量不多,其中有泥金泥银书写佛经等。

梵文文献仅零星出土。吐火罗文文献发现数量很少。

4.木器、漆器类。

木器种类很多,但每一种类的数量都不多,从类型上来看,都是一些简单日常生活用品及木构件残件，多数时代偏晚，或难以断定时代。如 B159:30(1~7)红柳签,长 10.50~31.00 厘米、径 0.80~1.40 厘米不等,一端削尖钉入墙壁,以便挂物。

回鹘文木活字共发现 47 枚(彩版五、六)，分别出土于 B59 窟、B56 窟、B160 窟、B163 窟、B162 窟和莫高窟第 464 窟中室及其侧室等 6 个洞窟中②。这是自 1908 年伯希和在莫高窟第 464 窟(P181 窟)盗走大量回鹘文木活字后,该类木活字的又一次大量出土,此次出土木活字的 6 个洞窟除第 464 窟外,其他 5 个洞窟均分布在第 464 窟附近,许多木活字留有墨迹。据此我们推测 13~14 世纪,莫高窟北区在今第 464 窟及其附近可能存在着一个印制佛经的场所。北区洞窟出土的用木活字印刷的回鹘文佛经中有一些很可能是在北区印制的。

B86 窟为一瘗窟,出土木雕彩绘俑多件(图 17),衣底涂白粉,绘有彩色,大都脱落,仅残留一些痕迹而已。如 B86:9(彩版七),为一女俑,残高 15.00 厘米,面相丰满,束髻,体态丰腴,姿态生动,双手藏于袖内,并拢拱于胸前。又如 B86:11(彩版八),为一胡人俑,残高 15.00 厘米,高鼻深目,尖帽。其中女俑与陕西西安郊区盛唐杨思勗墓出土的彩绘女陶俑非常相似,故两者时代相当。

①北区洞窟出土的回鹘蒙文文献和八思巴文文献由内蒙古师大蒙文系协助释读和研究。

②莫高窟第 464 窟原为一多室禅窟,有前室、中室、后室和南北各两个侧室。西夏时期南北侧室被封堵而成为现在的礼佛窟。

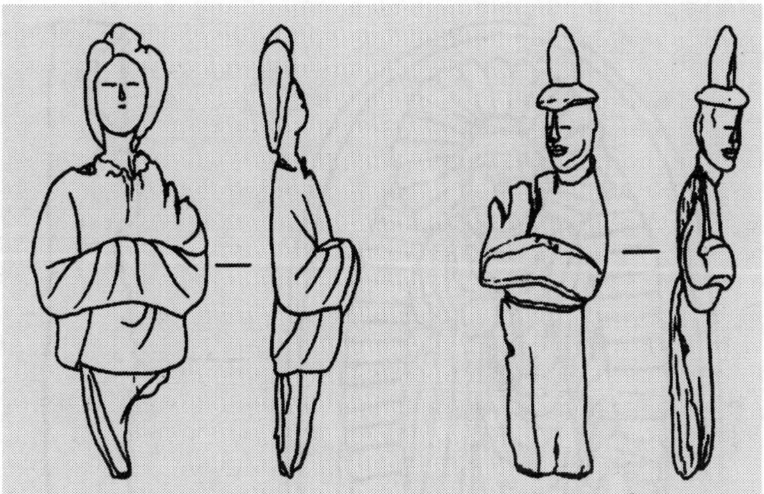

1 2

图 17　木雕彩绘女俑与胡人俑

1.木雕彩绘女俑　2.木雕彩绘胡人俑

北区洞窟还出土雕塑使用的木质塑刀和泥棍等。木塑刀的形状有刀形、勺形、铲形、桃形等,共同特征是都有细长木把。它们的出土为研究莫高窟彩塑的制作提供了可靠的实物资料。

漆器仅见数件,多残破。

5.泥质模制品类。

北区出土的此类遗物可分为两类,一类是浮塑,一类是脱塔脱佛,现分别简介如下。

(1)模制浮塑。

均用泥质夹麻模制成,粘贴于洞窟内。其中出土的模制莲花瓣、装饰图案等,用红胶泥加麻制成,往往敷彩,并粘贴于佛坛上或佛座上,时代属于西夏至元代。出土的立式佛像如 B142:2(图 18、彩版九),用红胶泥夹麻制成,着通肩大衣,左手持念珠,右手持净瓶,立于仰覆莲座上,内髻,项光、背光均由凸起之辐射状线组成,衣纹阶梯状,全像敷彩,虽已大部分剥落,仍可见项光为红色,背光为蓝色,佛面、袈裟及莲座为白色。该浮塑上圆下方,通高 9.00 厘米、下宽 5.40 厘米,背平。从其形制分析,与莫高窟第 492 窟所出土之"立式"像相同①,时代为晚唐。出土的模制经变如第 462:4

①见潘玉闪、马世长著《莫高窟窟前殿堂建筑遗址》第 107 页,文物出版社,1985 年。

图 18　模制脱佛

(彩版十),用红胶泥夹麻制成,呈长方形,高 22.00 厘米、宽 15.00 厘米,有边框。其形象为中间一佛说法,佛左右及佛座下有 6 身双手合十的菩萨和 4 身弟子听法。经变全部敷彩,其中佛身施金色,因该模制经变高度与第 462 窟后室西壁所留贴痕高度相等,故推测该经变原应粘贴于后室西壁,其时代为元代。

(2)脱塔、脱佛。

在 B72 窟、B77 窟、B97 窟、B128 窟、B141 窟、B154 窟、B158 窟、B159 窟、B160 窟、B192 窟、B199 窟、B200 窟、B220 窟及第 462 窟、第 464 窟原侧室等 15 个洞窟内共出土脱塔、脱佛 70000 余件[①],其中绝大部分出土于 B199 窟、B200 窟和 B220 窟[②]。其余 12 个洞窟共发现 87 件。脱佛的种类

①这是就现存数量的统计,因存放脱塔、脱佛的洞窟屡屡有人出入,因而脱塔、脱佛多有散失,故其原来的数量已不得而知。

②B199 窟(僧房窟)、B200 窟(僧房窟)、B220 窟(禅窟)为开凿时代较早的洞窟,不知何时将西夏或元代的脱塔、脱佛集存于该窟。

有桃形、圆形，数量约有53000多件,用澄板泥制成,与谭蝉雪先生介绍过的完全相同，其时代为西夏至元代。脱塔的种类较多,除用澄板泥制成的宝阶塔、千佛塔、多宝塔外，还有用夹人骨灰制成的法身塔、千佛塔。而夹人骨灰的法身塔和千佛塔内多夹有书写梵文或西夏文咒语的纸条,如B160:47-2,为一纸条,高7.00厘米、宽2.40厘米,其上书写三个西夏文文字(图19)。其中还有的夹人骨灰千佛塔外表涂泥金，脱塔的时代有的属西夏至元代，有的时代待考。

图19　脱塔内夹西夏文纸条

6.陶瓷类。

(1)陶器。

在莫高窟北区洞窟出土的陶器，其形制主要有红褐陶罐、灰陶罐、陶灯等,纹饰有刻画波浪纹、压痕纹,但多为素面。

其中陶灯形制比较丰富，均用于洞窟内照明。陶色有红褐陶、灰陶,陶质有夹砂和不夹砂,有豆式、盘式、杯式、碗式等形制,都有明显的油垢,原应放置于洞窟小龛内。

B40:10,盘式陶灯,灯碗较浅,红褐陶,有油垢,斜腹,敞口圆唇,圆底,底部有一直径0.30厘米、深0.20厘米的圆孔。由于制作略粗糙,致使假圈足高矮不平,结果造成该灯盏高1.80~2.60厘米、口径6.60厘米、假圈足径3.50厘米(图20)。其器形与莫高窟南区的第487窟I式陶碗一致,时代为唐代①。

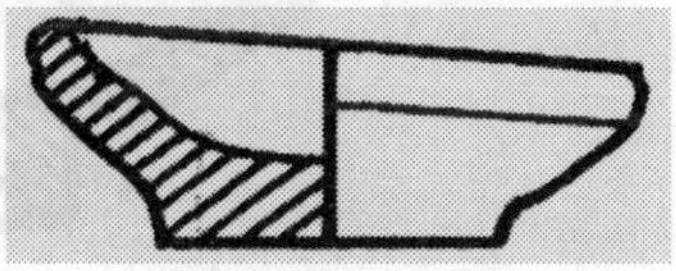
图20　盘式陶灯

B140:1,豆式陶灯,红褐陶,灯盏内有一层油垢,灯碗弧腹较深,口外敛内侈,圆唇、圆底,有短柄,底座内凹,高4.20厘米、口径

①见潘玉闪、马世长著《莫高窟窟前殿堂建筑遗址》第107页,文物出版社,1985年。

4.20 厘米、底径 3.40 厘米(图 21)。该豆式陶灯与敦煌祁家湾出土的十六国时期的 C 型Ⅲ式陶灯形制近似,故推测其时代可能较早。

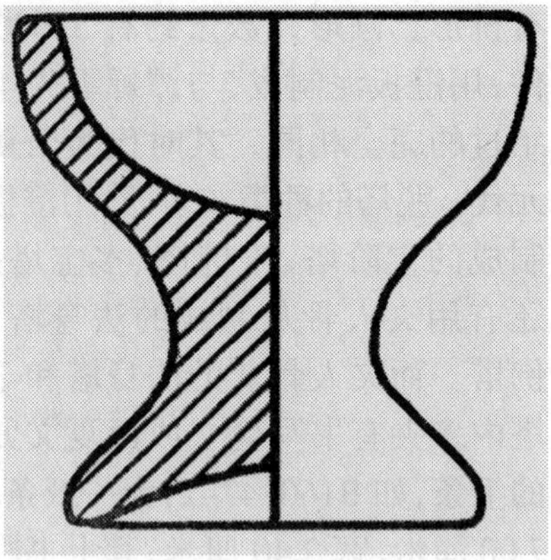

图 21　豆式陶灯

在北区一些洞窟,还出土了一批花砖,其纹样与莫高窟窟前殿堂遗址出土的花砖纹样一致，其时代也应相当,如桃心卷瓣莲花纹砖、莲花云头纹砖、尖角重瓣莲花纹砖等,在此不再赘述。

另外在僧房窟的烟道、灶、火炕中还出土了大量板瓦、筒瓦、条砖等,它们的时代,有的待考,有的属于西夏至元代。

(2)瓷器。

北区洞窟出土的瓷器有宋瓷、西夏瓷等,其中后者为敦煌地区的首次发现。西夏瓷器多见白釉、黑釉,也有青釉、褐釉、姜黄釉等;胎质不够细腻,内施釉,部分外口沿施一小圈釉,流釉严重,有脱釉现象,制作粗糙;器物外表的压痕、刮削痕明显;器形有碗、碟等,均为圈足。

如 B147:7,残瓷碗,白胎,内施姜黄釉,器外表无釉,深圈足,圈足中心有鸡心突(图 22)。

B116:6,瓷碗,胎质略白,弧腹,侈口尖唇,器内施乳白釉,底部及器外表不施釉,但口沿有流釉现象,圈足,口径 18.60 厘米、底径 7.00 厘米、高 7.20 厘米(图 23)。

7.织物。

莫高窟北区洞窟的织物,主要出土于僧房窟和瘗窟等,为日常生活的

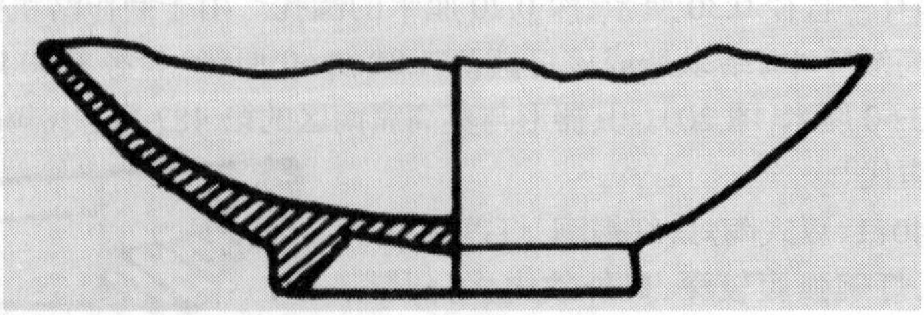

图 22　残瓷碗

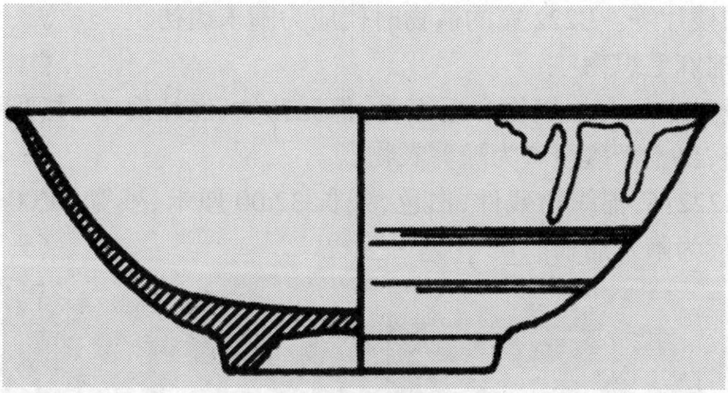

图 23　瓷碗

遗留或随葬用品，多为残片。质料有丝绸、麻、棉、毛等，现简略叙述如下。

(1)丝绸织物。

经过初步分类，莫高窟北区洞窟出土的丝绸织物有织金纱、锦(彩版十一、十二)、绮、绢、刺绣(彩版十三)等，其中素面绢数量最多，并往往作为随葬衣物出土于瘗窟。如 B222:7，绢，原为黄色，现已变为浅灰白色，经纬结构简单，很薄。相同的绢出土多片，其中最大的一片幅宽 53.50 厘米、残长 29.50 厘米(图 24)。同出土的还有结成花样黄绿色绢带和各色锦片

图 24　绢片残件

缀合衣物残片等。B222 窟的遗物时代应为隋末唐初。

(2)棉麻毛织物

数量最多的有棉织物和毛织物,都无花纹,经纬简单,主要用作一般日常衣料,出土于瘗窟者为随葬衣物。

如 B222:6,棉织物残件,白色,残长 32.00 厘米、残宽 21.00 厘米(图 25)。时代为隋末唐初。

图 25 棉布残件

B63:2,蓝色棉布残片,质地略厚,残长 16.00 厘米、残宽 11.50 厘米。

B168:1,棉布袜,短筒,小尖头,袜筒高 21.00 厘米、袜长 23.00 厘米,袜筒上有两条棉布系带(图 26),与西夏遗物同出一层,因此该棉布袜时代也为西夏。

8.皮革、皮件。

数量较多,但多为碎片,可看出形状者数量很少,其中有皮靴等,时代有的可早到隋末唐初。

三、结语

通过以上资料和论述,我们的初步认识如下。

1.关于北区洞窟的时代问题。

在莫高窟北区洞窟清理发掘前, 敦煌研究院的学者已就分布于北区

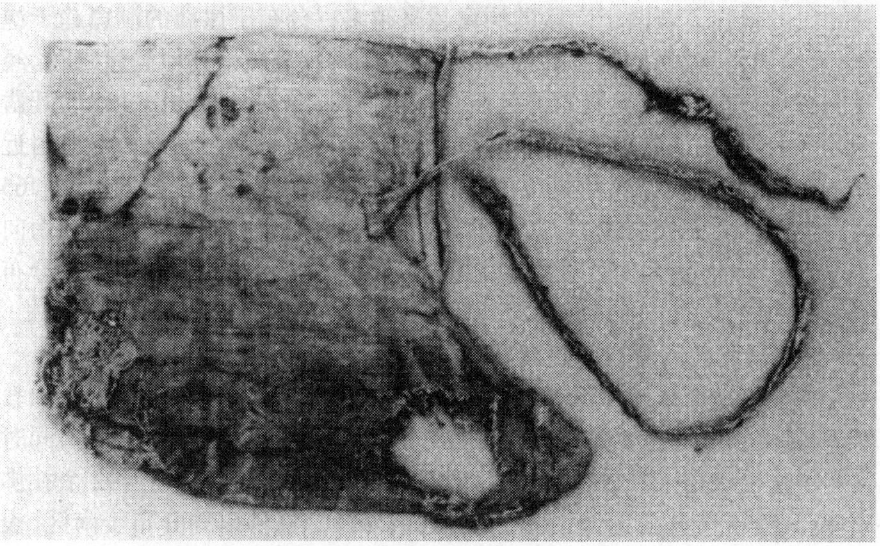

图 26　棉布袜

崖面,原已编号的第 461~465 窟的时代进行过探讨,其结论是第 461 窟开凿于北周时期[1],第 464 窟为西夏时期所修建[2],第 462 窟、第 463 窟、第 465 窟属于元代洞窟[3],这一论点已为学术界所承认。北区洞窟清理发掘后,通过对已清理发掘的数百个原未编号洞窟形制以及洞窟内出土物的分析,我们认为,它们之中的一些洞窟时代可能比较早,例如北区的 B113 窟的平面形制与南区的第 268 窟、新疆库车苏巴什石窟多室禅窟的传统式样有相似之处。而 B113 窟的顶部形制与南区的第 246 窟、第 247 窟、第 248 窟、第 251 窟、第 254 窟、第 259 窟、第 260 窟、第 263 窟等北魏和西魏洞窟顶部形制有某些近似,故推测 B113 窟的时代有可能早到北朝时期。如果这一推测能成立,则北区洞窟的开凿时间稍晚于南区。另外从北区时代最晚的洞窟与南区时代最晚的洞窟同属于元代来分析,证明北区的废弃与南区大致同时。

在莫高窟南区,时代最早的一批洞窟集中开凿于南区中段,然后向南北两侧延伸,其结果是同时代的洞窟往往有规律地成片分布于崖面上,随

①见樊锦诗、马世长、关友惠著《敦煌莫高窟北朝洞窟的分期》,载于《敦煌研究文集》第 365 页,甘肃人民出版社,1982 年。

②见敦煌研究院编《敦煌莫高窟内容总录》第 170~171 页,文物出版社,1982 年。

③同②。

着时代的推移，开凿于南区的洞窟越来越多，分布于崖面的洞窟趋于饱和,于是,时代较晚的洞窟的开凿只有见缝插针,分布于其他洞窟之间。经我们初步分析发现,类似的情况在北区也存在。北周时期的第461窟开凿于北区南段,在该窟附近,分布着一批隋末唐初的洞窟。在第462窟附近开凿有一批盛唐时期的洞窟,在第464窟附近西夏洞窟比较集中,第465窟一带则多为元代洞窟。与南区不同的是,北区洞窟的开凿大致是从南向北逐步进行的,因而时代较早的洞窟多开凿于北区南段,唐代洞窟多分布于北区中段,元代洞窟多开凿于北区北段。

2.关于北区洞窟在莫高窟石窟群中的重要性。

在莫高窟原已编号的492个洞窟中,均有壁画和塑像,它们是以佛教教义、佛经内容为依据塑造和绘制的。这类洞窟既是佛的神圣殿堂,同时又是供僧众和俗人礼佛、做佛事活动的场所,俗称礼佛窟。在492个礼佛窟中,只有5个礼佛窟开凿于北区,其余487个礼佛窟均分布于南区,表明南区是礼佛窟的集中分布区。但在北区新编号，并经此次清理发掘的243个洞窟中,却只有2个是礼佛窟,其余则分别为僧房窟、禅窟、僧房窟附设禅窟、瘗窟、廪窟等,表明北区主要是供僧众生前生活、居住、禅修以及死后瘗埋的区域。由南北两区这些性质和功能不同的洞窟群,共同构成了完整的莫高窟石窟寺，从而证明北区洞窟是莫高窟不可缺少的重要组成部分。

3.莫高窟北区洞窟清理发掘的意义。

由于莫高窟北区洞窟内多无壁画和塑像，因而长期以来很少有人过问,但却屡遭劫难。1944年国立敦煌艺术研究所成立后,史岩先生曾对该区洞窟进行了编号,因当时未将编号一一标于洞壁,又因刊登其编号的出版物数量所限,所以史岩先生对莫高窟的编号很少为人所知,直接影响了学术界对该区洞窟研究工作的开展。北区洞窟的性质与功能如何,它们与南区洞窟有何异同,两者是什么关系,这些问题一直为学术界所关注。经过我们数年清理发掘,现已基本弄清了它们的全貌及其内涵,尤其是性质和功能不同于礼佛窟的其他类型洞窟的发现，填补了原已知莫高窟洞窟类型方面存在的空白。数量如此之多的不同类型的洞窟发现于同一石窟群,这在全国诸多石窟群中也是极为罕见的。经过我们初步调查,类似情况在敦煌西千佛洞、安西榆林窟、东千佛洞等石窟也存在。故推测不同性质和功能的洞窟开凿于同一处的现象在其他石窟群也可能存在。

另外，在北区洞窟中还出土了大批珍贵遗物，其中波斯银币、西夏钱币、西夏瓷器、西夏文献《番汉合时掌中珠》《三才杂字》《大方广佛华严经》、泥金泥银书写的藏文佛经、泥金书写的回鹘文佛经以及回鹘蒙文和八思巴文文献的发现，为莫高窟乃至敦煌地区的首次发现，因而具有很高的学术价值。

总之，莫高窟北区洞窟的清理发掘及其重要发现，填补了敦煌莫高窟乃至全国佛教石窟考古学领域的某些空白。这些发现对于世人全面了解莫高窟的营建史，进而探索敦煌和河西以及中国古代的政治、经济、宗教、文化、交通史，促进敦煌学的深入研究和更大发展有着重要意义。

发掘(或参加部分发掘)：彭金章　张清涛　李　刈　王　武

整理(或参加部分整理)：彭金章　王　武　沙武田

绘　　图：彭金章　暨远志　王子林(洞窟平、剖面图)

　　　　胡　祯　关晋英(器物图及描图)

文物修复：李云鹤　何明阳

摄　　影：盛奘海　王建军

附记：1989年上半年，北京大学考古学系学生暨远志、王子林在莫高窟进行毕业实习期间，曾参加了部分北区洞窟的发掘。

（原载《文物》1998年第10期）

莫高窟北区考古纪略

彭金章　著

莫高窟北区洞窟的考古发掘与发现,揭示了许多鲜为人知的内涵,填补了敦煌莫高窟乃至全国佛教石窟考古领域里的某些空白,无疑是一次重大的考古新发现。

一

敦煌莫高窟是中国最大的石窟群之一,于1961年被国务院公布为第一批全国重点文物保护单位,又于1987年被联合国教科文组织列入"世界文化遗产"名录。它位于甘肃省敦煌市城区东南25千米处的鸣沙山东麓。从公元4世纪后半叶至14世纪的1000年间,佛教信徒们在这处陡峭如削的断崖上,曾延绵不断地开凿了大量石窟,保存至今仍有洞窟的崖面全长1700余米。依照洞窟在崖面的分布情况划分为南北两区。南区崖面长1000余米。分布着有壁画和塑像,并经敦煌文物研究所编号的洞窟487个,北区崖面长700余米,亦开凿洞窟数百个,这些洞窟也和分布于南区的洞窟一样,彼此上下相接,左右毗邻,状如峰巢,洞窟最密集处上下可达五层(图27),看上去亦十分壮观,它们之中仅有5个洞窟即第461~465窟,敦煌文物研究所进行了编号,其余洞窟因多无壁画或塑像,故长期以来未引起学术界的足够重视,既未编号,又未记录,因而在以往有关莫高窟的多种出版物中,除第461~465窟外,绝大多数北区洞窟也就很少被提及,它们几乎成了被人遗忘的角落。

然而开凿于北区崖面上的洞窟数量有多少?洞窟形制有什么特征?开凿数以百计的洞窟有什么用途?在莫高窟石窟群中北区洞窟处于什么地位?它们分别属于什么时代?这些问题一直为学术界所关注。为了揭开蒙在莫高窟北区洞窟的面纱,探索北区洞窟之谜,经过报请国家文物局批

图 27　北区石窟外景

准,从 1988—1995 年,由笔者主持,分六次对北区洞窟进行了大规模考古发掘,并取得了重大收获。

二

对莫高窟北区洞窟的发掘工作分两个阶段进行。即试掘阶段和正式发掘阶段。试掘工作始于 1988 年 6 月下旬,通过试掘,初步了解了北区洞窟的内部结构和洞窟内的堆积情况,为以后正式进行考古发掘积累了经验。

正式发掘工作从 1988 年 10 月下旬开始,至 1995 年 11 月底结束,断断续续进行了六次发掘。

1.第一次发掘。

1988 年 10 月下旬至 12 月下旬,我们对开凿于北区崖面南段的洞窟进行了考古发掘,经过两个多月的工作,除部分下层洞窟及位于北区的第 461 窟未发掘外,累计发掘洞窟 61 个。

2.第二次发掘。

1989 年 3 月中旬至 5 月下旬发掘位于北区崖面中段的洞窟,经过两个多月的工作,除部分下层洞窟及位于北区的第462窟未发掘外,累计发掘洞窟67个。

3.第三次发掘。

1989年8月下旬至11月下旬,发掘位于北区崖面北段的洞窟,除部分下层洞窟及第465窟北侧洞窟外,累计发掘洞窟91个(含第463窟、第464窟、第465窟)

4.第四次发掘。

1994年4月下旬至7月上旬,发掘前三次考古发掘时所遗留的洞窟,经过两个多月的工作,累计发掘洞窟29个(含第461、第462窟)。

5.第五次发掘。

1995年5月中旬至6月上旬,使用电动皮带输送清除了位于北区崖面北段南端的大冲沟内B174~179窟窟前下方积沙数百立方米。

6.第六次发掘。

1995年11月初至月底,继续第五次的发掘,在大冲沟内用电动皮带输送机又清除积沙数百立方米,彻底弄清了B174~179窟为什么开凿于该段崖面中上部以及大冲沟形成的原因。并了解了B174~179窟窟前下方的堆积情况。

三

在对开凿于北区崖面的现存洞窟逐一进行的考古发掘中,取得了重大收获。发现了一大批鲜为人知的重要遗迹,出土了许多重要遗物,其中不乏珍品,现简述如下。

1.弄清了北区崖面现存洞窟的数量。

在1988年以前,从未有人对北区洞窟进行过全面编号和科学发掘,故其崖面现存洞窟的确切数量也就不为世人所知。经此次长达数年的考古发掘,确知北崖面现在洞窟总数为248个,其中243年洞窟为此次新编号洞窟。连同南区的487个洞窟,莫高窟现存洞窟总数为735个,与唐代石碑所载莫高窟有“窟室一千余龛”的数字已比较接近。

2.发现了多种形制的洞窟,填补了莫高窟原已知洞窟类型空白。

(1)具有前室和一个后室的洞窟,依其后室顶部的差异可细分为人字披顶、平顶、覆斗形顶、穹隆顶、人字披顶接斜坡顶、人字披顶接平顶的洞窟,其中又以后室为人字披顶的洞窟量最多。

(2)具有前室和双后室的石窟,数量不多。

(3)具有前室、一个中室、一个后室的石窟,此类石窟数量很少。

(4)具有前室、中室、后室、侧室的洞窟,此类洞窟数量不多。

3.纠正了关于北区洞窟性质的不正确说法,还其洞窟性质以本来面目。

20 世纪 80 年代以前出版的有关莫高窟的专著或论文, 偶尔也涉及北区洞窟的性质:有的认为“北区除个别洞窟有壁画外,多是当时僧人和工匠居住的洞窟”;有的认为“在北区崖面上,主要是画工、塑匠居住的岩洞, 有壁画和塑像并经敦煌文物研究所编号的只有零星的五个洞窟”;也曾有人推测北区的小洞“很可能是一些供僧侣们居住的小僧房”。在上述三种说法中, 比较流行而且影响最大者认为北区洞窟是画工窟和塑匠窟之说。通过几年的发掘和研究,我们没有发现任何资料能够证明北区洞窟属于画工窟和塑匠窟,却发现了分别属于如下性质的洞窟资料。

(1)禅窟。

即供僧人修禅用的洞窟。此类洞窟在北区现存 82 个。其特征是窟内无灶,无烟道,无用火痕迹。根据其形制又分为单室禅窟和多室禅窟。

①单室禅窟。

即仅有一个禅室的禅窟,现存 73 个。其特征是,洞窟比较小,甬道比较矮,窟顶距地面比较低,有砾石禅床。

②多室禅窟。

即有多个禅室的禅窟,现存 9 个。此类禅窟有前室、中室、后室和 1~5 个不等的侧室。除前室和中室外,其余各室均有砾石禅床。

(2)僧房窟。

即供僧人日常起居生活用的洞窟,现存 50 个。其特征是,洞窟比较宽敞,窟顶距地面比较高。窟内有炕和灶,并有烟道通前室,有放置灯盏的灯龛。炕有两类,一类是砾石炕,为石窟开凿时所预留;另一类是用土坯砌的带有烟道的火炕,出现的时代较晚。北区发现的僧房窟中还有一种现象值得注意,即在北区的 25 个僧房窟内发现了兽骨。表明该窟的最后居住者有食肉习俗,而这些人很可能是藏传佛教的信徒。

莫高窟有壁画和塑像的礼佛窟早已闻名于世, 但专供僧人日常起居生活用的僧房窟以往却鲜为人知,此次北区发现的僧房窟,填补了莫高窟僧众日常生活用洞窟的空白。

(3)僧房窟附设禅窟。

指一个洞窟具备生活和修禅两种功能的洞窟,现存5个。其特征是,由两个后室共一个前室,组成一个完整的洞窟。在两个后室中,一后室供僧人日常起居生活用,其内有灶,有烟道,有用火痕迹,有炕,与一般僧房窟几乎没有什么两样;另一个后室则供僧人修禅用,其内无灶,无用火痕迹,却有禅床,与单室禅窟完全相同。此类洞窟为敦煌地区首次发现。

(4)瘗窟。

即指瘗埋僧人骨灰、遗体和遗骨的洞窟。此类洞窟在北区现存25个,多数面积较小。除由僧房窟经改造而成的瘗窟外,其余瘗窟内均无灶,无烟道,无用火痕迹,多数有棺床。

此次发现的瘗窟,对于骨灰、遗体、遗骨的处理方式有火葬、二人合葬、多人合葬、单人葬、棺葬、塔葬、二次葬、坐化式葬等。其中在17个瘗窟内出土了随葬遗物,但多寡不一。瘗窟中随葬器物的有无与多少,可能与死者生前贫富有关。

北区现存瘗窟大致由以下洞窟构成:专门为瘗埋死者而开凿的瘗窟,是构成现存瘗窟的主体,其特征是面积狭小,窟顶距棺床高1米左右;将禅窟(含僧房窟附设禅窟)改作瘗窟,其特征与一般单室禅窟几乎没有什么区别,这类瘗窟中的死者,生前或许曾禅修于此窟;僧房窟经改造而作瘗窟用。

北区发现的瘗窟甬道口往往用土坏或石块砌墙封堵。至今仍有8个瘗窟的甬道口尚存残墙遗迹。

北区瘗窟的发现,为莫高窟乃至敦煌地区首次发现,从而填补了敦煌地区瘗窟空白。

(5)廪窟。

即指用于储藏的洞窟,现存2个。其特征是,洞窟面积比较小,地面上有2~3个储藏槽,槽与槽之间有用土坯砌的高0.30~0.35米的隔墙。廪窟的发现当与居住在北区的僧人日常生活有关。

(6)礼佛窟。

即供僧众、俗人向佛顶礼膜拜和举行佛事活动的洞窟。其最明显特征是，洞窟内有壁画或塑像，北区原有礼佛窟5个，即第461~465窟，此次又发现2个，故北区总计现存礼佛窟7个。其数量与该区现存禅窟、僧房窟、瘗窟的数量形成鲜明对比。

在北区崖面现存洞窟中，除了上述6种不同性质的洞窟外，还有2个洞窟性质待定，有3个洞窟未开凿完，有72个洞窟由于塌毁严重其性质无法判断。

4.出土了一批重要遗物。

经过数年考古发掘，在莫高窟北区洞窟内出土了大批遗物，其中有些遗物极为珍贵。现介绍其中一部分。

(1)波斯银币的面世。

波斯银币，是古波斯帝国的一种货币。据记载，这种在中世纪的陆上和海上"丝绸之路"均享有国际货币地位的钱币，随着波斯使者和商人的东来而广泛流通于中国境内的"丝绸之路"沿线各地。历年来在新疆、青海、陕西、宁夏以及广东等10余个县市，共出土波斯银币1000余枚就是其实物证据。但在陆上"丝绸之路"的重镇、曾号称"华戎所交一大都会"的敦煌，却未见波斯银币的"尊容"。这种情况一直维持到莫高窟北区洞窟发掘前。1988年11月在B222窟发现波斯银币一枚，从而结束了敦煌地区没有出土波斯银币的历史。此次发现的银币直径2.90~3.10厘米、厚0.10厘米，重3.88克，从其特征看属波斯萨珊朝卑路斯王时期所铸造。这一发现，为莫高窟乃至古敦煌郡波斯银币的首次发现，它不仅填补了该地区波斯银币的空缺，同时也反映了中西交通以及商贸往来活动的情况。

(2)大批西夏文物的出土。

据史籍记载，敦煌从1036—1227年一直置于西夏政权统治之下，因而在敦煌一带必然留下众多西夏遗迹和遗物。但在莫高窟北区洞窟发掘前，学术界所知敦煌地区的西夏遗迹、遗物很少。经过考古发掘，在北区洞窟出土了一大批属于西夏时期的文物。现介绍其中数件。

①西夏钱币28枚，发现于B113窟。

均为铁币，其中"天盛元宝"12枚，"乾祐元宝"16枚。这一重要发现，不仅填补了莫高窟乃至敦煌地区西夏钱币的空白，而且是迄今为止甘肃河西武威地区以西出土西夏钱币最多的一次。

②西夏文文献《碎金》，虽为残片，却属于国内现存的孤本。

③西夏文文献《地藏菩萨本愿经》,虽为残页,却属于海内外所仅存。

④西夏文、汉文双语词典《番汉合时掌中珠》残页,亦为国内现存孤本。

(3)回鹘文木活字的重见天日。

早在1908年,法国人伯希和在劫掠藏经洞数千件文献精品的同时,还把手伸到了北区,对北区洞窟进行盗掘,在P181号洞(即今第464窟)掘获回鹘文木活字968枚,其中960枚现藏于巴黎吉美博物馆。另有4枚在日本东京东洋文库,4枚收藏于纽约大都会博物馆,1914—1915年,俄国人鄂登堡又在北区洞窟盗掘到回鹘文木活字130枚,现藏俄罗斯圣彼得堡艾尔米塔什博物馆。1989年我们在发掘北区洞窟时又发现回鹘文木活字48枚,这是唯一经过科学发掘而获得的回鹘文木活字。从而使国内唯一收藏有回鹘文木活字的敦煌研究院现存回鹘文木活字总数达到54枚。迄今为止出自敦煌莫高窟北区的回鹘文木活字有1152枚之多。

(4)多种文字文献的发现。

莫高窟北区出土的多种文字文献中,除西夏文献外,还有汉文、回鹘文、藏文、梵文、婆罗迷文、回鹘蒙文、八思巴文和叙利亚文文献。其中回鹘蒙文、八思巴文、叙利亚文文献为敦煌地区首次发现。汉文《排字韵·五》则为久已失传的古佚书。故它们的出土具有很高的学术价值。

(5)其他遗物的出土。

北区洞窟出土的遗物除上述之外,还有以下类别。

①钱币类。

除波斯银币、西夏钱币外,还有北魏"五铢钱",唐"开元通宝"、宋"祥符通宝""嘉祐通宝""治平元宝""绍圣地宝""皇宋通宝""宣和通宝"。

②铜器类(铜币除外)。

有铜十字架、蓝宝石金刚杵、铜盘、铜水勺等。其中铜十字架的出土颇引人注目。

③木器类(木活字除外)。

有木雕彩绘俑、木盘、木碗、木印章、木箱等。

④陶瓷器类。

有陶灯、陶罐、陶瓶、陶砚、瓷碗、瓷盘等。

⑤棉麻毛丝织品类。

有棉布、麻布、毛织物及帛、绢、锦、刺绣、百衲衣、丝绸等。

⑥铁器类(铁币除外)。

有剪刀、铁锥、削刀、铁钉、铁臼、铁杵等。

⑦影塑类。

有脱塔、脱佛、影塑菩萨、影塑经变等。

⑧其他。

有牛角杯、占卜用骰子、唐卡、幡、龙王画像等。

经过数年的发掘,现已弄清楚了莫高窟北区洞窟的本来面目,从而使长期困扰学术界而不得其解的莫高窟北区洞窟之谜得以破解。北区洞窟出土的大批遗物弥足珍贵,有些遗物为敦煌地区首次发现,有的遗物则为国内所罕见。出土的文献中,有的为国内早已失传的古佚书,有的为国内孤本,有的为海内外所仅存,有的文献则为藏经洞文献中所缺少,因而具有很高的学术价值。这些发现对于世人全面了解莫高窟的营建史,研究敦煌、河西以及当时中国的政治、经济、宗教、文化、民族、交通史,促进敦煌学深入研究和更大发展,进而探索敦煌在中国、印度、希腊、伊斯兰四大文化体系汇流中所起作用和影响,具有极其重要的意义。

(原载《东方》2000 年第 7 期)

莫高窟北区石窟露真容

彭金章　王建军　著

开凿于甘肃敦煌鸣沙山东麓断崖上的莫高窟俗称千佛洞。据史籍记载，到唐代已有“窟室一千余龛”。保存至今的石窟崖面全长1700余米，可分为南、北两区。南区崖面长1000余米，分布有原敦煌文物研究所(1984年改名为敦煌研究院）编号的487个石窟；北区崖面长700余米，除第461~465窟外，还有200多个石窟鲜为人知。

随着持续多年的“敦煌热”，莫高窟的知名度也越来越高。人们在饱览了莫高窟南区灿烂绚丽的壁画和美丽动人的塑像后，余兴未消，又对北区那状如蜂巢的石窟感到神秘，这些石窟是做什么用的?里面是否也有壁画和塑像?北区石窟与南区石窟是什么关系?而他们得到的回答往往非常平淡:这些石窟是供画工和塑匠居住的，窟内没什么东西。但考古工作者并不这样认为。

1988年，敦煌研究院考古研究所组织专业人员开始对北区石窟逐一进行编号、测量、绘图、照相，并按照田野考古操作规程逐一进行清理发掘。尤其是对每一层堆积都用铁筛筛，保证出土遗物无一漏网。这一工作相当辛苦，每天工作人员下班回家时，人们便戏称“土人”回来了。冬天窟内寒气逼人，绘图时冻得连笔都握不住，他们便用石窟内清理出的畜粪生火取暖。

考古学家经过十余年的发掘和整理，一批重要遗迹和大量珍贵遗物露出真容，莫高窟北区石窟鲜为人知的内涵终于展现在人们面前。实事上，北区石窟并不像人们传说的那样是供画工和塑匠居住用的，而是多种类型石窟的聚合体。在已清理编号的243个石窟中，实际存在着僧房窟、禅窟、僧房窟加禅窟、瘗窟、礼佛窟、廪窟等6种类型。

僧房窟是供僧人生活起居的石窟。此类石窟大小不一，多数为单室，呈方形或长方形，甬道口较高，窟内有灶、烟道和炕。灶一般分布于窟内东南角或东北角，多数用土坯或石块垒砌，有的只是挖一坑。烟道用粗草泥或瓦片封闭成筒状，一端连接灶，另一端伸向窟外。炕一般在窟内的西部，多为砾石做成，少数为土坯砌就。窟顶和四壁的制作较细致，表面抹有粗草泥。

禅窟是供僧人禅修的场所。此类石窟由印度的毗诃罗窟发展演变而成，在我国新疆、中原地区及北方大部分地区和西藏的石窟中均有发现。北区发现的禅窟有两类：一是单室禅窟，即只有一个主室，面积较小，平面呈方形或长方形，无灶和烟道，有禅床，窟内有小龛，应是放置灯盏用的；另一种为多室禅窟，有前室、中室和后室，中室两侧有1~5个侧室不等，中室面积较大，壁面装饰精美，室内无禅床，似为公共活动场所，后室和侧室面积较小，室内西部有长方形或曲尺形的禅床，壁面涂粗草泥或裸露砾石面。

僧房窟加禅窟是供僧人日常生活起居的僧房和禅修的禅窟的结合，两者作为一个整体而存在。这或许是开窟者经过长期的实践而开创的一种更加合理的造窟方式。两者往往共一前室。一般禅窟面积较小，而僧房窟面积较大。

瘗窟是用来埋葬僧人、俗家弟子等佛教徒的石窟，性质类似墓葬，但又有区别。瘗窟形制多样，基本分为两类：一类是专门为埋葬而开凿的石窟，较矮小，高不到1米，而且极不规整，壁面也不平整；另一类是利用原来的僧房窟或禅窟瘗埋死者，而且死者生前就在此窟内活动过。瘗窟多数用土坯或石块封堵窟门。北区发现的瘗窟多数成组成片地分布。在已清理的瘗窟中，共发现可代表50例个体的人骨。这些遗骨无一例是完整的遗骸，这一现象值得研究。葬式有单人仰身直肢葬、多人合葬、二次葬、坐化葬、火葬、棺葬等，其中多人合葬有男女合葬，这或许是家庭或师徒合葬。在已发现的人骨中，有一例是白种人遗骨，反映了当时敦煌人种的多元性。随葬品多寡不一，有的有几十件，有的却一无所有，可见佛教僧人或俗家弟子的贫富差别。在已发现的人头骨中，部分头骨有锯痕，这应是藏传佛教制作颅钵所为。

礼佛窟是供佛教徒进行观像、巡礼及举行其他佛事活动的石窟。其特征是有佛坛、塑像或壁画。莫高窟南区几乎所有的石窟都属于礼佛窟，而北区除已编号的第 461~465 窟为礼佛窟外,新发现的礼佛窟仅有两个。

廪窟亦即仓库,是作为存储物品而使用的石窟,这些窟内地面上有多个土坯砌的储物槽。石窟的顶和壁面都涂粗草泥。

北区石窟内出土的遗物种类有文书、钱币、织物、木器、回鹘文木活字、陶器、瓷器、铜器、铁器和泥质类遗物,数量相当可观,其中仅文书一项就有汉文、西夏文、藏文、回鹘文、回鹘蒙文、八思巴文、梵文、婆罗迷文和叙利亚文等 9 种文字,有手写体也有印刷体,相当数量的文书是在藏经洞出土遗物中所不曾见到过的,如西夏文《碎金》是国内仅存,西夏文《地藏菩萨本愿经》是海内孤本。因藏经洞出土文书大量流失海外,故北区石窟内出土的这批文书就更显得弥足珍贵。多种少数民族文字和不同宗教文书的发现,反映了敦煌地区民族、文化和宗教的多元化。

值得一提的是,北区考古发掘在钱币方面收获颇多。以往波斯银币大部分出土于"丝绸之路"沿线的新疆乌恰、库车、吐鲁番,青海西宁,宁夏固原,陕西西安,河南洛阳等地,因而学者们普遍认为,波斯银币在中国的发现与"丝绸之路"关系密切。然而在"丝绸之路"的咽喉重镇敦煌,以前竟毫无所获。北区石窟内出土的波斯银币,既填补了敦煌地区波斯银币的空白,也为中国境内丝绸之路沿线新增了一处波斯银币的出土地点。

另一重要发现是西夏钱币和宋钱共出。B113 窟内清理出的西夏钱币有"天盛元宝"铁钱和"乾祐元宝"铁钱,宋钱有"祥符通宝"铜钱和"宣和通宝"铁钱。西夏钱币是莫高窟乃至敦煌地区的首次发现。在甘肃、宁夏和内蒙古的一些西夏遗址或窖藏中,常常会发现西夏钱币与宋钱及其他朝代的钱币同出。这表明西夏正式建国后虽多次铸造钱币,但在其统治地区始终未能以其所造钱币来取代其他钱币。

在北区石窟内还发现回鹘文活字 48 枚,这是目前国内唯一经过考古发掘出土的回鹘文木活字。据《伯希和敦煌石窟笔记》透露,现存法国的 960 枚回鹘文木活字是伯希和在莫高窟第 464 窟附近盗掘的。而此次出土木活字的石窟也都在第 464 窟附近。由此可以推断,当时的第 464 窟附近应存在着一个印制回鹘文文献的场所。

经过十余年的考古发掘,北区石窟是画工和塑匠居住场所的说法被否定。考古学家对北区石窟逐一清理,共编窟号243 个,加上原敦煌文物研究所编的 492 个窟号,使莫高窟现存石窟数达到 735 个。如再加上已塌毁的石窟，已基本接近唐代所说的“一千余龛”的数量。

关于北区石窟的时代问题，考古学家通过对部分石窟做碳-14测定，同南区石窟做比较，再参照出土遗物，推测其开凿时代应与南区石窟相当或略晚，上限为北朝时期，使用和废弃时代与南区相同，应在元代。

南、北区石窟的差异在于，莫高窟原已编号的492个石窟均有壁画或塑像，这些石窟既是佛的神圣殿堂，又是供僧众和俗人礼佛、做佛事活动的场所；而北区新编号的243个石窟中，只有两个是礼佛窟，其余则分别是僧房窟、僧房窟加禅窟、禅窟、瘗窟和廪窟，表明北区石窟主要是供僧众生前生活、居住、禅修以及死后瘗埋的区域。尽管南北两区石窟群的性质和功能不同，但却共同组成了完整的莫高窟石窟寺，从而也证明了北区石窟是莫高窟不可缺少的组成部分。

莫高窟北区石窟的清理发掘及其重要发现，不仅填补了敦煌莫高窟乃至全国佛教石窟考古学领域的某些空白，而且对于世人全面了解莫高窟的营建史，研究敦煌、河西以及中国古代的政治、经济、宗教、文化、交通史，进而探索敦煌在中国、印度、希腊、伊斯兰四大文化体系汇流中所起的作用和影响，都有很高的学术价值和极其重要的意义。

（原载《地理知识》2000年第8期）

莫高窟北区洞窟——考古新课题

彭金章　著

一、发掘北区洞窟的起因

敦煌莫高窟是中国最大的石窟群之一，早在1961年被国务院公布为第一批全国重点文物保护单位，又于1987年被联合国教科文组织世界遗产委员会列入“世界文化遗产”名录。它位于甘肃省敦煌市城区东南25公里处的鸣沙山东麓。从公元4世纪后半叶至14世纪的1000年间，佛教信徒们在这处陡峭如削、高15~30米的断崖上，延绵不断地开凿了许多石窟，保存至今仍有石窟的崖面，全长1700余米。依照石窟在崖面的分布情况划分为南北两区，以敦煌文物研究所编号的第1窟为界，此窟及其以南为南区，第1窟以北为北区。南区崖面长1000余米，分布着《敦煌莫高窟内容总录》记录的492个洞窟中的487个。因其内至今仍保存着绚丽多彩的壁画和栩栩如生的彩塑，故成为海内外专家学者进行考察、研究以及供海内外游客参观和游览的热门区域。北区崖面长700余米，亦开凿洞窟数百个，其中仅有5个洞窟敦煌文物研究所进行了编号，即第461~465窟，并在《敦煌莫高窟内容总录》中作了记录，其余洞窟因多无壁画或塑像，因而未予编号，亦未记录，它们几乎成了被人遗忘的角落。然而北区洞窟也同南区崖面上的洞窟一样，上下相接，左右毗邻，状如蜂巢，洞窟最密集处上下可达五六层，看上去亦十分壮观。

由于莫高窟北区以往从未有人进行过科学的考古发掘工作，故北区洞窟的性质与功能一直没有定论。有说“是供每年农历四月初八赶庙会的香客们住的”，或说“是放羊人圈羊用的，以防狼伤羊群”，也有说“是供游僧暂住的”或“多是僧人和工匠居住的洞窟”，“很可能是一些供僧侣们居住的小僧房”及“是供画工和塑匠住的画工窟、塑匠窟”等等说法。在上述有关北区洞窟用途的几种不同说法中,以最后一种说法流行最广,而且影响最大。总之,有关莫高窟北区洞窟的性质与功能,众说纷纭,莫衷一是。

开凿于北区崖面上的洞窟数量到底有多少？北区洞窟形制有什么特征?开凿数以百计的北区洞窟有什么用途?在莫高窟石窟群中北区洞窟处于什么地位？北区洞窟分别属于什么时代？这些问题一直为学术界所关注。为了揭开蒙在莫高窟北区洞窟的神秘面纱,探索北区洞窟之谜,彻底弄清这些洞窟的性质与功能,1988—1995年,由笔者领队,主持了对北区洞窟长达数年的考古发掘,取得了重要收获。

二、北区洞窟考古发现的重要遗迹

经过长达数年的考古发掘以及对发现的遗迹和遗物的研究，没有任何材料证明北区洞窟是画工窟或塑匠窟。既然北区洞窟不属于画工窟和塑匠窟,那么它们到底又是一些什么性质的洞窟呢?大量的考古发掘资料证明,开凿于北区崖面上的洞窟依其性质与功能区分有禅窟、僧房窟、僧房附禅窟、瘗窟、礼佛窟及廪窟6类,以下对其形制、功能逐一介绍。

“禅窟”是指供僧众修禅用的洞窟。这种性质的洞窟在北区崖面现存82个,其形制特征是窟内无灶、无用火痕迹,壁面上未绘制壁画(图28、彩版十)。根据其形制又可分为多室禅窟和单室禅窟。

多室禅窟即有多个供僧人修禅用的小洞窟。洞窟形制上分前室、中室、后室和1~5个数量不等的侧室,总面积多半较大,北区现存多室禅窟9个。多室禅窟的中室无禅床,其面积均大于后室和侧室,应是僧侣集体活动的场所。而后室和侧室则是面积比较小的禅室,均有砾石禅床,应是僧人禅修之处所。

单室禅窟即仅有一个供僧人修禅用的洞窟。此类禅窟在北区崖面上现存73个。相对于多室禅窟面积普遍较小,在1~8平方米之间。甬道多比较矮,顶部距地面也比较低,均有砾石禅床。

根据佛教典籍记载,出家僧人修禅时应于闲静之处,或在坟墓之间。莫高窟北区距礼佛窟集中、佛事活动频繁的南区有一定距离,所以比较安静,而崖面上又有数十个瘗埋死去僧人遗体、遗骨、骨灰的瘗窟分布其间,因而是莫高窟“凿仙窟以居禅”的理想之地。由于北区地理位置优越,环境幽静，数量可观的单室和多室禅窟也就陆续开凿于此区崖面上。资料显

B53-1

B52-2

B53-3

图 28　莫高窟北区石窟中的禅窟

示，在中国其他石窟群曾多有禅窟发现，但像敦煌莫高窟北区这样禅窟数量之多又如此集中者却极其罕见。

“僧房窟”是指供僧人日常起居生活用的洞窟。此类洞窟在北区崖面现存50个。僧房窟多较为宽敞，窟顶距洞窟地面较高，甬道也较高，在洞窟内也较方便活动。此类洞窟内必有炕和灶，并有烟道通前室，还有放置灯盏的灯龛，有些灯龛至今仍残存厚厚一层油垢。炕有两类：一类是砾石炕，为开凿洞窟时所预留；另一类是用土坯砌的带有烟道的火炕，它们往往出现于经过改造的洞窟内，其时代相对较晚。僧房窟的壁面虽多经修饰，却未绘制壁画。僧房窟在敦煌地区为首次发现，填补了此种类型洞窟在敦煌地区的空白。

“僧房窟附设禅窟”是指同一个洞窟具备生活和修禅两种功能。此类洞窟在北区现存 5 个，类似现在的两室一厅，其形制是由两个后室共一个前室组成。两个后室中，一后室供僧人日常起居生活使用，窟内有灶，有烟道，有炕，与一般僧房窟几乎没有什么两样。另一后室则供僧人修禅用，其内无灶，却有禅床，与单室禅窟完全相似。僧房窟附设禅窟亦为敦煌地区第一次发现。

“瘗窟”是指瘗埋死去的僧人骨灰、遗体和遗骨的洞窟。此类洞窟在北区现存 25 个。其甬道口均用土坯或石块封堵。壁面上无壁画。据研究，北区现存瘗窟大致由以下洞窟构成：一种是专门为瘗埋死者而开凿的瘗窟，共有 15 个，特征是低矮狭小，有棺床，无灶，无用火痕迹；第二类是将禅窟（含僧房窟附设禅窟）改作瘗窟，因此形制特征与一般单室禅窟几乎没有什么区别，而这种瘗窟中的被瘗埋者，其生前或许曾在此窟进行禅修，此类瘗窟共发现 7 个；最后一类是僧房窟经改造而作为瘗窟用，仅见 B142 窟 1 例。

在北区 25 个瘗窟中，发现的死者有男性也有女性。遗体、遗骨处理方式有火葬、二次葬、二人合葬、多人合葬、单人葬、棺葬、塔葬及坐化式葬。北区瘗窟的发现，不仅填补了这类洞窟在敦煌地区的空白，而且数量又如此之多，为其他石窟群所少见。

“礼佛窟”是指供僧众、俗人向佛顶礼膜拜、举行佛事活动的洞窟，这类洞窟最明显的特征是窟内有壁画或塑像。原本北区崖面有礼佛窟 5 个（第 461~465 窟），此次在北区又新发现了 2 个，总数成为 7 个，其数量与该区现存数量较多的禅窟、僧房窟、瘗窟形成了鲜明对比,反映了莫高窟南北两区使用功能上的差异。

“廪窟”是指用于储藏的洞窟。此类洞窟在北区现存两个,为敦煌地区首次发现。其形制特征是:洞窟面积不大,地面上有两至三个储藏槽,储藏槽间有土坯砌的厚 0.10 米、高 0.30~0.35 米的隔墙。从廪窟储藏槽的大小、高矮分析,此廪窟很可能是贮藏粮食用的。

在莫高窟北区崖面现存洞窟中,除了上述 6 种不同性质的洞窟外,还有 77 个洞窟由于未开凿完或因塌毁严重,洞窟性质无法判断。

三、北区洞窟出土的珍贵遗物

莫高窟北区洞窟总计出土遗物 1451 件（另有文书碎片 2857 片),其中尤其重要的是各类文字资料,有汉文、西夏文、回鹘文、藏文、回鹘蒙文、八思巴文、叙利亚文、梵文、婆罗迷字母书写的梵文等多种文字文献的发现。

在莫高窟北区共计出土汉文文献 150 件，分为佛教文献和社会文献两大类。佛教文献有《华严经》《妙法莲华经》《佛说救疾病经》《佛说灌顶经十二·佛说灌顶拔除过罪生死得度经》《四分律删繁补阙行事钞》《金刚般若波罗蜜多经》《佛顶尊胜陀罗尼经》《佛说无量寿经》等 25 种,还有一些头尾不全、具体名称不详的碎片,对探讨敦煌佛教在不同时期的发展很有帮助。在非宗教性文献方面,虽多为残页、残片,但其中仍不乏重要社会文献。现提出其中 3 件特别受到关注的文献略为介绍。

1.《唐开元二十四年(736 年)后沙州检勘丁租脚窨钱粮牒》。

发现于 B47 窟,内容涉及有关唐代开元后期丁租的征收,脚钱的勘办与不勘办以及营窖钱的征收与否。让史学家可从实际的数据资料了解唐代租税征收的标准及租税制度的变化，并得以印证补充史书上关于税制的记载。

2.《排字韵》。

出土于 B59 窟的《排字韵》,是继宋代《广韵》《集韵》之后的又一部重要韵书,因久已失传,学术界无从目睹其原貌,如此珍贵的古佚书如今重见天日,有助于印证韵书中分韵由 206 韵演进为 106 韵的变化过程。这当今唯一存世孤本的发现,为中国韵书研究提供了新资料。

3.《河西大凉国安乐三年(619 年)郭方随葬衣物疏》。

据史籍记载,隋大业十三年(617 年)丁丑,武威鹰扬府司马李轨,趁隋末农民大起义之机于武威起事,于唐武德元年(618 年)建立一割据政权——河西大凉国,李轨自称河西大凉王,开国年号为安乐。武德二年(619 年)已卯,二月,吐谷浑可汗伏允受唐命击凉帝李轨。五月,唐使者安兴贵执李轨,"轨至长安,并其子弟皆伏诛"。由于这是一个短命的小王朝,从凉王李轨在武威起事后又即皇帝位,到他被俘后押解长安伏法,前后时间不过三年,因而在考古学上很难将河西大凉王时期的遗物从隋末唐初的遗物中区分开来,除非有明确的文字记载。众所周知,举世闻名的敦煌藏经洞曾经发现经卷文书五万余卷,其中有确切纪年的汉文文书 1300 余件,时代从公元 305—1002 年,它们分别属于六朝、隋、唐、五代和宋代。然而却不见河西大凉国李轨政权时期的安乐纪年。包括敦煌地区数以万计的地下考古发掘文物中,亦未发现确切的属于李轨政权时期的遗物。然而在对莫高窟北区进行考古发掘时,在 B228 窟发现了一件书写有安乐三年确切年号的衣物疏,保存大致完整。这件河西大凉王李轨政权纪年文献的出土,不仅增加了敦煌文献的新类别,而且填补了藏经洞文献中安乐纪年的缺失,因而受到学术界的关注。

此外,北区出土的汉文社会文书还有官告、勋告、户籍、以及《资治通鉴》《论语》等。

据史籍记载,西夏曾统治敦煌长达近两个世纪,故在瓜、沙二州原所辖之地必然留下许多西夏时期的遗迹和大批遗物。然而,在莫高窟北区洞窟发掘前,学术界只知道敦煌地区有西夏时期开凿或重修的洞窟和西夏时期绘制的壁画以及在洞窟壁上所书写的西夏文题记,此外无其他西夏遗迹和遗物。在进行莫高窟北区洞窟的发掘后,发现了大批西夏遗迹和遗物,仅西夏文文献残页、残片就有 179 件。据西夏学学者史金波研究,其中有一些西夏文文献至为珍贵,现择要介绍。

出土于莫高窟北区的西夏文文献《碎金》,全名《新集碎金置掌文》,成书于 12 世纪初期以前,是类似中原地区汉文"千字文体"的字书,以每句五言巧妙地将 1000 个不重复的西夏字编成长达 200 句、100 联的五言诗。其内容对研究西夏的民族、社会与文学都极具参考价值。《碎金》写本曾于 1909 年在内蒙古额济纳旗黑水城遗址出土,随被携往俄国,现存圣彼得堡,此后中国境内未再见到此书。敦煌莫高窟北区发现的《碎金》残页,填补了这个缺憾。

西夏文、汉文双语双解词典《番汉合时掌中珠》,是由西夏党项羌人骨勒茂才编纂的,成书于西夏乾祐二十一年(1190年),是一部西夏文、汉文音义合璧的辞书,也是一部西夏文同汉文的对音字典。作者在此书序言中阐明了写作的目的:"今时人者,番汉语言可以自备,不学番言,则岂和番人之众,不会汉语,则岂入汉人之数。番有智者,汉人不敬;汉有贤者,番人不崇。若此者,由语言不通故也。"它不仅是西夏时期西夏人学习汉族语言文字,汉人学习党项族语言文字的重要工具书,当在西夏文献淹没数百年、西夏文字变为无人可识的死文字后,又成了现代西夏学专家们识读、破解西夏语言与文字的门径,必须具备的工具。又由于其中收录了很多西夏常用词语,此书也是专家们研究西夏社会的重要资料。此次发现也是1909年黑水城出土之整册《番汉合时掌中珠》之后的首度发现。

此外,北区洞窟出土的西夏文文献中,还有为海内外仅存孤本的活字版《地藏菩萨本愿经》《诸密咒要语》以及属于国内孤本的刻本《种咒王阴大孔雀明王经》《龙树菩萨为禅陀迦王说法要偈》和有序言的写本《三才杂字》。这些发现均有很高的学术价值,至为重要。

关于出土于B159窟的《龙树菩萨为禅陀迦王说法要偈》残页还有一点特别值得提出,即在页面左下方押捺有两行汉文施经愿文"僧录广福大师管主八施大藏经于沙州文殊舍利塔寺永远流通供养"的印记。资料显示,莫高窟北区曾先后三次发现为西夏文佛经残页上押捺有相同内容的汉文施经愿文,但前两次的发现均流失域外。

在回鹘文献方面,莫高窟北区洞窟出土了残页、残片110件。据回鹘文学者研究,其内容有《中阿含经·卷五十一》《阿毗达磨俱舍论实义疏》《圣无量寿经》《佛教徒祈愿文》《佛教故事》《八十华严》等。其中莫高窟第464窟出土的回鹘文《圣无量寿经》为首次发现。回鹘文为回鹘民族于公元9世纪中叶至14世纪左右使用的主要文字,源于中亚粟特文,其语言属阿勒泰语系突厥语族中的东支。历史上回鹘文曾对周围民族的文化发展有很大影响。元代,回鹘文为蒙古族所采用,经变化后形成回鹘蒙文。回鹘文与回鹘蒙文字母、字形完全相同,而区别在于两者的发音和意义不同。一件形似回鹘文又形似回鹘蒙文的文书,如用回鹘蒙文的读法可读懂,并能理解其意,该文书即属于回鹘蒙文文书;相反,如用回鹘蒙文的读法而读不通,其意又不可理解,则该文书必属于回鹘文文书。回鹘蒙文又称老蒙文,与现代使用的蒙文也有别。该窟出土的空心艺术字回鹘文佛经残片,在其他回鹘文文献中还没有见到,因而具有重要研究价值。而每一件回鹘文文献的出土和解读,都会提供一些前所未知的材料。

藏文文献则出土了残页、残片88件。据藏文学者研究,其内容有佛经、佛教仪规、佛教戒律、医学药方、数学量论、占卜、官府文书、历史、地理、祈祷文、劝善文等文献。其中佛教经典有《般若波罗蜜多经》《般若八千颂·散花品》《大菩提心具有无量功德经》《无量寿经》《圣者无量寿智大乘经》《金刚经》《佛教仪规》《佛教戒律》《菩萨行经》等。其中如《般若八千颂·散花品》、《菩萨行经》等用泥金泥银书写,更是珍贵。对研究藏传佛教及古代藏人的社会文化生活等诸方面皆有极高的参考价值。

至于回鹘蒙文文献和八思巴文文献方面,分别有回鹘蒙文文献残页、残片62件,八思巴文文献残页、残片6件。八思巴是元朝西藏藏传佛教萨迦派的高僧,曾任元朝的国师、帝师。他遵照元朝皇帝之命创造“八思巴文”,多与回鹘蒙文并用于官方文书、玺印。据蒙古学学者研究,其内容有佛教经典、官方文书、法律文书、圣旨、萨迦格言、军事文书、卖身契以及伦理方面的文献等。这些蒙古文文书是继敦煌石窟蒙古文题记考察后的又一次重要发现,增添了对敦煌吐鲁番学和蒙古学研究的材料,就蒙古文文书的角度来说,乃是全新的资料。

叙利亚文文献出土较少,在B53窟发现了一件相当完整的叙利亚文文献。据学者研究,源出于中世纪东叙利亚,其内容为曾经流行于中亚和中国的景教教会所使用的《圣经·诗篇》文选,为信徒于教堂礼拜时使用的《礼仪书》。它的发现,不仅丰富了景教文献的内容,更令学术界兴奋不已的是,它为研究历史上中亚和敦煌地区景教的发展,进而探讨中唐时期在唐代都城长安所立《大秦景教流行中国碑》中的相关疑难问题提供了新资料。

梵文文献分别有以梵文和婆罗迷文字母书写的两类。前者计有16件,内容有蓝蹉体梵字陀罗尼(咒语)的《法身偈》《法身颂》《法身舍利偈》《缘起颂》《缘生偈》《法颂》《因缘颂》等,还有属于藏传密教的秘咒,以及密教的《观音三字咒》。后者则仅有3件,经学者研究,认为是一部佛经的论疏,在现存汉文佛教文献中没有相应的汉译本,极为罕见。

文书文献以外的遗物另有陶瓷器类、漆木器类、铜铁器类、骨石器类、丝棉毛麻织物类、泥质模制品类和各类钱币等,其中几件特别值得注意的是古波斯银币、西夏钱币、回鹘文木活字和一个铜十字架。

波斯银币是古波斯帝国的一种货币,从记载中得知,它在中世纪的陆上、海上"丝绸之路"均享有国际货币的地位,并且随着波斯使者和商人的东来,而广泛流通于中国境内的"丝绸之路"沿线各地。历年来在新疆、青海、宁夏及广东等十余个县市,共出土波斯银币1000余枚,成为东西交往的实物证据。但在陆上"丝绸之路"的重镇、曾号称"华戎所交一大都会"的敦煌,过去却一直未曾发现波斯银币。直至1988年11月在莫高窟B222窟始发现了一枚波斯银币,不但是莫高窟之首次,也是古敦煌郡内波斯银币的首次发现。从其特征看,该银币属波斯萨珊朝第五代卑路斯王时期(459—483年)所铸造。西夏钱币共出土28枚,均为铁币,其中有"天盛元宝"12枚,"乾祐元宝"16枚。这是迄今为止在甘肃武威以西各地出土西夏钱币最多的一次。

关于回鹘文木活字,据有关资料揭示,过去在莫高窟曾数次发现。第一次是1908年,法国人伯希和在P181号窟(即今莫高窟第464窟)内掘获了大批遗物,其中有回鹘文木活字968枚,运回法国后将其中的4枚送给了日本,现收藏于日本东京东洋文库,另将4枚送给了美国,现收藏于纽约大都会博物馆, 余下的960枚现分别藏于法国巴黎吉美博物馆和法国国立图书馆。第二次是1914—1915年,俄国人鄂登堡在莫高窟洞窟内掘获回鹘文木活字130枚,运回俄国后收藏于圣彼得堡,现不知下落。第三次是20世纪40年代,敦煌艺术研究所亦收集到回鹘文木活字6枚,但出土地点不详,估计亦应出自北区。此次为第四次,共计发现48枚。根据此次发掘出的回鹘文木活字上所有墨迹来推测,公元13~14世纪时,在莫高窟第464窟及其附近,很可能存在过印刷回鹘文佛经的场所。北区洞窟出土用木活字印刷的回鹘文佛经中,有一些或许是在北区印刷的。

铜十字架为敦煌地区首次发现,于莫高窟B105窟出土。十字架为基督教信仰的极重要标志,具有"基督""拯救""赎罪""信仰""福音"等象征意义。此十字架用青铜铸造,横竖交叉的十字位于圆环中央,十字各端均伸出圆环之外1.30~1.50厘米,十字各端之间各有一鸟头,共4个,其中3个保存完整,1个稍残。从交叉的十字、环绕十字的圆环以及圆环外的鸟头上的凹槽分析，十字架原有镶嵌物，惜已无存。从与铜十字架同出遗物中时代最晚者为宋代的“嘉祐通宝”“治平元宝”“祥符通宝”“绍圣元宝”等钱币来分析，铜十字架的时代最晚为宋代。

四、北区考古发现的学术价值和重要意义

通过长达数年的考古发掘以及对发现的遗迹、遗物的深入研究，初步揭开了蒙在莫高窟北区洞窟的神秘面纱，使长期困扰学术界而不得其解的莫高窟北区洞窟之谜得以破解。

首先，彻底弄清了北区洞窟数量，确知北区崖面现存洞窟总数为 248 个，其中 243 个洞窟为此次新编号洞窟。连同南区 487 个洞窟，莫高窟现存洞窟总数为 735 个，与莫高窟初唐时期《李克让修莫高窟佛宠碑》中记载“窟室一千余室”的数目已比较接近，并且确定其时代大致与南区洞窟的时代相同。

其次，基本了解了北区洞窟的性质与功能及增加的新洞窟类型，纠正了以往认为北区洞窟是画工窟和塑匠窟的不正确看法。僧房窟、僧房窟附设禅窟、瘗窟、廪窟均为莫高窟首次发现，这一发现，对了解莫高窟僧人的日常起居生活、仓储以及死后瘗埋场所有很大的帮助，并且理清了北区洞窟与南区洞窟的关系。亦即南区是礼佛窟集中分布的区域，而北区则是僧众日常生活、禅修和埋骨场所，南区和北区合起来组成了完整的莫高窟石窟群。由此可知，北区是莫高窟石窟群不可缺少的重要组成部分，并非可有可无。

最后是出土了大批弥足珍贵的遗物。如前所述，有些遗物为敦煌地区首次发现，有些文献为国内孤本或海内外仅存，它们不仅可以填补藏经洞文献的空缺，且具有极其重要的学术研究价值，为中外学术界所瞩目。

莫高窟北区洞窟的考古发掘与发现，揭示了许多鲜为人知的内涵，填补了敦煌莫高窟乃至中国佛教石窟考古领域的某些空白，无疑是一次重大的考古新发现。这些发现对于世人全面了解莫高窟的营建史，促进敦煌学和其他学科的深入研究和更大发展，进而探索敦煌在中国、印度、希腊、伊斯兰四大文化体系汇流中所起的作用和影响，具有深远的意义。

（原载《典藏美术》2005 年第 4 期）

敦煌莫高窟北区洞窟新编窟号说明
——兼谈以往北区洞窟诸家编号

王建军　胡　祯　著

敦煌莫高窟开凿于鸣沙山东麓的断崖上，隔大泉河与三危山遥遥相望。保存至今的开凿有洞窟的崖面全长1700余米，依照洞窟分布状况划分为南、北两区，在崖面长1000余米的南区集中了原敦煌文物研究所编号、内有壁画和塑像的492个洞窟中的487个；北区崖面长700余米，亦开凿有洞窟数百个，这些洞窟和分布于南区崖面的洞窟一样，彼此间上下相接，左右毗邻，远远望去状如蜂巢，洞窟最密集处上下可达四五层，颇为壮观。在北区崖面现存的数百个洞窟中，仅有5个洞窟即第461窟、第462窟、第463窟、第464窟、第465窟，在《敦煌莫高窟内容总录》中有记载，其余洞窟内多无壁画或塑像，因而长期以来未引起足够的重视。

为了探索北区洞窟之谜，彻底弄清其性质及内涵，进一步促进敦煌学的深入研究和更大发展，在报请国家有关文物主管部门批准后，敦煌研究院组织考古研究所专业人员，对北区洞窟按照田野考古操作规程，进行了科学的清理发掘，并对现存洞窟逐一进行了编号、照相、测量、绘图，经过数年的科学发掘，取得了重大收获。发现了一批重要遗迹，出土了大量弥足珍贵的遗物，从而基本弄清了北区洞窟的性质、功能和与南区洞窟的关系及其在莫高窟石窟群中所处的地位，揭开了蒙在莫高窟北区洞窟的神秘面纱，将其真实面貌展现在世人面前。

在对北区崖面的洞窟进行正式发掘前，首先遇到的是洞窟编号问题。我们曾详细查阅了有关资料，了解了前人对北区洞窟编号的情况，并将各家有关北区洞窟编号比较以后，确定了我们此次编号的方法及原则。现把以往涉及北区洞窟的前人编号以及此次我们的编号简介如下。

首先对莫高窟洞窟进行编号者是英籍匈牙利人斯坦因。他从敦煌莫高窟劫得数万卷敦煌遗书、遗画回国后，在其所著的《Serindia》(《西域考古记》)一书第三册中有一个简单的洞窟编号表,但所编窟号不足20个[①],而且无图可作依据，故斯氏所编窟号中是否有北区洞窟就现有资料已无从得知。

1907年冬至1908年春,继斯坦因之后来到敦煌的是法国人伯希和。他用贿买等不正当手段掠走莫高窟藏经洞数千件珍贵文物，拍摄数百张洞窟照片后,还对莫高窟南北区洞窟作了编号和内容记录。从《伯希和敦煌石窟笔记》可知,伯氏在莫高窟总计编了183个窟号，其中171个洞窟号分布于莫高窟南区(见徐氏对照表),172号及以后的洞窟则在北区。据现在法国巴黎的杜秀珍女士告知,经她查阅《伯希和敦煌石窟笔记》法文版,既未发现P172~180号洞窟编号,又未发现这几个洞窟的记录[②]，但在伯氏笔记中的确有P181、P182、P183窟的内容,证明伯希和确实给P172~180等9个洞窟编了号。鉴于当时伯氏未对这9个洞窟进行记录,又无图可据,因而也就无法与北区现存洞窟进行核对。至于伯氏所编P181窟和P182窟,经学者们研究,认为它们分别是敦煌文物研究所编第464窟和第465窟。根据《伯希和敦煌石窟笔记》第390页所记,第183窟中“于元代还建造了两座佛塔”的记载,我们找到了这个洞窟,该窟我们新编号为B142窟[③]。

1922年,驻防敦煌的肃州巡防第四营统领周炳南命营部司书会同敦煌县警署对莫高窟进行清查编号,共计编了353个窟号,后作为陈万里撰《西行日记》附录发表,是否涉及北区洞窟,因无图可查,故不得而知。

1941年,张大千先生在莫高窟考察、临摹壁画期间,深感前人编号使用起来不方便和存在着诸多缺点,于是重新对洞窟进行了编号,共计编了309个洞窟号(不包括125个耳洞),其中仅给位于北区的4个洞窟编了号。张氏编306号、307号、308号、309号窟分别为敦煌文物研究所编第462窟、第463窟、第464窟、第465窟[④](详见附表)。

1944年,史岩先生在莫高窟工作期间,再次对莫高窟洞窟进行了编

①见徐自强著《新订敦煌莫高窟诸家编号对照表说明》,载于《敦煌吐鲁番研究·第二卷》第149页,北京大学出版社,1997年。

②杜秀珍女士为查阅伯氏所编P172~180窟的有关资料曾给予笔者诸多帮助，谨表谢意。

③详见此次北区洞窟编号与诸家北区编号对照表。

④见谢稚柳编著《敦煌艺术叙录》中附《莫高窟各家窟号对照表》,上海古典文学出版社,1957年;再版《敦煌艺术叙录》中所附徐自强编《新订敦煌莫高窟诸家编号对照表》,上海古籍出版社,1996年。

号,自拟编号表一份,并系统记录各洞窟题记,绘制洞窟立面图并标明窟号,共编了589个窟号(不包括42个附洞),其中第421号至第589号共计169个洞窟编号在北区，这是莫高窟北区洞窟自有人编号以来涉及洞窟最多的一次。

1947年,主持国立敦煌艺术研究所(1950年更名为敦煌文物研究所)工作的常书鸿先生,有感于伯、张、史等人编号的不完善而再度编号,经过几十年多人反复调查、发掘、整理,至20世纪80年代初期编号已达492个,文研所组织的这次编号,最早曾以《莫高窟各家编号对照表》为题刊登于《文物参考资料》1951年第5期,1958年又将洞窟编号一一标于孙儒僩先生绘制的《莫高窟总立面图》上。1982年出版的《敦煌莫高窟内容总录》,是当时集莫高窟洞窟编号之大成,就南区洞窟而言,这次编号所涉洞窟数量最多、最详尽、最准确、最全面。但稍显不足的是,此次编号仅仅涉及了位于北区的5个洞窟,即第461窟、第462窟、第463窟、第464窟、第465窟。由于敦煌文物研究所编的洞窟号已为国内外学术界所公认并广泛采用，使那些不了解莫高窟实际情况的人还误以为492个洞窟编号是莫高窟现存洞窟的全部,其实并非如此,因莫高窟北区尚有数百个洞窟文研所未予编号。

1988年6月,对莫高窟北区洞窟的清理发掘工作开始,考虑到千百年来崖面的变迁,有些洞窟可能已被流沙所掩埋,故对当时暴露在外的洞窟进行临时编号。根据北区崖面洞窟分布状况,从南向北划分为A、B、C、D、E5段,而每段又分别由南至北、自下而上依次单独编号,这样在清理过程中,一旦发现被流沙完全掩埋的洞窟可随时就近给予编号。1995年11月底,对北区洞窟进行的考古发掘工作全面结束,遂即转入资料的整理阶段,在此期间对北区洞窟予以正式编号。此次编号原则是:整个崖面不再分段,而是依照洞窟所处位置的高低统一分层,由南向北再由北向南、自下而上呈“S”形走向往复编号,共计给243个(不包括文研所编号的第461~465窟)编了号。此次编号是有关北区洞窟的诸家编号中涉及洞窟数量最多、最全的一次编号，也是对敦煌文物研究所莫高窟洞窟编号的继续、完善和补充。此次我们所编的北区洞窟号均可与史岩先生当年所编北区洞窟号相对应(详见附表)。通过此次专门对北区洞窟的编号,彻底查清了北区崖面现存洞窟总数为248个(含文研所编的5个洞窟),连同位于南区崖面的487个洞窟,莫高窟现存洞窟总数为735个。

有关此次莫高窟北区洞窟编号已刊登在《文物》1998年第10期上,因受版面所限,《莫高窟北区洞窟立面分布示意图》所标洞窟号模糊不清[①]。为了让学术界对此次洞窟编号全面了解,我们聘请甘肃省第一测绘大队重新测绘了《莫高窟北区洞窟立面图》,并将此次洞窟编号一一标于其上。不仅如此,我们还以此次新编窟号为基础,连同文研所编的5个北区洞窟号,再参照涉及北区洞窟的其他诸家编号列表一一对照[②],这样既满足了学术界对北区洞窟编号的了解,又可通过此次编号与诸家北区洞窟编号的对照而迅速查找诸家编号,从而为国内外学术界研究敦煌莫高窟,尤其是研究北区洞窟提供了方便。现将涉及北区洞窟的诸家编号列表对照如下,不妥之处,祈指正。

附记:本文的撰写得到彭金章先生的悉心指导,在此表示感谢。

(原载《敦煌研究》1999年第2期)

①《文物》1998年第10期第5页《敦煌莫高窟北区洞窟立面分布示意图》系敦煌研究院保护研究所孙毅华女士所绘制。

②为与敦煌文物研究所洞窟编号相区别,凡此次经过编号的北区洞窟均加一"北"字拼音第一个字母"B"。

附表:敦煌研究院北区洞窟编号与诸家北区编号对照表

B	A	C	S	P	B	A	C	S	P
B1	0	0	0	0	B24	0	0	0	0
B2	0	0	462	0	B25	0	0	510	0
B3	0	0	0	0	B26	0	0	0	0
B4	0	0	463	0	B27	0	0	0	0
B5	0	0	464	0	B28	0	0	514	0
B6	0	0	465	0	B29	0	0	515	0
B7	0	0	466	0	B30	0	0	516	0
B8	0	0	0	0	B31	0	0	517	0
B9	0	0	0	0	B32	0	0	518	0
B10	0	0	0	0	B33	0	0	519	0
B11	0	0	0	0	B34	0	0	520	0
B12	0	0	467	0	B35	0	0	0	0
B13	0	0	468	0	B36	0	0	550	0
B14	0	0	469	0	B37	0	0	549	0
B15	0	0	470	0	B38	0	0	548	0
B16	0	0	471	0	B39	0	0	547	0
B17	0	0	472	0	B40	0	0	546	0
B18	0	0	0	0	B41	0	0	545	0
B19	0	0	0	0	B42	0	0	544 543	0
B20	0	0	0	0					
B21	0	0	0	0	B43	0	0	542 541	0
B22	0	0	0	0	B44	0	0	540	0
B23	0	0	0	0	B45	0	0	539	0

B	A	C	S	P
B46	0	0	538 537	0
B47	0	0	536	0
B48	0	0	535	0
B49	0	0	534 533	0
B50	0	0	532	0
B51	0	0	530	0
B52	0	0	529 527 526	0
B53	0	0	525	0
B54	0	0	524	0
B55	0	0	523	0
B56	0	0	522	0
B57	0	0	521	0
B58	0	0	557	0
B59	0	0	556	0
B60	0	0	555	0
B61	0	0	512	0
B62	0	0	511	0
B63	0	0	509	0
B64	0	0	508	0
B65	0	0	507	0
B66	0	0	0	0
B67	0	0	0	0
B68	0	0	506	0

续表

B	A	C	S	P
B69	0	0	506	0
B70	0	0	0	0
B71	0	0	480	0
B72	0	0	479	0
B73	0	0	0	0
B74	0	0	0	0
B75	0	0	0	0
B76	0	0	478	0
B77	0	0	478	0
B78	0	0	0	0
B79	0	0	477	0
B80	0	0	476	0
B81	0	0	475	0
B82	0	0	474	0
B83	0	0	473	0
B84	0	0	486	0
B85	0	0	0	0
B86	0	0	485	0
B87	0	0	484	0
B88	0	0	0	0
B89	0	0	0	0
B90	0	0	483	0
B91	0	0	482	0
B92	0	0	0	0

续表

B	A	C	S	P
B93	0	0	481	0
B94	0	0	0	0
B95	0	0	0	0
B96	0	0	0	0
B97	0	0	428	0
B98	0	0	427	0
B99	0	0	0	0
B100	0	0	426	0
B101	0	0	425	0
B102	0	0	0	0
B103	0	0	421	0
B104	0	0	0	0
B105	0	0	0	0
B106	0	0	0	0
B107	0	0	0	0
B108	0	0	0	0
B109	0	0	0	0
B110	0	0	424	0
B111	0	0	0	0
B112	0	0	0	0
B113	0	0	494	0
B114	0	0	495	0
B115	0	0	487	0
B116	0	0	488	0

B	A	C	S	P
B117	0	0	0	0
B118	0	0	489	0
B119	0	0	490	0
B120	0	0	0	0
B121	0	0	491	0
B122	0	0	492	0
B123	0	0	493	0
B124	0	0	513	0
B125	0	0	551	0
B126	0	0	552	0
B127	0	0	553 554	0
B128	0	0	560	0
B129	0	0	0	0
B130	0	0	528	0
B131	0	0	531	0
B132	0	0	571	0
B133	0	0	572	0
B134	0	0	572	0
B135	0	0	573	0
B136	0	0	573	0
B137	0	0	575	0
B138	0	0	575	0
B139	0	0	0	0
B140	0	0	576	0

续表

B	A	C	S	P
B141	0	0	577	0
B142	0	0	578	183
B143	0	0	0	0
B144	0	0	0	0
B145	0	0	0	0
B146	0	0	0	0
B147	0	0	589	0
B148	0	0	588	0
B149	0	0	0	0
B150	0	0	570	0
B151	0	0	569	0
B152	0	0	568	0
B153	0	0	567	0
B154	0	0	566 565	0
B155	0	0	563	0
B156	0	0	562	0
B157	0	0	564	0
B158	0	0	561	0
B159	0	0	559	0
B160	0	0	558	0
B161	0	0	586	0
B162	0	0	0	0
B163	0	0	0	0
B164	0	0	584	0

B	A	C	S	P
B165	0	0	583	0
B166	0	0	582	0
B167	0	0	581	0
B168	0	0	580	0
B169	0	0	0	0
B170	0	0	0	0
B171	0	0	579	0
B172	0	0	579	0
B173	0	0	0	0
B174	0	0	0	0
B175	0	0	0	0
B176	0	0	0	0
B177	0	0	0	0
B178	0	0	0	0
B179	0	0	505	0
B180	0	0	504	0
B181	0	0	503	0
B182	0	0	502	0
B183	0	0	501	0
B184	0	0	500	0
B185	0	0	499	0
B186	0	0	498	0
B187	0	0	497	0
B188	0	0	448	0

B	A	C	S	P
B189	0	0	0	0
B190	0	0	0	0
B191	0	0	0	0
B192	0	0	447	0
B193	0	0	446	0
B194	0	0	445	0
B195	0	0	444	0
B196	0	0	0	0
B197	0	0	423	0
B198	0	0	422	0
B199	0	0	440	0
B200	0	0	435	0
B201	0	0	0	0
B202	0	0	0	0
B203	0	0	0	0
B204	0	0	0	0
B205	0	0	0	0
B206	0	0	434	0
B207	0	0	433	0
B208	0	0	432	0
B209	0	0	431	0
B210	0	0	430	0
B211	0	0	429	0
B212	0	0	0	0

续表

B	A	C	S	P
B213	0	0	0	0
B214	0	0	450	0
B215	0	0	452	0
B216	0	0	0	0
B217	0	0	435	0
B218	0	0	436	0
B219	0	0	437	0
B220	0	0	439	0
B221	0	0	442	0
B222	0	0	443	0
B223	0	0	0	0
B224	0	0	0	0
B225	0	0	0	0
B226	0	0	0	0
B227	0	0	461	0
B228	0	0	460	0
B229	0	0	459	0
B230	0	0	0	0
B231	0	0	457	0
B232	0	0	456	0
B233	0	0	0	0
B234	0	0	0	0
B235	0	0	0	0
B236	0	0	455	0

续表

B	A	C	S	P	B	A	C	S	P
B237	0	0	454	0	B243	0	0	458	0
B238	0	0	453	0	0	461	0	441	0
B239	0	0	451	0	0	462	306	496	0
B240	0	0	0	0	0	463	307	585	0
B241	0	0	0	0	0	464	308	587	181
B242	0	0	449	0	0	465	309	574	182

符号说明：

A:代表敦煌文物研究所编号

B:代表敦煌研究院北区洞窟编号

C:代表张大千编号

S:代表史岩编号

P:代表伯希和编号

0:表示该家对此洞窟未编号

关于敦煌莫高窟北区石窟资料

沙武田 著

所谓“敦煌石窟”的概念,学界普遍的认同是以敦煌莫高窟为主体的包括敦煌西千佛洞、安西榆林窟、安西东千佛洞、肃北五个庙石窟等敦煌及其周边范围内的广大石窟群。而莫高窟在学界长期的认识中总是以原编号的 492 个洞窟为内容,因而过分轻易地忽视了在莫高窟客观存在、构成完整的莫高窟石窟寺的一部分——莫高窟北区石窟。这样就使得在敦煌学走过将近百年的历程中,敦煌石窟研究在国内外均呈现出一片大好局面的同时,莫高窟北区石窟却仍然极少有人问津。这种极其奇怪而且十分特殊的现象的出现与存在,一则是由于莫高窟北区石窟本身在与有着极其丰富内容和研究价值的南区洞窟的对比之下,就有“相形见绌”的感觉。客观地讲,我们不得不承认在研究意义与价值,特别是研究内容和资料上,北区石窟是永远无法和南区洞窟相比拟的,虽然从学术研究的角度我们并不看低北区石窟的意义与价值。二则是学界本身对北区石窟的关注不够所造成的,因为没有资料的公布和相应的工作,就使得北区石窟只能长期处在不为人知、不为人注意的尴尬境地。这种现象的存在使得学界在研究敦煌石窟,特别是莫高窟石窟时自然而然地忽略了北区洞窟的存在,尤其是解释莫高窟石窟寺、敦煌佛教、敦煌僧人生活等各方面问题时对北区洞窟注意与引用不足。但我们不能忽略莫高窟北区石窟的客观存在,特别是存在于与南区洞窟毫无区别的同一条件与环境下的这一特殊石窟群。

1994 年彭金章先生在莫高窟举办的敦煌学国际学术讨论会上,首次较为客观和全面地向学界介绍和公布北区石窟考古工作成果,引起人们极大的关注和兴趣。1998 年有关莫高窟北区石窟考古发掘简报与相关出土文物研究成果的发表,初步向学界公布北区石窟资料,引起人们的注意，使得学界更进一步较为清晰地认识和理解北区石窟。后来又陆续公布了北区洞窟编号的有关问题，而彭金章与王建军两位学者对北区洞窟出土的多种民族文字文献的介绍以及史金波等先生对北区洞窟出土西夏文等写本资料研究成果的发表，使莫高窟北区洞窟中的大量资料得以正式公布，并显示出北区洞窟资料的重要意义与价值。2000年文物出版社出版了由敦煌研究院编，彭金章、王建军著《敦煌莫高窟北区石窟·第一卷》，这是关于莫高窟北区洞窟长期考古工作的报告资料，也是目前为止研究莫高窟北区石窟最为全面和最为详细的资料。该书以单个洞窟为体例，逐一进行洞窟现存状态的描述，同时对洞窟中出土的文物有详细介绍，特别是大量图片和精美线描图的配合，使得我们对北区洞窟有一个较为清晰的了解和把握。再者对莫高窟北区洞窟的每一个洞窟性质的推断与交代，更使学界第一次从理论的高度全面的认识敦煌石窟中这一极为重要且又被长期忽视的一处石窟群。正因为如此，学界对该报告的出版给予了极大的关注与研究热情。

首先是荣新江先生发表了《〈敦煌莫高窟北区石窟·第一卷〉评介》，书评的主要贡献是对北区石窟出土文书的研究，特别是对一些十分重要的社会文书作了一个简略交代，指出了学界所熟知的《张君义勋告》和《张君义公验》应是出自莫高窟北区洞窟的论断，也提出了与藏经洞文书有区别又有联系的"北区类型的文献材料"的新概念。同时指出在研究北区文献的过程中，应当注意与原出自北区石窟的日本天理图书馆和美国葛斯德图书馆藏卷缀合的可能性的新课题。特别是荣先生提出的"北区类型的文献材料"新概念，应当引起重视，因为这样就存在一个对北区文献怎样认识和如何研究的问题，有了一个宏观的理论认识与把握。但需要指出的是北区类型文献资料的研究，虽然有其个性特色，如果不注意与其他类型敦煌文献的联系，研究工作必将不够充分。

后来陈悦新也对《敦煌莫高窟北区石窟·第一卷》发表了书评①，从另一个视角，突出谈论的是北区石窟的"僧房窟"，从这类洞窟的印度源头，并结合克孜尔石窟僧房窟及国内其他石窟，简明扼要地交代了石窟寺僧房窟的洞窟形制与发展关系，特别是提出了把"禅窟等类与生活密切相关的窟室统归入僧房窟的广义概念中"的新观点，并结合北区石窟进行解说。在此基础上又结合北区石窟的瘗窟即纪念窟，提出了"礼拜窟、僧房

①湛如主编《华林·第一卷》第373~375页，中华书局，2001年。

窟、纪念窟三类性质的洞窟代表了信徒在现实中的信仰、实践、完结的统一过程”的石窟寺研究整体性关系的重要思路。可惜的是大概是受书评之限制,作者并没能对这些展开论述,但是特殊观点与观察新视角的提出,对现阶段北区石窟的研究应该说是很有启发意义。这些问题的确也是日后北区石窟研究的重要课题,因为不管怎样,洞窟性质的研究必将是北区石窟研究领域贯穿始终,也是最为重要的问题。

近两年来陈国灿先生对北区洞窟出土社会经济文书的系列研究,也使得学界有耳目一新之感觉, 充分表明北区石窟出土写本是敦煌遗书继藏经洞之后又一重要的发现, 是完整意义上的敦煌遗书不可分割的一部分,其研究的前景可观,这一点更是反映在大量各种民族文字文献的出土与研究上①。

现在随着北区洞窟考古报告的编写完成与陆续出版,“新资料” 的出现必将有大量“新问题”的提出,敦煌学研究中又将增添一个广阔之学术天地。而怎样把北区石窟的研究纳入整个敦煌学研究体系当中,则是一个十分重要的研究思路, 否则只就北区洞窟本身的讨论有可能会陷入无法前进的地步。而首先要做的则是如何把北区洞窟与南区洞窟的结合研究,进而把北区洞窟纳入到佛教石窟寺研究的统一体系当中。

考古报告中学者们对莫高窟北区洞窟的性质划分为僧房窟、禅窟、瘗窟、廪窟等几大类洞窟。目前的定性是从每一个洞窟的本身现存状态和出土物的分析得出的初步结论。这样也就使得莫高窟北区洞窟在整个莫高窟石窟寺中的地位是僧人生活与禅修并死后瘗埋的地方。这种分析研究使我们对莫高窟北区石窟的认识较前客观并前进了一大步, 是基本准确的。但是如果再配合以佛教教义、佛教石窟寺发展史、敦煌佛教史、敦煌历代寺院僧人的社会生活、敦煌民俗、莫高窟南区洞窟和北区洞窟的地理环境并洞窟形制等更加广泛的佐证资料, 可能会更加准确地说明北区洞窟的性质与功用。另外关于北区石窟的营建年代,由于资料的限制,除部分或个别洞窟可以推断出其初建年代(当然也只能是个相对的大范围断代)外,相当数量的洞窟由于资料不全,特别是大量洞窟由于普遍存在洞窟使用的最后一处于西夏、元时代人们活动的遗存,因此严重破坏了洞窟初建的历史信息和在此前使用的遗迹,这样相当一部分洞窟只有使用下限,而上限不清。彭金章先生对洞窟年代从洞窟所在崖面位置由南而北对应由

①见彭金章、王建军著《敦煌莫高窟北区石窟·第一卷》附录 1~5,文物出版社,2000 年 7 月。

早至晚的大体推断是科学和正确的，但是毕竟相当一部分洞窟年代的不清，大大限制了对北区石窟的研究与认识。因此北区洞窟年代学的研究是给我们提出的又一新课题与新问题。

总之，敦煌莫高窟北区石窟资料，从洞窟本身到出土文物文献的研究都为敦煌学的研究与发展提供了丰富的“新资料”，多角度广范围对北区石窟资料的研究是敦煌学研究的又一美好前景。

（原载《敦煌学辑刊》2000 年第 1 期）

敦煌隋唐瘗窟形制的演变及相关问题

倪润安　著

敦煌莫高窟北区石窟经过数年的大规模发掘，辨认出25个瘗窟,使敦煌瘗窟的研究成为可能。从发掘整理者对石窟年代的判断来看,隋唐瘗窟占据了绝大多数。本文将对部分瘗窟的年代进一步辨析,并由此展开相关讨论。

一、莫高窟北区隋唐瘗窟的年代分析与形制分期

莫高窟北区瘗窟的始凿年代,目前还不能确定,从有关石窟遗迹的情况来看,北朝晚期应已出现。B221窟是一座单室窟,平面近方形,覆斗顶,西半部设有砾石棺床。在北区崖面的同一层位上,它北侧紧邻隋代的单室窟B222窟,南侧紧连北周时期的单室窟第461窟,其覆斗顶的特征也与第461窟相同，而与B222窟的人字披顶接斜顶差异较大，故判断B221窟应为北周时期开凿。

进入隋唐时期,莫高窟北区瘗窟的数量逐渐增加,至盛唐时期到达鼎盛,其形制演变可分为四期(见附表)。

第一期:隋代至唐初(581—619年),包括B222窟、B227窟、B228窟等。

B222窟出土的草垫子经碳-14测定时代为隋末①。我们注意到该窟发现的人骨至少有两个个体，主要摆放在西半部的砾石台和东部的草垫子上。东部靠近入口,草垫子及其上尸骨的置入应较砾石台尸骨晚,而石窟的开凿应是为了砾石台尸骨的葬入。所以开窟年代要较草垫子及其上尸骨的放入早些,大致为隋代。

B228窟出土有明确纪年的遗物,即《河西大凉国安乐三年郭方随葬衣物疏》②。文书记录死者郭方"迁神过世"的时间为安乐三年二月十七日。

①见彭金章、王建军著《敦煌莫高窟北区石窟·第一卷》第321~325页,文物出版社,2000年。

②同①,第332~338页。

《隋书·卷四·炀帝杨广纪下》载:“(大业十三年)秋七月壬子,荧惑守积尸。丙辰,武威人李轨举兵反,攻陷河西诸郡,自称凉王,建元安乐。”大业十三年为公元617年,则安乐三年为公元619年,已进入唐初武德年间(618—626年)。该窟发现两具男性人骨个体,若郭方为初葬者,则开窟年代在隋末唐初;若郭方为后葬者,则开窟年代要有所提前。故此窟开凿的年代当为隋代至唐初。

B227窟与之相邻,形制也相同,开凿年代应为同期。

本期瘗窟形制继承了北朝晚期瘗窟的特点,流行近方形单室窟,顶部不见覆斗顶形式,全为人字披顶接斜顶,窟后部(西半部)设有砾石棺床。

第二期:初唐(高祖至高宗,620—683年),包括B27、B41、B42、B109、B223等窟。

B42窟为前、后双室窟,前室已经塌毁,从报告发表的剖面图上可看到前室顶部的残迹,为前室的存在提供了依据①。后室西半部砾石棺床上发现人骨数具,经碳-14测定树轮校正后为公元664年前后,开窟年代当在初唐。B41窟紧邻B42窟,形制也与后者后室相同,开凿年代应相距不远。B223窟南壁紧邻隋代的B222窟,但其人字披顶不同于后者的人字披顶接斜顶,而与B41窟相同,故推断B223窟的开凿晚于B222窟,已进入初唐时期。B27窟、B109窟形制与B41窟大致相同,亦归属本期。

本期瘗窟形制的特点是:近方形单室窟继续流行,顶部仅为人字披顶,而不接斜顶,窟后部(西半部)仍设置砾石棺床;稍晚出现了前、后双室的新形制,其他特点不变。

第三期:盛唐(武后至玄宗,684—756年),包括B43窟、B47窟、B48窟、B79窟、B86窟、B87窟、B88窟、B89窟、B90窟等。

B47窟的出土遗物中,排除后混入的西夏文和回鹘文文书,有确切纪年者以景龙二年(708年)为最早,以开元后期(732—741年)为晚②。从窟顶较低矮和遗物绝大多数属于随葬品来看,该窟当专为瘗葬而开凿,开窟年代应依最晚的纪年文书来判断。经考证,一件《沙州校勘丁租并脚及营窖钱粮牒》文书的时代为开元二十四年(736年)至二十六年(738年),则开窟年代应较之晚些,约可为开元末期至天宝初期。B48窟出土的纸鞋里虽揭出《武周万岁通天□年勋告》等文书③,但从其位置处于B47和B49

①见彭金章、王建军著《敦煌莫高窟北区石窟·第二卷》第105~108页,文物出版社,2004年。

②同上,第134~148页。

③同上,第149~154页。

窟之间的狭窄范围来看,是为了不打破这两窟,B48 窟才从前室修凿了长长的甬道以通达后室, 因此该窟开凿年代要晚于 B47 窟。其形制与 B47 窟相近,时代不会相距太远,应在天宝年间。B79 窟、B88 窟形制与 B48 窟相同或相近,亦归入本期。

B86 窟、B87 窟实为同一窟的两个后室,共有一个前室。B86 窟出土的“开元通宝”除一枚直径为 2.90 厘米外,余均为 2.40~2.50 厘米,重量也在 3.40~4.75 克之间,属于徐殿魁所分唐“开元通宝”的 B 型Ⅰ式,此式钱出现于开元末季或天宝之初①。又 B86 窟所出木雕彩绘女俑与西安开元二十八年(740 年)杨思勖墓出土陶女俑非常相似②,且此窟是专门为瘗埋死者开凿的,故开窟时代大概在开元末至天宝年间。B87 窟与 B86 窟既为一体,形状结构也基本相似,必是按统筹规划进行开凿,年代当相同或相近。B89、B90 共前室,也为一整体,形制特征与 B86、B87 窟相同,出土同类遗物也相似,时代当属盛唐。

一前室、双后室的石窟最初可能出现在武周时期,其用途是作为僧房窟。如 B49 窟,南北后室均有灶,有烟道经甬道通前室,性质显然为僧房窟。其出土的唐代户籍文书上有武则天“圣历二年(699 年)”字样出现,陈国灿先生订此件为大足元年(701 年)籍③。考虑到僧房窟中出现户籍文书应当具有时效性,推测其开凿年代在盛唐前期。B43 窟也是两个后室共一个前室,南后室稍小,原为禅窟,后为瘗窟,北后室稍大,是典型的僧房窟。此窟当为一前室、双后室,这种类型的石窟由全作为僧房向全作为瘗窟转化的过渡类型,开凿年代大概在盛唐前后期之际,约当 8 世纪初期。

本期瘗窟形制的特点是:流行前后双室窟和一前室、双后室窟。前者继承前期而来,前室近方形,顶部由较早的人字披顶向较晚的平顶转化;后室也近方形,顶部为人字披顶,西半部设有砾石棺床。后者的窟型是从僧房窟引入,前室近方形,平顶;南、北后室皆近方形,人字披顶,西半部设有砾石棺床。

第四期:中唐(肃宗至武宗,757—846 年),包括 B14 窟、B16 窟、B104 窟、B146 窟等。

①见徐殿魁著《试论唐开元通宝的分期》,载于《考古》,1991 年第 6 期。

②见中国社会科学院考古研究所编著《唐长安城郊隋唐墓》第 267~273 页,文物出版社,1980 年。

③见陈国灿著《莫高窟北窟新发现的两件唐敦煌户籍残片》,载于《敦煌学史事新证》第 267~273 页,甘肃教育出版社,2002 年。

B146窟内发现一男性死者尸骨，经碳-14测定并树轮校正，知其年代为776年。该窟后室类似棺形，当为瘗葬而专门开凿，则其开窟年代在中唐前期。B14窟原本为人字披顶的单室窟，开凿时代当在初唐。后来改造为瘗窟，扩凿出专为瘗葬的后室，顶部近平，前室顶部也改为平顶，这与B146窟的做法相同。但从后室仍保留砾石棺床的设置来看，又有初、盛唐时期特点的遗留，故推测其改造为瘗窟的时代在盛唐末至中唐初。B16窟与B14窟后室形制相似，均为平顶，并设曲尺形砾石棺床，又两窟处于崖面同一层，相距不远，时代也应相近。

B104窟损毁过于严重，已无法完整了解其形制，从残存情况略知地面无砾石棺床。窟内出土1枚"开元通宝"，直径2.30厘米，重2.05克，背面无文字或符号，属于徐殿魁所分唐"开元通宝"的B型Ⅲ式，此式钱在中唐时期纪年墓中频频出土，应是中唐时期民间模仿官钱而私铸的小钱。故B104窟开凿大致在中唐。

本期瘗窟形制的特点是：呈现出简化的趋势，一前室、双后室窟消失，尚保持着前、后双室窟的做法。前室仍为近方形，平顶；后室平面形状趋向多样化，有近方形的，也有纵长方形的，不再采用人字披顶，而为平顶，后半部趋向不再设置砾石棺床。

二、敦煌瘗窟与龙门瘗窟的比较

从文献上看，隋唐时期的瘗窟已广泛分布于南、北各地，以长安、洛阳地区最为集中，此外还散见于陕西、河南的其他地区以及江苏、江西、山西等地。考古工作也证实了洛阳地区存在着大批瘗葬遗迹，龙门石窟先后发现瘗窟41座，和敦煌莫高窟北区是目前所知最大的两处瘗窟分布地。

关于龙门石窟唐代瘗窟的形制分期，张乃翥先生已撰文论述①，现结合后续发现的新材料对该分期作进一步的丰富和调整，以资比较。

龙门初唐时期的瘗窟，有前后双室窟和近方形单室窟两种形制。前者，较早的例子如珍珠泉北崖1号瘗窟，前、后两个窟室皆为近方形（或矩形）。前室北、东、西三壁下有"U"形平台，原应置六至八躯石刻或泥塑造像。后室设有"U"形石棺床。较晚的例子如龙门455号窟②，前室前部崩

①见张乃翥著《龙门石窟唐代瘗窟的新发现及其文化意义的探讨》，载于《考古》，1991年第2期。

②见吕劲松、杨超杰著《龙门石窟新发现的两座唐代瘗窟》，载于《耕耘论丛（一）》第100~102页，科学出版社，1999年。

塌,南壁有一个圆拱空龛,北壁存两个圆拱空龛;后室平面呈纵长方形,前低后高,前窄后宽,南壁前部靠上有一个圆拱空龛。后室窟门上方刊刻题铭,有“大唐仪凤□年六月□日□□子□文轨□□□敬造阿弥陀□一龛”等字样。题铭中所称“阿弥陀”佛像当是在尸体入葬后室并封堵窟门后,在前室后壁,即题铭下放置。后者,例如敬善寺区龙朔元年(661年)娄氏瘗窟,窟室平面略近方圆形,西壁(后壁)下有优填王像插座,壁上有该像头光、背光浮雕图案,南壁东端有立菩萨像一躯,北壁开圆拱形龛,当是娄氏遗身坐式葬法所在。本期瘗窟的显著特点是窟内造有多种佛教神像,死者与神像共存,并对后者形成一种依附关系。前后双室窟内,前室布置佛教造像供礼拜,死者则袝葬在后室。单室窟内,神像供置在正壁(后壁),而死者置于侧壁。

龙门盛唐时期的瘗窟,前后双室窟消失,近方形单室窟流行,新出现纵长方形单室窟。近方形单室窟,盛唐初期的例子如珍珠泉北崖2号瘗窟,北、东壁下凿有同高的平台,室内平面如娄氏瘗窟一样不对称,采用后壁坐式葬法。奉先寺东崖开元二十三年(735年)尼惠灯瘗窟,平面近方形,三壁设坛,西壁(后壁)开一棱台形龛,当为惠灯遗身坐式葬法所在。窟口外左右各雕力士一躯。珍珠泉北崖3号、4号瘗窟,窟口外左右也各雕力士一躯,采用后壁横卧式葬法。净土堂北崖张氏瘗窟,窟口外左右各雕一持剑门吏及石狮,窟内后壁下雕一石棺床。纵长方形单室窟的例子如石牛溪北崖开元二十六年(738年)尼灵觉瘗窟,窟内空无雕饰。又如龙门507号窟,窟口外上方为一圆拱龛,造一佛二菩萨,两侧各雕一方形力士像龛。本期瘗窟的特点是凸现了瘗窟是为死者服务的功能。一方面礼佛窟和瘗窟彻底分开,导致了前后双室窟的消亡,但原来后室设置为纵长方形的做法得到保留,成为一种新的形制;另一方面,死者的摆放位置由侧壁转到正壁,由坐式转为卧式,都反映了死者在窟内地位的提升,而佛教神像变为从属,只在窟口外出现,尺寸变小,种类单一化,多为级别较低的力士像。有的瘗窟窟口外左右各雕一持剑门吏,而不是力士,可能反映了僧俗之别。

盛唐以后,龙门瘗窟普遍盛行近方形(或矩形)单室窟,停尸石床设置在后壁下,中、晚唐之间的形制区别不够明显,相比之下,晚唐窟空间显著增大。如中唐最大的香山寺北崖7号瘗窟,深180厘米,宽240厘米,高

172 厘米；晚唐最大的香山寺北崖 3 号瘗窟，深 400 厘米，宽 700 厘米，高 430 厘米。

通过以上分析，可见敦煌与龙门的唐代瘗窟有着一些时代共性，同时具体细节上的差异也十分明显。从形制来源来看，两地瘗窟的形制都是从礼佛窟借鉴而来。莫高窟 B221 窟与相连的第 461 窟关系密切，皆为单室覆斗顶窟，而后者是礼佛窟。龙门北朝石窟中也常见前后双室的礼佛窟，如龙门 572 窟（汴州洞）、1192 窟（唐字洞）、1387 窟（药方洞）等，珍珠泉北崖 1 号瘗窟的形制应是受其影响而来。在莫高窟，瘗窟出现之后就是以瘗葬为主要目的，从 B221 窟起，窟内不再出现佛坛，壁面也不再绘制壁画，突出的设置就是后壁下的石棺床。而龙门初唐瘗窟还摆脱不了礼佛窟的性质，前室的礼拜功能仍占主导地位，后室用于瘗葬，表达的是死者对神佛崇拜敬畏，试图常伴其旁、永甘依附的心理状态。在演变轨迹方面，莫高窟北区瘗窟初唐时渐显繁荣，盛唐时达到鼎盛，呈现出由单室窟—前后双室窟——前室、双后室窟的繁化过程。盛唐前期形制来源还扩大到僧房窟，使其内涵进一步得到丰富。中唐前期以后，瘗窟很快衰落。龙门瘗窟形制演变的大趋势是由繁趋简，从前后双室窟变为单室窟，从窟内多种造像变为窟口外单一造像，直至没有造像，甚至出现了一种很简陋的纵长方形单室窟，不仅结构简单，空间尺度也局促到只为容尸的地步。中唐之后，不似敦煌那样陡落，而是呈现出仍保持相当数量、但形制设计上更加单调的衰落之相。

三、瘗窟的产生与世俗化历程

石窟瘗葬是露尸葬的一种形式。中国中古露尸葬源自于印度。印度的露尸葬包括林葬和水葬，其中林葬被印度的苦行僧提升为一种修行方法，认为弃尸在尸陀林中，可获得福报，具有功德①。石窟瘗葬则是在中国的外来僧人或本土僧人对林葬直接曝尸林野的一种调和方式②。

瘗窟大约产生于 3 世纪，刚开始并没有明确的瘗葬目的，而是僧人坐化于修禅石室，石室便成为其葬所。如《高僧传·卷十·神异下》中《诃罗竭传》记载："至晋惠帝元康元年（291 年），乃西入，止娄至山石室中坐禅……至元康八年（298 年），端坐从化，弟子依西国法阇维之，焚燎累日，而

①见刘淑芬著《林葬——中古佛教露尸葬研究之一》，载于《大陆杂志》，第 96 卷第 1 期。

②见刘淑芬著《石窟瘗葬——中古佛教露尸葬研究之二(上)》，载于《大陆杂志》，第 98 卷第2 期。

尸犹坐火中,永不灰烬,乃移还石室内。后西域人竺定,字安世,晋咸和中往其国,亲自观视,尸俨然平坐,已三十余年。”到东晋时,僧人死后,利用天然石洞或建凿石室以安置尸体已成为有意识的举动。《高僧传·卷九·神异上》中《单道开传》记载:“至晋升平三年(359年),来之建业。俄而至南海,后入罗浮山,独处茅茨萧然物外。春秋百余岁卒于山舍,敕弟子以尸置石穴中,弟子乃移之石室……晋兴宁元年(363年)陈郡袁宏为南海太守,与弟颖叔及沙门支法防共登罗浮山,至石室口,见开形骸及香火瓦器犹存。”

瘗窟世俗化的初期,就与皇室权臣结缘。北朝晚期,在关陇和关东都出现了最高统治者开凿瘗窟的例子。西魏大统六年(540年),文帝废后,乙弗氏被迫自杀,凿麦积崖为龛而葬,号为寂陵。这麦积崖之龛就是麦积山第43窟,其形制为前、后双室,前室平面近方圆形,后室平面为纵长方形。东魏武定五年(547年),高欢死后,大将军高澄虚葬其于邺城西北的义平陵,而将其棺椁藏在鼓山石窟寺旁穴中①。现在北响堂山北洞中心柱顶上有横穴,相传就是高欢的瘗葬之所②。须弥山石窟第5窟附窟是一组5个洞窟,各窟平面为长方形,平顶,其中两窟相通,窟内出土一枚北周五铢钱,并有尸骨,当属北周时期开凿的瘗窟③。

隋唐时期,瘗窟世俗化程度加深,和常规墓葬之间有了进一步的联系,相似之处增多。在龙门石窟,盛唐时期的瘗窟常见在窟口外两侧雕造力士或执剑门吏,力士和墓葬里的天王俑作用相同,如果说这都是受了佛教的影响,那么雕造执剑门吏就完全是模仿墓葬壁画的纯世俗做法。中唐时期,龙门一些瘗窟内的石床增宽,可能是为了摆置更多的陪葬品,这是出于世俗心理才会产生的动机。在莫高窟北区,瘗窟的世俗化程度从一开始就相当高,其表现为:第一,两人或多人合葬现象普遍。从北周至中唐前期的22个瘗窟中,除B41窟、B79窟的人骨数不明外,两人或多人合葬的窟有12个,超过半数。其中B223窟、B86窟、B89窟为一男一女合葬,B221窟、B109窟为一男两女合葬,B222窟、B228窟、B14窟为两男合葬,B87窟为两女合葬,B42窟、B48窟为三男两女合葬,B16窟为三男一女合

①《资治通鉴·卷一百六十·梁纪十六》载:武帝太清元年(547年)八月,“甲申,虚葬齐献武王于漳水之西,潜凿成安鼓山石窟佛寺之旁为穴,纳其柩而塞之,杀其群匠”。

②见柴俊林著《试论响堂石窟的初创年代》,载于《考古》,1996年第6期。

③见戴春阳、张珑著《敦煌祁家湾——西晋十六国墓葬发掘报告》第33~34页,文物出版社,1994年。

葬。如果认为男女合葬者可能是夫妻、父女、兄妹合葬，男性合葬者可能是兄弟、父子、叔侄或师徒合葬，女性合葬可能是姊妹或师徒合葬，那么排除僧尼师徒合葬的情况外，可以看到世俗人在莫高窟北区广开瘗窟，并用于家族合葬的现象。离莫高窟不远的祁家湾、佛爷庙湾，分布着大批十六国北朝到隋唐时期的墓葬，其中家族合葬墓相当常见。家族瘗葬窟的开凿同样应是这种墓葬习俗的体现。第二，各种世俗随葬品进入瘗窟，诸如陶器、棉织物、丝织物、金箔、波斯银币、骨骰、纸衣、圆钱形剪纸、联珠形剪纸等。最为明显的是B86窟、B89窟随葬木俑，B228窟随葬"棺人"木牌和衣物疏，完全是世俗墓葬中的典型做法。

瘗窟的世俗化程度越深，表明佛教僧侣与民间信众之间的交结越深，形成了某种共进退的关系。当丧葬观念发生变化的时候，瘗窟葬受到的挤压是同时来自僧俗两个方面的。促使瘗窟衰亡的一个很重要的原因是火葬的盛行。火葬的历史要比瘗窟葬久远得多，但由于它与中国儒家传统伦理中"孝"的观念相违背，所以在作为僧人葬法传入中国后的很长时期内发展比较缓慢。据研究者对《高僧传》《续高僧传》《宋高僧传》中火葬事例的统计，自西晋至唐初僧侣火葬的人数是渐次增加的，出现激增的情况是在7世纪末的中唐，到唐末宋初火葬已经相当普及，宋代平民火葬遗骨甚至成为了一种风俗。我们可以发现，火葬开始盛行的7世纪末正是瘗窟葬走向衰落的转折期。自此敦煌瘗窟急剧衰落，从吐蕃占领敦煌后至张氏归义军时期，几乎没有发现时代确凿的瘗窟。中晚唐时期的龙门石窟，瘗窟虽仍然继续存在，但地位却大不如前，表现方式变得平淡，造像题材完全消失，形制则稳定、简单而少变。此外，瘗窟的性质也在发生变化。龙门晚唐瘗窟空间尺度显著增大，如香山寺北崖3号瘗窟及万佛沟北崖1号和2号瘗窟，宏阔几可等屋。万佛沟北崖1号瘗窟曾装有活门便于启封，窟口还留有木门的遗迹，左右两壁及窟口内侧刊有唐人的游览题记。这说明此时的瘗窟已类似于宗庙祠堂之类的建筑，丧葬的职能减弱，似乎更体现出供人瞻仰垂悼的功能。

随着瘗窟的衰落，石窟中反映火葬特点的瘗穴日益多见起来。龙门石窟发现的唐代瘗穴达94座，有塔形穴、龛形穴、拱形穴、方形穴几种形制。河南安阳宝山灵泉寺石窟有唐宋时期的塔形瘗穴150余座，甘肃永靖炳灵寺有北宋至明清的塔形瘗穴25座，四川巴中石窟有不少唐至北宋的塔形瘗穴，四川合川县涞滩摩崖造像群中有十余座南宋时期的塔形瘗穴。莫高窟目前没有发现瘗穴，但有在石窟内实行塔葬的遗迹，如 B142 窟元代时在窟内建造双塔，塔内见有少量人骨灰和木炭屑①。

总之，瘗窟作为在中国产生的佛教葬法，并主要存在于中古时期，有着其特殊而深刻的宗教和社会内涵，本文试作相关探讨，同时是对新出敦煌瘗窟资料作了分期上的整理。

（原载《敦煌研究》2006 年第 5 期）

附表：　莫高窟北区隋唐瘗窟形制特点与分期

分期	窟　号	形　　制	平　剖　图
第一期：隋代至唐初	B222	单室窟，近方形（残），人字披顶接斜顶，西半部有砾石棺床	
	B227	单室窟，近方形（残），人字披顶接斜顶，西半部有砾石棺床	
	B228	单室窟，近方形，人字披顶接斜顶，西半部有砾石棺床	
第二期：初唐	B27	单室窟，近方形，人字披顶，西半部有砾石棺床	
	B41	单室窟，近方形（残），人字披顶，西半部有砾石棺床	

①见彭金章、王建军著《敦煌莫高窟北区石窟·第二卷》第 262~267 页，文物出版社，2004 年。

续表

分期	窟号	形制	平剖图
第二期：初唐	B109	单室窟，近方形（残），人字披顶，西半部有砾石棺床	
	B223	单室窟，近方形（残），人字披顶，北半部有砾石棺床，西南角有小砾石台	
	B42	前、后双室窟，前室塌毁，后室为方形（残），人字披顶，西半部有砾石棺床	
第三期：盛唐	B47	前、后双室窟，前室已残，人字披顶，后室近方形，人字披顶，西半部有砾石棺床	
	B48	前、后双室窟，前室近方形（残），平顶，后室近方形，人字披顶，西半部有砾石棺床	
	B79	前、后双室窟，前室大部塌毁，平顶，后室近方形，人字披顶，西半部有砾石棺床	

续表

分期	窟　号	形　　制	平剖图
第三期：盛唐	B88	前、后双室窟，前室近方形(残)，顶部不存，后室近方形，顶部塌毁，从残迹看似为人字披顶，西半部有砾石棺床	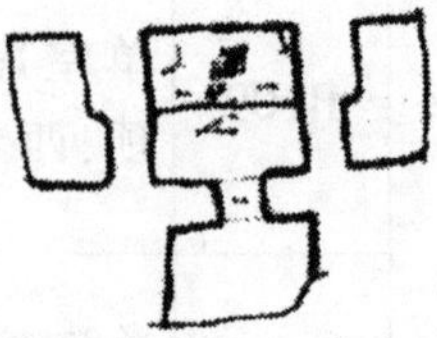
	B43	一前室、双后室窟，前室近方形(残)，平顶，北后室近方形，人字披顶，西半部有砾石棺床，南后室近方形，人字披顶，西半部有砾石棺床	
	B86 B87	一前室、双后室窟，前室近方形(残)，顶部不存，北后室(B86窟)近方形，人字披顶，西半部有砾石棺床，南后室(B87窟)近方形，人字披顶，西半部有砾石棺床，南部东段有一矮砾石台	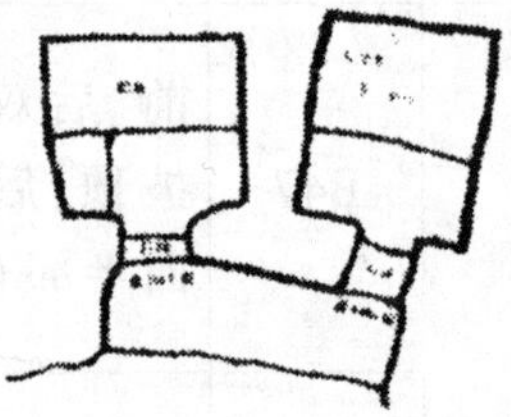
	B89 B90	一前室、双后室窟，前室近方形(残)，顶部不存，北后室(B89窟)近方形，人字披顶，西半部有砾石棺床，南后室(B90)近方形，人字披顶，西半部有砾石棺床	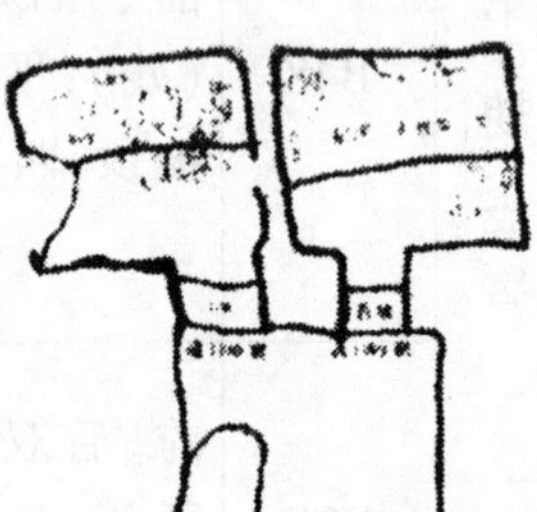

续表

分期	窟号	形制	平剖图
第四期：中唐	B14	前、后双室窟，前室近方形(残)，平顶，后室近方形，顶部近平，西部和南部有曲尺形砾石棺床	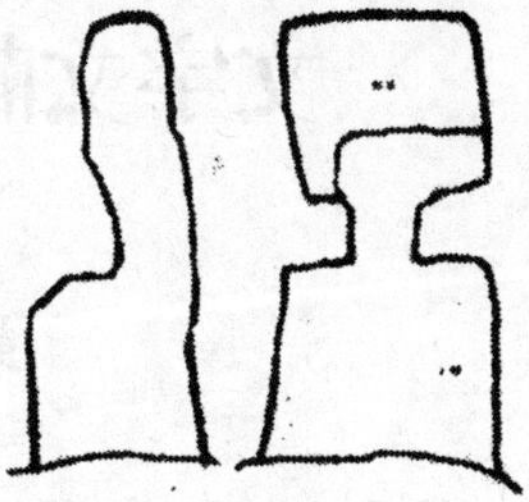
	B16	单室窟，平面长方形（残)，平顶，北壁和西壁下设曲尺形砾石棺床	
第四期：中唐	B146	前、后双室窟，前室近方形，平顶，后室为纵长方形，平顶，地面无砾石棺床	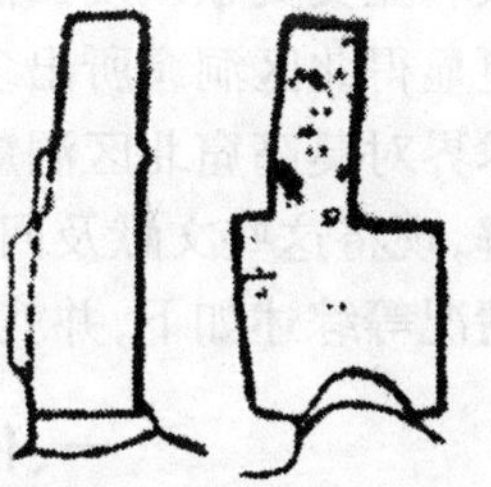
	B104	石窟严重毁坏，形制不明，残余部分原应近方形，地面无砾石棺床	

敦煌莫高窟北区洞窟所出多种民族文字文献和回鹘文木活字综述

彭金章　王建军　著

许多人都知道，以往，在举世闻名的莫高窟藏经洞所出数万件经卷文书中，除大量是汉文文献外，还有古藏文、于阗文、回鹘文、梵文等多种少数民族文字的写本。但在莫高窟北区洞窟内发现的多种民族文字文献，却很少为世人所知。其实，北区洞窟内发现的多种民族文字文献的种类和数量亦很多，也很有特色，尤其是西夏文文献、蒙古文文献、八思巴文文献、叙利亚文文献以及回鹘文木活字等，均为藏经洞出土文献中所未见，这就更显得北区洞窟所出多种民族文字文献具有重要的学术价值。为了让学术界对莫高窟北区洞窟发现的多种民族文字文献和回鹘文木活字有所了解，现将这些文献及回鹘文木活字的发现经过、文献类别、收藏单位、研究情况等综述如下，并就有关问题谈谈我们的看法。

一、伯希和对北区洞窟盗掘及所获

据有关资料揭示，最早在莫高窟北区洞窟内进行盗掘的是法国人伯希和。1908年2月25日至5月27日，伯希和在莫高窟期间，除了对洞窟进行编号(包括对部分北区洞窟编号[①])，绘制洞窟立面图和平面图，拍摄洞窟壁画和塑像，抄录洞窟内的汉文和其他少数民族文字题记，拣选藏经洞所收藏的文献精品六千余件和“二百多幅绘画、二十余件木雕、一大批绢幡经帙以及各类丝织品”[②]外，他还把手伸到北区，对该区P181号洞(即今莫高窟第464窟)和P182号洞(即今莫高窟第465窟)进行了盗掘。1908年4月27日伯希和从敦煌莫高窟给法国巴黎亚细亚协会会长塞纳

①见王建军、胡祯著《敦煌莫高窟北区洞窟新编窟号说明——兼谈以往北区洞窟诸家编号》，载于本书第52页。

②见荣新江著《敦煌藏经洞的性质及其封闭原因》，载于《敦煌吐鲁番研究·第二卷》，北京大学出版社，1996年。

尔(E.Senart)写了一封长达75页的信,信中除了报告他在敦煌千佛洞(笔者按:即指藏经洞),获得大量古代文书的特大新闻外,还说:“在千佛洞的北方(笔者按:此处指莫高窟北区)探索了另外两个洞窟,从那里发现了属于13~14世纪的汉文、蒙古文(笔者按:其中可能有回鹘文,下同)、婆罗迷文、西夏文写本和印刷本的断片。”对于在莫高窟北区洞窟中的盗掘经过,伯希和在他的《敦煌石窟笔记》中也作了供述,其中有如下记录:“该洞(笔者按:指P181号洞,即今莫高窟第464窟)部分地被废物碎片堵塞,稍微清理一下就可以拍摄它了。我们于那里发现了用于印刷蒙古书籍的大量小方木块(笔者按:伯氏所谓小方木块,实是回鹘文木活字),它们各自能印出一个完整的字来……那里也有汉文、藏文、婆罗迷文和蒙古文的残卷,同时也有一些西夏文刊本短篇残书……我让人完成了对洞子的清理,大家于那里最终发现了相当数量的印有西夏文的纸页,它们至少属于四部不同的书籍,一本几乎是完整的蒙文小册子,写有从中加入的汉文词组短语”①(笔者按:此处所言蒙文小册子,很可能是回鹘文小册子)。“在181号洞发现一些写本残卷之后,我令人清理了182号洞的过庭(笔者按:即今莫高窟第465窟),大家在那里发现了相当多的漂亮藏文写本残卷,它们是被故意撕碎的,有些被部分地烧毁。其中仅仅有两三件刊本西夏文残书。”② 据日本学者森安孝夫1978年10月至1980年6月在法国巴黎国立图书馆所见,也证明当年伯希和在莫高窟北区洞窟内的盗掘所获颇丰,仅文献就有三箱,其中从P181号洞获得文献两箱,箱号分别为No.924和No.925。从P182号洞获得文献一箱,箱号为No.922。总计有回鹘文文献363件,西夏文文献200余件,此外还有汉文、藏文、蒙文、婆罗迷文文献等。这些文献现收藏于巴黎国立法国图书馆东洋写本部,并有部分莫高窟北区洞窟出土遗物流散到日本和美国。 伯氏在莫高窟北区洞窟内盗掘的三箱文献劫往法国后,其中的回鹘文文献“除个别编入Pelliot chinois号者外,还有363件,大多没有发表”③。而“200余件西夏文写本编在Pelliot si-his号下,有些材料早已由研究者刊布。”但被伯希和劫往法国的960余枚“小方木块”,得到刊布的仅有4枚,而其余的回鹘文木活字现仍收藏在法国巴黎吉美亚洲艺术博物馆,尚待研究。其中,有4枚回鹘文木

①见伯希和著,耿升、唐健宾译《伯希和〈敦煌石窟笔记〉》第388页,甘肃人民出版社,1993年。

②同①,第390页。

③见荣新江著《海外敦煌吐鲁番文献知见录》第50页,江西人民出版社,1996年。

活字当年由伯希和赠送给日本，现仍由日本东京东洋文库所收藏①。据说，伯希和当年还向美国纽约某博物馆赠送过从莫高窟第464窟盗掘的回鹘文木活字，详情待考。近从中国社会科学院民族研究所副研究员雅森·吾守尔博士处获悉，他已将现存法国巴黎而出土于敦煌莫高窟第464窟的960枚回鹘文木活字全部用墨拓印回国，相信雅森·吾守尔博士对这批回鹘文木活字的研究成果，不久将展现在世人面前。

二、鄂登堡在北区洞窟中盗掘及所获

伯希和涉足莫高窟北区洞窟不久，俄国人鄂登堡率探险队于1914年8月20日来到莫高窟，直到1915年1月26日离开敦煌，满载而归。在莫高窟期间，他们测量绘制了长10米，高约1.6米的莫高窟全部洞窟总立面图和总平面图，影描洞窟壁画260余幅，临摹壁画120幅(彩色)，拍摄洞窟照片800余张，并切割了莫高窟第263窟的部分壁画②和北区的B77窟的佛座背屏③。此外，鄂登堡探险队还在莫高窟“挖掘洞窟沙质地面时，有许多重要发现，如写本和碎片、钱币、日常生活用品等，考察队中的人以他们发现的130枚古代回鹘文木活字为特别重要”。从鄂氏所盗掘的遗物中有回鹘文木活字分析，我们推测俄国人盗掘的洞窟亦在北区，因为迄今为止只有莫高窟北区洞窟出土回鹘文木活字。鄂登堡盗掘的写本除汉文文献以外，还有藏文、梵文及其他文字文献。这批盗掘品劫往俄国后，文献部分现收藏于俄罗斯科学院东方学研究所圣彼得堡分所，艺术品部分，包括回鹘文木活字，则收藏在圣彼得堡俄罗斯国立艾尔米塔什博物馆。但可惜的是，130枚回鹘文木活字现已不知下落。因鄂登堡当年在敦煌时的工作日记尚未发表，故他从莫高窟北区洞窟内盗挖的文献种类和数量，仍不得其详。

三、张大千在北区洞窟内乱挖乱掘及所获

20世纪40年代初，曾在莫高窟北区洞窟进行乱挖乱掘的国人是画

①1998年6月，受敦煌研究院访日学者赵声良先生之托，日本学者池田温先生曾前往东京东洋文库，向该文库图书部部长斯波义信先生了解当年伯希和所赠木活字之事，斯波义信先生告知，确有其事。伯氏所赠4枚木活字现仍收藏于东洋文库。承蒙池田温先生、斯波义信先生见告，谨表谢意，并对赵声良先生表示感谢。

②见俄罗斯国立艾尔米塔什博物馆、上海古籍出版社编《俄藏敦煌艺术品·第1卷》图版33，上海古籍出版社，1997年。

③同②，图版26。

家张大千。1941—1943 年,他率其妻及子侄两次停留于敦煌莫高窟、安西榆林窟,在临摹洞窟壁画的同时,还指使人挖掘了莫高窟北区部分洞窟,获得汉文、西夏文、回鹘文、蒙文等文书百余件。这些文书原为张大千先生收藏,并携往域外,其中相当一部分现收藏于日本天理大学附属天理图书馆,构成了该馆收藏敦煌文献的主体。天理图书馆除收藏汉文《张君义公验》等文书外,还有编号 180—イ 1“敦煌遗片”一册共 8 页,其内收有西夏文、藏文、回鹘文和汉文佛典写本或刻本断片。编号 222—イ 63 则为“西夏、回鹘文书断简一册,共 18 页,其中主要是回鹘文文献”。编号 183—イ 279 为“西夏文断简”一册,有近百文书整页和残片,经张大千重裱成 44 页。这些来自莫高窟北区洞窟的西夏文和回鹘文文书,已由学者进行了研究。

四、国立敦煌艺术研究所收集的回鹘文木活字

1944 年 2 月,国立敦煌艺术研究所在莫高窟成立,结束了我国最大的石窟群无管理机构的历史。从此,任意在北区洞窟中进行盗掘的现象没有再发过。1944—1949 年,敦煌艺术研究所曾收集到回鹘文木活字 6 枚。经我们多方调查,均未了解到这几枚回鹘文木活字确切出土地点,但从 1908 年伯希和在第莫高窟 464 窟盗掘回鹘文木活字 960 余枚以及此次我们在北区洞窟内发掘到的数十枚回鹘文木活字分析,1949 年以前敦煌艺术研究所收集的回鹘文木活字,也应出自莫高窟北区洞窟。现收藏于敦煌研究院的这 6 枚回鹘文木活字,已由学者进行了研究[①]。

五、1988—1995年对北区洞窟进行了大规模考古发掘,取得重大收获

1988—1995 年,敦煌研究院考古专业人员曾断断续续对开凿于莫高窟北区的 248 个洞窟(笔者按:含《敦煌莫高窟内容总录》已记录的第 461 窟、第 462 窟、第 463 窟、第 464 窟、第 465 窟)分六次进行了发掘,发现了许多重要遗迹和大批珍贵遗物。仅出土的文献中除汉文文书外,还有西夏文、回鹘文、藏文、蒙文、八思巴文、梵文、叙利亚文、婆罗迷文等多种民族文献。此外,还发现了数十枚回鹘文木活字,因而受到学术界的高度重视。

①见杨富学、牛汝极著《沙州回鹘及其文献》第 260 页,甘肃文化出版社,1995 年。

现仅就此次莫高窟北区洞窟出土的多种民族文字文献和回鹘文木活字作一简述。

1.西夏文文献的出土。

在莫高窟北区的37个洞窟内共计发现西夏文文献整页、残页、残片179件(图29~30),“尽管多为残片,但包含了不少重要的世俗和佛教典籍,其中有不少是境内仅存,有的是海内孤本,具有重要学术价值和文物价值”。新发现的这批西夏文文献中,既有手抄本,又有活字印刷本,还有刻版印刷本,其中手抄本中还有钳纸金书佛教经典。从装帧分析有经折装、蝴蝶装、卷子式。就文献内容而言,既有《金光明最胜王经》《大方广佛华严经》《种咒王阴大孔雀明王经》《地藏菩萨本愿经》(图31)《金刚经》《诸密咒要语》《龙树菩萨为禅陀迦王说法要褐》《高王观世音经》《千佛名经》《无量寿经》等佛教经典以及一批不知名的佛经残页、残片;又有道经;还有类似汉文《千字文》的字书《碎金》和当时流行颇广的字书《三才杂字》以及西夏文、汉文双解词典《番汉合时掌中珠》等启蒙读物;还有籍账等社会文书以及劝世诗词、散曲、咒语等等。对于这批新发现的西夏文文献,中

图29 B56:9(正) 西夏文残文书

图 30　B56:9(背)　西夏文残文书

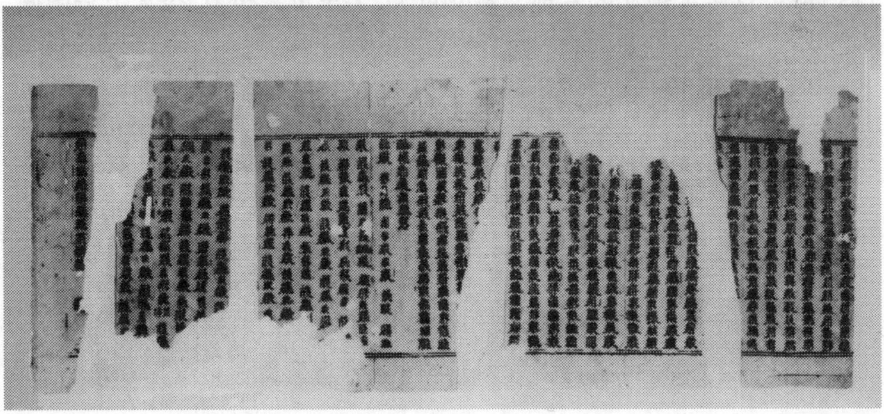

图 31　B59:62-1~5　西夏文活字版残《地藏菩萨本愿经》

国社会科学院民族研究所的西夏文学者正进行深入研究，其研究成果将陆续发表。

2.回鹘文文献的出土。

在莫高窟北区的38个洞窟中，共计发现回鹘文文献整页、残页、大片、残片128件(图32)，若再将仅有一两个回鹘文字的数百碎片统计在内，则北区洞窟出土的回鹘文文献总件数有500件以上。"莫高窟北区的清理发现和重要发现，不仅对填补我国石窟研究方面的空白有重要意义，而且对研究敦煌古代民族，其中包括回鹘的历史、宗教和文化有重要的价值"。此次新发现的回鹘文文献中，既有手抄本，又有活字印刷本，还有刻版印刷本。其中手抄本中有磁青纸金书佛教经典，极为珍贵。有的手抄本是用硬笔书写的。从装帧分析，有梵夹式、书册式、卷子式等。就文献内容而言，既有《阿毗达磨俱舍论实义疏》(图33~34)《中阿含经》等佛教经典，又有世俗文书、僧人笔记，还有书有发愿文的基础木。其中有一件卷子式佛经长达1.6米，为此次北区出土的多种民族文字文献中，文面最长，字数最多的文献。有关学者现正在对莫高窟北区洞窟新发现的回鹘文文献进行研究，其研究成果将陆续刊布①。

3.藏文文献的出土。

在莫高窟北区的23个洞窟内共计发现藏文文献整页、残页、残片115件②。这些古藏文的发现，"意义重大，大出世人想象，令人万分敬佩，

图32 B77:24–2、1(背) 回鹘文残文书

①敦煌莫高窟北区洞窟出土的回鹘文文献，由中国社会科学院民族研究所研究员雅森·吾守尔博士释文与研究。另外，中国社会科学院考古研究所研究员巫新华博士、中央民族大学张铁山教授亦对莫高窟北区出土的部分回鹘文文献进行了释文与研究。

②此数字不包括仅有一两个文字的碎片。

图 33 B52(乙):17(正) 回鹘文《阿毗达磨俱舍论实义疏》残页

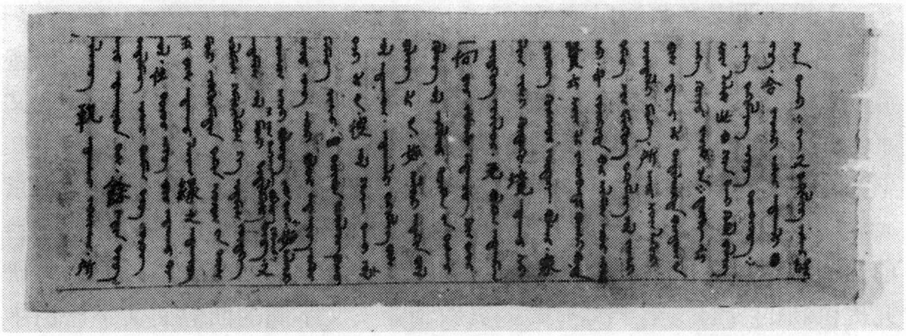

图 34 B52(乙):17(背) 回鹘文《阿毗达磨俱舍论实义疏》残页

也使世人由衷感谢,否则这些沉沙数百年的文物何以能重见天日?”①新发现的藏文文献中,多为墨书手抄本,而抄于磁青纸上的佛经则用泥金泥银书写,俗称金银书。有少数为木刻印刷本。字体有楷书、行书、青稞体、草体、长脚字体等多种。其中磁青纸上的金银书均为手书楷体,极为精美。装帧形式可辨认者多为梵夹装。就文献内容而言,既有《般若八千颂》《大菩提心具有无量功德经》《无量寿经》《圣者无量寿智大乘经》《金刚经》《因明学》《佛教仪规》《佛经经目》《菩萨行经》《佛教戒律》等佛教经典,又有医学、药方、数学、乘法口诀、量论、占卜等文献,还有官府文书、祈祷文、劝善文以及地理、历史方面的社会文书。对于这些新发现的藏文文献,中国社会科学院民族研究所的藏文学者正进行深入研究,其研究成果将陆续发表。

4.蒙文、八思巴文文献的出土。

在莫高窟北区的 19 个洞窟内共计发现蒙文文献残页、残片 51 件。在

①敦煌莫高窟北区洞窟出土的藏文文献,均由中国社会科学院民族研究所研究员黄颢先生释文与研究。

4 个洞窟内发现八思巴文文献残页、残片 4 件①，这些蒙古文文书是继敦煌石窟蒙古文题记考察研究之后的又一次重要发现，对敦煌吐鲁番学和蒙古学均是一项填补空白性的工作，意义重大②。这些新发现的蒙文文献中，多为手抄本，少数为木刻本。因过于残缺，装帧形式不详。其内容有佛教经典、官府文书、社会往来文书、法律文书以及习字和习语文书等。八思巴文文献中，有手抄本、木刻本，装帧形式不详。其内容有佛教经典、皇帝圣旨、军事文书等。对于在莫高窟北区洞窟新发现的这些蒙古文和八思巴文文献，内蒙古师范大学蒙古语言文学系的蒙文学者正在进行研究，其研究成果将陆续刊布。

5.叙利亚文文献的出土。

在莫高窟 B53 窟内发现了叙利亚文文献，共计 4 页，保存完整，字迹清晰，为折页装，手写体。其中第一页叙利亚文文字间还书写有回鹘文文字。该文书使用的白麻纸略泛黄，纸的纤维交织均匀，纸较厚，质较硬。文书高 19.80 厘米，宽 30.80 厘米；文面宽 16.00 厘米，高 10.90 厘米。经北京大学东语系学者研究，其内容为叙利亚文《圣经》中的《诗篇》摘录。这是目前国内十分罕见的叙利亚文文书，它的发现可能对流行于中国的景教研究提供新的线索。至于文书第一页叙利亚文文字间的回鹘文文字已由中央民族大学民语二系的学者进行了研究。

6.梵文文献的出土。

在莫高窟北区的 6 个洞窟内发现梵文文献 8 件。经北京大学东语系梵文学者研究，其中 5 件为蓝磋体梵字曼荼罗，1 件为藏字曼荼罗，1 件为种子曼荼罗，1 件内容待考③。其研究成果待刊。

7.婆罗迷文文献的出土。

在位于莫高窟第 464 窟的一个侧室内，发现了字形类似吐火罗文字的文献两件，经请教享誉海内外的东方学大师、北京大学著名教授季羡林先生，他说："那不是吐火罗文，而是梵文，字母是婆罗迷字母，流行于新疆一带。至于内容，由于只有断片，尚不敢断定，大体上看，似是佛经。"④

①此数字不包括仅有一两个文字的碎片。

②敦煌莫高窟北区洞窟出土的蒙文文献和八思巴文文献，均由内蒙古师范大学蒙文系教授嘎日迪先生释文与研究。

③敦煌莫高窟北区洞窟出土的梵文文献，均由北京大学东语系教授张保胜先生释文与研究。

④季羡林先生百忙中亲自写信回答学生的问题，在此特向先生深表谢意。

8.新发现的回鹘文木活字。

在莫高窟B56窟、B59窟、B160窟、B162窟、B163窟和莫高窟第464等6个洞窟内，新发掘出回鹘文木活字48枚（图35）。这些木活字均宽1.30厘米，高1.10厘米，厚薄则依该木活字所表示符号的大小而定。经中国社会科学院民族研究所回鹘文学者研究，确认新发现的这批木活字有“名词、动词词干、词缀、字母、不表示词义或语法的语言组合、标点符号、版框线和夹条等”。这次新发现的回鹘文木活字与当年伯希和劫往法国、鄂登堡劫往俄国的回鹘文木活字小大、形制、质地、构成完全相同。有关研究成果将陆续发表。

六、莫高窟北区洞窟新发现的多种民族文字文献和回鹘文木活字的学术价值与意义

在莫高窟北区洞窟新发现的多种民族文字文献中，有些文献，如出土于B59窟的西夏文活字版《地藏菩萨本愿经》和出土于B121窟的西夏文活字版《诸密咒要语》，为其他地区发现的西夏文活字印刷品中从未见过的海内外存世孤本，因而极为珍贵。有些文献，如西夏文《种咒王阴大孔雀明王经》、西夏文《碎金》、有序言的西夏文《三才杂字》、有压捺汉字施经愿

图35 B59:78-1~15 回鹘文木活字

文的西夏文《龙树菩萨为禅陀迦王说法要偈》、一面比较完整的西夏文与汉文双解词语集《番汉合时掌中珠》、篇幅较长而且文中夹写红字的叙利亚文《圣经》以及蒙文和八思巴文文献中所提供的全新资料等,则均为国内所仅存,有极高的学术价值。至于北区洞窟内新发现的藏文、回鹘文、梵文文献,有的实属罕见,有的则不多见,同样很重要。在上述国内所仅存的诸多民族文字文献中,特别值得提出的是其上有压捺汉文施经愿文印记的西夏文佛经残页,因为迄今为止,凡有压捺汉文施经愿文印记的西夏文佛经均出自敦煌莫高窟。

据笔者所知,在敦煌莫高窟北区洞窟,已先后三次发现了出土的西夏文佛经残页上有压捺汉文施经愿文印记。一次是在1908年,伯希和盗掘P181号洞(即今莫高窟第464窟)所获西夏文佛经残页上发现有汉文“僧录广福大师管主八施大藏经于沙州文殊舍利塔寺永远流通供养”压捺印记。该西夏文佛经现收藏于巴黎国立法国图书馆东洋写本部第924号箱内,文书编号为No.110+No.112。另一次是在20世纪40年代初,国人张大千指使他人任意挖掘北区洞窟所获西夏文佛经残页上,发现有压捺汉文印记两行。其内容与形式与上述管主八施经愿文完全相同。该西夏文佛经残页现收藏于日本天理大学附属天理图书馆,编号为18任—亻1“敦煌遗片”。汉文施经愿文压捺于“敦煌遗片”首页第二部分第三行。再一次是在1989年,我们发掘B159窟所获西夏文《龙树菩萨为禅陀迦王说法要偈》残页上,发现有与上述广福大师管主八施经愿文形式和内容完全一样的汉文压捺印记。

据日本善福寺所藏我国元代平江路碛沙延圣寺刊印《大宗地玄文本论·卷三》记载:“钦睹圣旨,于江南浙西道杭州路大万寿寺雕刻河西字大藏经板三千六百二十余卷,华严诸经忏板,至大德六年完备。管主八钦此胜缘,印造三十余藏,及《华严大经》《梁皇宝忏》《华严道场忏仪》各百余部,《焰口施食仪轨》千有余部,施于宁夏、永昌等路寺院,永远流通。”宁夏、永昌均为西夏故地,曾发现大批西夏文文献,却不曾见到有管主八施经愿文的佛经。然而,在《大宗地玄文本论·卷三》记载中并未言及的沙州,却不只一次地发现了有“僧录广福大师管主八施大藏经于沙州文殊舍利塔寺永远流通供养”施经愿文的西夏文佛经残页,这一发现弥补了文献记载的不足,表明管主八不仅施河西字大藏经于宁夏、永昌路,还施大藏经于沙州路。敦煌莫高窟北区洞窟发现管主八施经愿文的西夏文佛经残页，无疑是当年广福大师印施三十余藏河西字大藏经的一部分。这些印有施经愿文的西夏文佛经残页虽三次发现于莫高窟北区，但前两次发现的西夏文佛经已流失域外，由他国收藏，仅有1989年于B159窟发现的西夏文《龙树菩萨为禅陀迦王说法要偈》残页现存国内。因而该经也就成了国内唯一压捺有汉文管主八施经愿文的西夏文大藏经孤本，故为学术界所关注。

莫高窟北区洞窟除新发现多种民族文字文献外，还新发现回鹘文木活字48枚，连同早年伯希和劫往法国、鄂登堡劫往俄国以及敦煌研究院收藏的回鹘文木活字，莫高窟北区总计发现回鹘文木活字1118枚。如此多的回鹘文木活字发现于位于北区的莫高窟第464窟及其附近，而且每枚木活字表面尚存墨迹，这些都表明，当年在莫高窟北区曾经有过印经活动，其印经场所或许就在第464窟及其附近。北区洞窟出土的活字版回鹘文文献中，有一些很可能是在北区印刷的。

总之，莫高窟北区洞窟新出土的多种民族文字文献以及新发现的回鹘文木活字，填补了藏经洞所出文献、文物的某些空白，为研究当时我国的民族、宗教、文化、历史、地理、交通以及与中亚的关系等等，提供了又一批珍贵资料。这些资料连同北区洞窟的其他重要发现，对于探讨敦煌在中国、印度、希腊、伊斯兰四大文化体系中的地位和作用，进而推动敦煌学的深入研究和更大发展，同样具有重要意义。

（原载《敦煌研究》2000年第2期）

敦煌莫高窟北区石窟新发现的文献及其学术价值

彭金章　著

敦煌莫高窟是中国最大的石窟群之一，于1961年被国务院公布为第一批全国重点文物保护单位，又于1987年被联合国教科文组织世界遗产委员会列入“世界文化遗产”名录。它位于甘肃省敦煌市区东南25千米处的鸣沙山东麓。从4世纪后半叶至14世纪的一千年间，佛教信徒们在这处陡峭如削、高15~30米的断崖上，曾延绵不断地开凿了大量多种类型的石窟，保存至今仍有石窟的崖面全长1700余米。依照石窟在崖面的分布情况划分为南北两区，以原敦煌文物研究所编号的第1窟为界，此窟及其以南为南区，第1窟以北为北区。南区崖面长1000余米，分布着《敦煌莫高窟内容总录》所记录的492个石窟中的487个。北区崖面长700余米，亦开凿石窟数百个，其中仅有5个石窟由敦煌文物研究所进行了编号，即莫高窟第461~465窟，并在《敦煌莫高窟内容总录》中做了记录①，其余石窟因多无壁画或塑像，敦煌文物研究所未予编号，亦未记录，因而在以往有关莫高窟的多种出版物中，除莫高窟第461~465窟外，绝大多数北区石窟也就很少被提及，它们几乎成了被人遗忘的角落。

为了彻底弄清北区崖面上现存石窟的数量、形制特征、性质与功能以及北区石窟与南区石窟的关系等国内外学术界所一直关注的问题，从1988年至1995年，由笔者主持对北区崖面上现存全部石窟逐一进行了考古发掘，发现了许多重要遗迹和大批珍贵遗物。现仅就其中新发现的多种文字文献及其学术价值论述如下。

一、汉文文献

在莫高窟北区的48个石窟中共计出土汉文文献150件②，大致可分为社会文献和佛教文献两大类。虽多为残页、残片，但其中仍不乏重要文

①见敦煌研究院编《敦煌石窟内容总录》第188~189页，文物出版社，1996年。

②此数字不包括仅存一至数个文字的碎片。

献，有的文献甚至为稀世珍品，受到国内外学术界的瞩目。

在北区石窟新出土的诸多文献中，出自 B47 窟的《唐开元二十三年(735 年)后沙州检勘丁租并脚及营窖钱粮牒》，就是其中一件非常罕见的社会文献。该文献为白麻纸，泛黄，纤维交织较匀，纸较薄，质软，残存 7 片。字体为手写楷书体①。

这件极为珍贵的文献已有学者进行了研究②。其中涉及有关唐代开元后期丁租的征收、脚钱的堪办与不堪办以及营窖钱的征收与否，均为前所未见的新资料，"是敦煌藏经洞和吐鲁番出土文书没有见过的珍贵文书……所以包含的新资讯也更为丰富"③，所有这些来自《唐开元二十三年后沙州检勘丁租并脚及营窖钱粮牒》这一重要文献中的新资讯"都有助于对唐官府征纳丁租、租脚及营窖钱等作进一步的深入了解和补充。因此，本件文书在学术上的意义和价值，也就不言而喻了"④。

出自 B59 窟的《排字韵》，是继宋代《广韵》之后的又一部重要韵书，但久已失传，因而学术界无从目睹其原貌。至使当今的一些学人即便有幸目睹刚刚出土的《排字韵》文献，也惘然不识。如此珍贵的古佚书重见天日，为我国韵书研究提供了新的资料。该韵书共发现两页，保存比较完整，即《排字韵·五》的第八页和第九页。其纸为白麻纸，纤维交织不匀，纸薄，质软，木刻本，面 26 行，行 2~5 个大字，大字下有 1~20 个数量不等的小字。该文献宽 35.20 厘米、高 26.70 厘米；文面宽 26.20 厘米、高 19.30 厘米⑤。据学者研究，此书"实为前所未见之韵书。敦煌韵书有不见于唐五代韵书之列者，而其分韵在韵书演进中尤令人瞩目"⑥。

据史籍记载，隋大业十三年(617 年)丁丑，武威鹰扬府司马李轨趁隋末农民大起义之机于武威起事，"轨自称河西大凉王，置官属并疑开皇故事……未几，攻张掖、敦煌、西平、枹罕，皆克之，尽有河西五郡之地"(《资治通鉴·隋纪八》)。唐武德元年(618 年)戊寅，十一月，凉王李轨即皇帝

①见彭金章、王建军著《敦煌莫高窟北区石窟·第一卷》第 138 页及图版 30，文物出版社，2000 年。

②见陈国灿著《莫高窟北区新出唐开元二十三年(735 年)后沙州检勘丁租并脚及营窖钱粮牒的复原与研究》，载于《2000 年敦煌学国际学术讨论会论文提要集》第 98 页，2000 年。

③见荣新江著《〈敦煌莫高窟北区石窟·第一卷〉评介》，载于本书第 132 页。

④同②。

⑤同①，第 228~229 页。

⑥见张金泉著《莫高窟新出土的古韵书〈排字韵〉》，载于本书第 255 页。

位,建元安乐。武德二年(619年)己卯,二月,吐谷浑可汗伏允受唐命击凉帝李轨。五月,唐使者安兴贵执李轨,"轨至长安,并其子弟皆伏诛"(《资治通鉴·唐纪三》)。短命的李轨政权"自起至灭三载,河西悉平"(《旧唐书·李轨列传》)。从上述记载可知,隋末唐初,在武威曾经出现过一个自称河西大凉王李轨建立的割据政权,建元安乐。从凉王李轨在武威起事后又即皇帝位,到他被俘后押解长安伏法,前后时间不过三年,因而在考古学上很难将河西大凉王时期的遗物从隋末唐初的遗物中区分开来,除非有明确的文字记载。众所周知,闻名于世的敦煌莫高窟藏经洞曾经发现经卷文书四五万件,其中有确切纪年的汉文经卷文书1330件,时代从公元305—1002年,它们分别属于六朝、隋、唐、五代和宋。然而却不见河西大凉王李轨政权时期的安乐纪年。包括敦煌地区数以万计的地下考古发掘品中,亦未发现确切的属于李轨政权时期的遗物。然而,我们在莫高窟北区的一座瘗窟,即B228窟内却发现了一件安乐三年的衣物疏。该衣物疏为本色麻纸,纤维交织不匀,有筋头,有横簾纹,有透光,厚薄不匀,纸质较硬,粗糙。衣物疏保存基本完整,稍残,有手书文字14行,每行字数多少不一,该文献宽43.20厘米、高28.30厘米。河西大凉王李轨政权纪年文献的出土,填补了藏经洞数万卷文献中安乐纪年的缺环,因而受到学术界的关注。

B47窟出土的《唐景龙二年(708年)奏授□楚计陪戎校尉官告》,为研究唐朝告身制度提供了新的资料。B48窟出土的《武周万岁通天□年勋告》,对于探讨武则天时期唐朝在西域的征战史事有重要参考价值①。而B47窟和B48窟均属于瘗窟,两窟出土的"官告""勋告",除本身具有重要学术价值外,并对澄清围绕着张大千先生在莫高窟"山中积沙下"发现的《张君义勋告》和《张君义公验》等文献的种种疑团也有帮助。

经我们研究,认定《张君义勋告》和《张君义公验》也出自莫高窟北区的瘗窟,而该窟很可能就分布在北区崖面南段的莫高窟第461窟附近,因在那里的确有5个瘗窟存在。但具体出自哪个瘗窟已无法考辨。

除此之外,出土的汉文社会文献中还有户籍、顷亩计账、捉钱账、贷钱折物账、付钱账、马匹用草账、纳物折钱账、残辞、辩辞、名籍、契约、注疏以及《资治通鉴》《论语》等,这些汉文社会文献的出土,为研究当时的政治经济制度提供了重要参考资料。

北区石窟出土的汉文佛教经典有《妙法莲华经·嘱累品》《妙法莲华

①见彭金章、王建军著《敦煌莫高窟北区石窟·第一卷》第137和152页,文物出版社,2000年。

经·神力品》《妙法莲华经·药王菩萨本事品》《妙法莲华经·如来寿量品》《华严经》《大宝积经·卷九十四》、《佛说救疾病经》《佛说灌顶经十二·佛说灌顶拔除过罪生死得度经》《金刚经》《维摩诘经·见阿闪佛品·第十二》《佛说无量寿经·卷一》《杂阿含经·卷三十四》《大般若婆罗蜜多经》等。此外，还有一些无头无尾的佛经，具体名称不详。上述佛教经典的出土，为探讨敦煌佛教在不同时期的发展也有帮助。

二、西夏文文献①

据史籍记载，西夏曾经统治敦煌近两个世纪，故在瓜、沙二州原所辖之地必然留下许多西夏的遗迹和大批遗物。然而，在莫高窟北区石窟发掘前，学术界只知敦煌地区有西夏时期开凿或重修的石窟和西夏时期绘制的壁画以及在石窟壁上所书写的题记。至于其他西夏遗迹或遗物则不清楚。通过对莫高窟北区石窟的发掘，发现了大批西夏遗迹和遗物，仅西夏文文献残页、残片就有100件，其中有一些西夏文文献极为珍贵。

据西夏学学者研究，出土于莫高窟B56窟的西夏文文献《碎金》，“全名《新集碎金置掌文》，西夏宣徽正息齐文智编，约成书于12世纪初，是类似中原地区汉文《千字文》体的字书。全文1000句，每句5言。编者巧妙地将1000个不重复的西夏字编成了长达200句、100联的5言诗……是了解西夏社会的极有价值的资料”②。如此重要的《碎金》两种写本曾于1909年和其他大批西夏文文献在内蒙古额济纳旗黑水城遗址出土后被劫住俄国，现存圣彼得堡，而在中国境内再未见到此书的“尊容”。此次在敦煌莫高窟北区发现的《碎金》残页，填补了国内西夏文《碎金》的空白。

西夏文、汉文双语双解词典《番汉合时掌中珠》，是西夏党项羌人骨勒茂才编纂的，该辞典成书于西夏乾祐二十一年(1190年)，全书一卷，是一部“西夏文、汉文音义合璧辞书”③，是一部“西夏文同汉文的对音字典”④。作者在该书序言中阐明了写作的目的：“今时人者，番汉语言可以自备，不学番言，则岂和番人之众，不会汉语，则岂入汉人之数。番有智者，汉人不敬；汉有贤者，番人不崇。若此者，由语言不通故也。”该辞书的格式是“每组一个词或词组，每个词或词组都分四行，中间两行是西夏文和汉文的意

①莫高窟北区石窟出土的西夏文文献，均由中国社会科学院民族研究所研究员史金波先生进行了译释研究。本文所引结论均系史金波先生的研究成果。

②见史金波著《敦煌莫高窟北区出土西夏文文献初探》，载于本书第323页。

③见陈炳应著《西夏文物研究》第226页，宁夏人民出版社，1985年。

④见李蔚著《西夏史研究》第123页，宁夏人民出版社，1989年。

义对译,右数第一行是第二行西夏字的汉文对音,右数第四行是第三行汉字的西夏文对音,从而组成完整的汉、西夏文音义对译体系"①。《番汉合时掌中珠》"不仅是西夏时期学习语言、文字的重要工具书,在西夏文献淹没数百年,西夏文字成为无人可识的死文字后,又成了现代西夏学专家们识读和破解西夏语言、文字的门径,又由于其中收录了很多西夏常用词语,此书也是专家们研究西夏社会的重要资料"②。整册的《番汉合时掌中珠》曾于1909年由沙俄的科兹洛夫发现于内蒙古额济纳旗黑水城遗址,并劫往俄国。此后几十年来,国内在考古发掘的西夏城址、遗址、墓葬中没有再发现这种辞书。直到1989年在莫高窟B184窟发现了极为罕见的《番汉合时掌中珠》残页,现为国内所仅存。这一发现填补了该辞典在国内的空白,故显得十分珍贵。

除此之外,在B54窟出土的西夏文刻本《种咒王阴大孔雀明王经》残页,在B159窟出土的《龙树菩萨为禅陀迦王说法要偈》残页,在B56窟出土有序言的《三才杂字》残页,均属于国内的孤本。而在B59窟、B159窟和第464窟出土的活字版《地藏菩萨本愿经》残页以及在B121窟出土的活字版《诸密咒要语》残页则属于海内外所仅存的孤本。因而具有很高的学术价值。

另外,在莫高窟北区还发现了用泥金书写的西夏文佛经残片。还出土了籍账、契约等西夏文社会文献,这些不可多得的西夏文社会文献是了解和研究当时西夏社会的重要资料。

出土于B159窟的《龙树菩萨为禅陀迦王说法要偈》残页还有一点值得提出,即经末有两行"僧录广福大师管主八施大藏经于/沙州文殊舍利塔寺永远流通供养"的压捺汉文印记。据有关资料揭示,在敦煌莫高窟北区石窟,已先后三次发现了西夏文佛经残页上有压捺的汉文施经愿文印记,一次是在1908年,伯希和于P181号洞(即今莫高窟第464窟)据获的西夏文佛经残页上有两行汉文压捺印记,其形式和内容与B159窟所出汉文管主八施经愿文压捺印记完全相同,该西夏文佛经现收藏于法国国立图书馆。第二次是在20世纪40年代初,国人张大千指使他人挖掘北区石窟所获西夏文佛经残页上有汉文压捺印记两行,其内容和形式与B159窟所出管主八施经愿文完全相同,该西夏文佛经现收藏于日本天理大学天理图书馆。从以上可知,有压捺汉文施经愿文印记的西夏文佛经残页

①见陈炳应著《西夏文物研究》第226页,宁夏人民出版社,1985年。

②见史金波著《敦煌莫高窟北区出土西夏文文献初探》,载于本书第323页。

虽三次发现于莫高窟北区，但前两次发现的遗物早已流失域外，由别国收藏，仅有1989年于B159窟发现的压捺汉文施经愿文印记的西夏文佛经残页现存敦煌研究院。因而该文献也就成了国内唯一有压捺汉文“僧录广福大师管主八”施经愿文印记的西夏文大藏经孤本，故为学术界所关注。

三、回鹘文文献[①]

在莫高窟北区的38个石窟中出土了回鹘文文献残页、残片110件，其内容有《中阿含经·卷五十一》《阿毗达磨俱舍论实义疏·卷一》以及无头无尾经名不详的佛经、佛教徒祈愿文、佛教故事、僧人笔记等。特别应该提出的是在莫高窟第464窟西北侧出土的用泥金书写的不知经名的磁青纸佛经残页，由于书写材料昂贵，用泥金书写的回鹘文佛经，多为皇室、贵族发愿文出资，请人撰写，因此，泥金佛经的出土往往与皇室、贵族有关。据敦煌研究院史苇湘先生考证，莫高窟第464窟“西北角被封闭一盛装元朝某王的公主，1920年被白俄匪帮拆毁，珠饰钗钿被劫一空”[②]。经我们发掘和研究，得知莫高窟第464窟原为一多室禅窟，史先生所说“西北角”即莫高窟第464窟西北侧室。泥金佛经残页在该室的出土，证明该侧室内被封闭者的身份非同一般。虽说有关情况已无法考辨，但回鹘文泥金佛经残页的出土却给学术界探讨元代某公主的身世带来新资讯。

莫高窟北区石窟出土的回鹘文文献中，有一些属于木活字印刷品，从而引起我们的极大兴趣，并由此联想起北区石窟出土回鹘文木活字事。据我们调查所知，在莫高窟北区曾多次发现回鹘文木活字。第一次是1908年法国人伯希和在P181号洞即今莫高窟第464窟发现的回鹘文木活字968枚，其中有960枚现存法国巴黎吉美亚洲艺术博物馆，有4枚现由日本东京东洋文库收藏，有4枚现由美国纽约大都会博物馆收藏[③]。第二次

①莫高窟北区石窟出土的回鹘文文献，先后由中国社会科学院考古研究所巫新华博士、中央民族大学张铁山教授、中国社会科学院民族研究所雅森·吾守尔博士进行过研究。详见彭金章、王建军著《敦煌莫高窟北区石窟·第一卷》中前言及附录1，文物出版社，2000年。

②见史苇湘著《丝绸之路上的敦煌与莫高窟》，载于《敦煌研究文集》第43页，甘肃人民出版社，1982年。

③见彭金章、王建军著《敦煌莫高窟北区石窟·第一卷》前言注7，。此外，伯希和于1924年将4枚回鹘文木活字送给美国纽约大都会博物馆，现由该馆收藏。笔者于2000年10月在美国讲学期间，在宁珊小姐的陪同下参观了纽约大都会博物馆，在该馆亚洲部副主任孙志新博士的鼎力相助下，得以目睹当年伯希和赠送给大都会博物馆的4枚回鹘文木活字。在此特向孙志新博士和宁珊小姐深表谢意。

是1914—1915年俄国人鄂登堡发现的回鹘文木活字130枚,该木活字现收藏于俄罗斯圣彼得堡国立艾尔米塔什博物馆。第三次是1944—1949年,国立敦煌艺术研究所工作人员采集的回鹘文本活字6枚①。第四次是1988—1995年,由笔者主持对北区石窟进行发掘时发现的,总数有48枚。这些先后出自莫高窟北区的回鹘文木活字总计有1152枚。其中最后一批木活字是目前唯一经过考古发掘出土的回鹘文木活字,因而其学术价值极高。每枚木活字尚有墨迹,表明这些木活字曾经使用过。当年伯希和在莫高窟第464窟掘获回鹘文木活字968枚,而此次我们发现的回鹘文木活字亦出土于莫高窟第464窟及其附近石窟,据此推测,在12~13世纪的莫高窟第464窟及其附近,很可能存在过一个印制佛经的场所,莫高窟北区出土的某些属于活字印刷的佛经有可能就印刷于北区。

总之,"现今存世的回鹘文文献多为断简残篇,且流失国外者居多,给国内的研究带来很多不便和困难。此次敦煌莫高窟北区大批回鹘文文献的出土,无疑将促进我国回鹘历史、回鹘语文、回鹘佛教等研究的蓬勃发展,因为每一件回鹘文文献的出土和解读,都会为我们提供一些前所未知的材料"②。

四、藏文文献③

在莫高窟北区的29个石窟出土了藏文文献残页、残片88件。其内容有佛经、佛教仪规、佛教戒律、医学药方、数学量论、占卜、官府文书、祈祷文、劝善文及历史、地理方面的文献。其中佛教经典有《般若波罗蜜多经》《般若八千颂·散花品》《大菩提心具有无量功德经》《无量寿经》《圣者无量寿智大乘经》《金刚经》《佛教仪规》《佛教戒律》《菩萨行径》《佛经经目》等。其中有些佛经,如《般若八千颂·散花品》等用泥金泥银书写,极为珍贵。学术界"可以借助这些文献看出或部分看出藏传佛教和古代藏人的社会文化生活等诸方面情况。如果与盗走的已公布的藏文文献相参阅、比较研

①现收藏于敦煌研究院陈列中心文物库房的6枚回鹘文木活字,系1944—1949年所采集,具体地点不详,推测也出自莫高窟北区石窟。

②见张铁山著《敦煌莫高窟北区出土回鹘文文献译释研究(二)》,载于《敦煌莫高窟北区石窟·第二卷》附录,文物出版社,2004年。

③莫高窟北区石窟出土的藏文文献,均由中国社会科学院民族研究所黄颢先生进行了译释研究,本文所引结论均系黄颢先生的研究成果。

究,其价值甚高”[①]。

五、蒙古文文献和八思巴文文献[②]

在莫高窟北区的13个石窟出土了蒙古文文献残页、残片28件;在3个石窟出土了八思巴文文献残页、残片5件。其内容有佛教经典、官方文书、圣旨、军事文书、卖身契、伦理方面的文书等。“这些蒙古文文书是继敦煌石窟蒙古文题记考察研究之后的又一次重要发现,对敦煌吐鲁番学和蒙古学均是一项填补性的工作,意义重大……就蒙古文文书的角度来说,乃是全新的资料,仍有重要研究价值。”[③]其中在B168窟出土的八思巴文文献,经学者研究认为是蒙古皇帝忽必烈的圣旨。而在B163窟出土的一件八思巴文《萨迦格言》则又是一件珍贵文献。

六、叙利亚文文献

在莫高窟B53窟发现叙利亚文献1件,仅存4页。该文献为白麻纸,略泛黄,纤维交织均匀,纸较厚,质硬。字体为手写体,折页装。“叙利亚文文书从右向左横书,文书内容为《圣经》文选,摘录的是《旧约》中《诗篇》的内容。由此基本可以断定这件文书是曾经在中亚和中国流行的景教教会所使用的文献”[④],目前国内可供研究景教的文献资料奇缺,因此,敦煌莫高窟北区石窟出土的叙利亚文《圣经·诗篇》的发现很有意义,不仅从数量上增加了景教文献的内容,更令学术界兴奋不已的是,它为研究历史上中亚和敦煌地区景教的发展,进而探讨景教的宗教仪式和神学理论提供了原始资料。还为探讨中唐时期所立《大秦景教流行中国碑》中的有关疑难问题提供了新资料。

①见黄颢著《敦煌莫高窟北区石窟出土藏文文献译释研究(一)》,载于《敦煌莫高窟北区石窟·第一卷》附录3,文物出版社,2000年;黄颢著《敦煌莫高窟北区石窟出土藏文文献译释研究(二)》,载于《敦煌莫高窟北区石窟·第二卷》附录,文物出版社,2004年。

②莫高窟北区石窟出土的蒙古文文献和八思巴文文献,均由内蒙古师范大学蒙古语言文学系嘎日迪教授进行了研究,本文所引结论均系嘎日迪先生的研究成果。

③见嘎日迪著《敦煌莫高窟北区洞窟出土蒙古文文献标音释读》,载于《敦煌莫高窟北区石窟·第三卷》附录,文物出版社,2004年。

④见段晴著《敦煌新出叙利亚文文书释读报告》,载于《敦煌莫高窟北区石窟·第一卷》,附录4,文物出版社,2000年。

七、梵文文献

在莫高窟北区6个石窟出土了梵文文献16件。该文献为麻纸,纤维交织不匀,纸较薄,较软。字体为手写体和木刻印刷体。其内容一部分“为蓝蹉体梵字曼荼罗,名为《法身偈》,或《法身颂》,或《法身舍利偈》,或《缘起颂》,或《缘生偈》,或《法颂》,或《因缘咒》,属于佛教密咒”①,而另一部分则属于“观音三字咒”。

八、婆罗迷文字母书写的梵文文献

在莫高窟B142窟和第464窟发现婆罗迷文字母书写的梵文文献残片3件,我们原以为是吐火罗文文献,经请教北京大学季羡林先生,他认为“不是吐火罗文,而是梵文,字母是婆罗迷字母,流行于新疆一带。由于只有断片,尚不能断定内容。大体上看,似是佛经。以后有时间,当再仔细审视”(摘自季先生给笔者的回信)。后经季先生的学生、北京大学东方学系的博士继续研究,认为该文献内容为“律藏”,没有汉译本,极为罕见,它的出土属于莫高窟北区考古又一重大发现,意义重大。

综上所述可知,在莫高窟北区石窟,共有9种文字的文献面世。总计有501件。这是自敦煌藏经洞和莫高窟土地庙发现敦煌文献后的又一重大发现。在此次出土的文献中,有的属于古佚书,有的为国内孤本,有的则属于海内外所仅存,有的属于全新资料为首次发现,有的则填补了藏经洞文献中的空白。因而这些文献具有极其重要的学术价值和研究价值,故受到国内外学术界的广为重视。

总之,莫高窟北区石窟所出土的多种文字文献,为研究当时我国的民族、宗教、文化、历史、地理、交通以及我国与中亚的关系等提供了又一批珍贵资料。这些资料连同北区石窟内的其他重要发现,对于探讨敦煌在中国、印度、希腊、伊斯兰四大文化体系中的地位和作用,进而推动敦煌学的深入研究和更大发展,同样具有重要意义。

(原载《新世纪敦煌学论集》,巴蜀书社,2003年)

①见张保胜著《敦煌莫高窟北区新发现的梵字曼荼罗译释研究》,载于《敦煌莫高窟北区石窟·第二卷》附录,文物出版社,2004年。

试论敦煌莫高窟北区出土的波斯银币和西夏钱币

彭金章　沙武田　著

为了彻底弄清莫高窟北区洞窟的性质与功能，我们对开凿于该区的数百个洞窟，逐一进行清理发掘，获得了一大批不同时代的珍贵遗物，其中波斯银币和西夏钱币的出土尤为引人注目。鉴于莫高窟北区洞窟清理发掘所获资料正在系统整理中，发掘报告的编写和出版尚需时日。为满足学术界迫切要求了解莫高窟北区洞窟出土资料的信息，现分别把北区出土的波斯银币和西夏钱币公之于世，并就有关问题谈谈我们的看法。

一

1988年11月，我们在莫高窟B222窟发现波斯银币一枚(图36)。该

图36　波斯银币

银币直径2.90~3.10厘米、厚0.10厘米、重3.88克,与波斯萨珊朝银币单位“德拉麦(DRACHM)”重量相当。银币正面虽然磨损严重,但仍隐约可见其基本特征:银币边缘围绕一圈联珠纹,中间为半身王者像,脸向右。王冠虽残,但尚可辨其后部分为一对翼翅,冠顶为一新月抱一圆球,圆球超出联珠纹圈框。在王者像面前有一条由肩上飘起的带状物,与鬓后的一条相对称。围绕王者像有模糊难辨的钵罗婆文字,银币背面边缘也围绕一圈联珠纹。中央为柱状祭坛,祭坛上的火焰正熊熊燃烧,火焰左侧为一五角星,右侧为一新月,彼此对称,祭坛两侧各站立一个头戴尖顶高冠,足踏高筒靴的祭司,祭司外侧均有铭文,应为铸币的地点和年份,由于磨损过甚无法辨认。经学者研究认为,波斯银币“王冠的后部没有雉堞状饰物,却换上一对翼翅;冠顶后面没有两条细飘带,而在面前却增加一条由肩上飘起的带形物和鬓后的一条相对称”,是波斯萨珊朝卑路斯B式银币的特征①。据此分析,莫高窟B222窟所出银币属波斯萨珊朝第五代王卑路斯(PEROZ,459—484年)时期铸造当无疑。

莫高窟B222窟是一个主室平面近方形,顶为前略呈弧状人字披后接斜披顶,有棺床的瘗窟。该窟位于北区崖面南段,与出土隋唐初衣物疏的另一瘗窟,即B228窟相距仅数米,而两者的洞窟形制又完全相同,故推测B222窟的时代与B228窟的时代相当。如这一推测能成立,则波斯银币瘗埋于该窟的时代当在隋末唐初,而且是作为死者的随葬品瘗埋的。

从已刊布的资料得知,在莫高窟发现波斯银币前,中国境内已发现波斯萨珊朝银币39批(不包括莫高窟所出土的银币),其中有6批发现于窖藏,计1074枚;有26批出土于墓葬,计69枚;有3批在塔基中发现,计51枚;有4批计4枚为采集品。由此可知,上述波斯银币以随葬品形式出土者最为常见。就时代而论,波斯银币在中国埋葬年代的上限可早到4世纪末,其下限不晚于8世纪中叶。

以卑路斯银币而言,在中国境内曾先后出土了12批(不包括莫高窟所出土的卑路斯银币)。对此,夏鼐先生曾进行过研究。每批出土银币的具体数量如下:河北定县北魏塔基出土37枚,洛阳北邙山唐墓出土2枚,西安张家坡隋墓出土1枚,西安李静训墓出土1枚,陕西耀县寺坪隋舍利塔基出土1枚,西宁城内城隍庙街出土76枚(原来过百),广东英德南齐墓

①见夏鼐著《中国最近发现的波斯萨珊朝银币》,载于《考古学报》,1957年第2期;夏鼐著《综述中国出土的波斯萨珊朝银币》,载于《考古学报》,1974年第1期;夏鼐著《青海西宁出土的波斯萨珊朝银币》,载于《考古学报》,1958年第1期。

出土3枚，广东曲江南华寺南朝墓出土9枚，宁夏固原北魏墓出土1枚，宁夏固原隋代壁画墓出土1枚，新疆吐鲁番阿斯塔那隋墓出土1枚，广东遂溪县附城边湾村窖藏出土20余枚，总计约153枚。它们的埋藏时代多数为南北朝至隋代，少数为唐代。而莫高窟北区出土的卑路斯银币其埋藏时代亦在此年代范围之内。

在我国，波斯萨珊朝银币大部分出土于“丝绸之路”沿线的新疆乌恰、库车、吐鲁番以及青海西宁、宁夏固原、陕西西安、河南洛阳等地。因而学者们普遍认为，波斯银币在中国的发现与“丝绸之路”关系极为密切。夏鼐先生很早就在其论著中指出：“在波斯国境外所发现的银币，一部分是由私人带回去作为纪念品，甚至于被带到坟墓中作随葬品；另一部分，尤其是一大批在一起的场合下，是作为商品等价物被携带着或窖藏着，所以它们被发现的地点，常可表示当时的贸易和交通的路线。”[①]然而在“丝绸之路”的咽喉重镇敦煌，虽经数十年多次考古调查与发掘，曾一度作为“丝绸之路”沿线硬通货使用的波斯银币始终未曾出现这一局面，一直维持到莫高窟北区洞窟清理发掘前。

据学者研究，波斯萨珊朝银币作为一种基本的流通货币，曾使用于“丝绸之路”沿线，是“西域银币”（包括波斯银币、粟特银币、克什米尔银币等）的“标准货币”，这种货币在中世纪的敦煌曾一度流通。姜伯勤先生在《敦煌吐鲁番文书与丝绸之路》一书中专门就“波斯通往敦煌、吐鲁番的‘白银之路’”进行了论述[②]。他在书中指出：“敦煌、吐鲁番流行银币，与它们处在凉州以西的河西国际货币区有关。”正如《隋书·食货志》所记：“河西诸郡，或用西域金银之钱，而官不禁。”夏鼐先生也曾指出，波斯萨珊朝银币“在西北某些地区（例如高昌）是曾经流通使用的”[③]。有关“白银之路”问题，日本学者冈崎敬先生也曾著文论及[④]。由此看来，波斯萨珊朝银币在敦煌莫高窟被发现并非偶然。但是，也有学者认为波斯银币没有在我国作为货币流通过[⑤]。鉴于“丝绸之路”贸易的国际性，文献资料的大量记载以

①见夏鼐著《青海西宁出土的波斯萨珊朝银币》，载于《考古学报》，1958年第1期。

②见姜伯勤著《敦煌吐鲁番文书与丝绸之路》，文物出版社，1994年；姜伯勤著《敦煌与波斯》，载于《敦煌研究》，1990年第3期。

③见夏鼐著《综述中国出土的波斯萨珊朝银币》，载于《考古学报》，1974年第1期。

④见冈崎敬著《东西交涉考古学序说——丝绸之路与白银之路》，载于《东西交涉的考古学》，日本平凡社，1933年。

⑤见李明伟著《丝绸之路与西北经济社会研究》第233页，甘肃人民出版社，1992年。

及众多的考古实物的出土,我们认为包括敦煌、吐鲁番在内一度使用“银钱”的“河西国际货币区”还是存在的。而莫高窟北区所出波斯银币的埋藏年代,又恰好符合波斯萨珊朝银币作为国际标准货币而在敦煌地区流通的时间范围,这并非巧合,而是有着深刻而复杂的历史背景的。

“丝绸之路”自汉代开通后,粟特人就以丝绸贸易的中间商闻名于世,他们是西域胡商的主体。1907年,斯坦因在敦煌以西汉长城烽燧遗址T·AH·a号掘获8封粟特文信札,其中的“二号信札”反映公元4世纪初粟特商人在敦煌、姑臧、金城之间的活动情况,说明早在公元4世纪敦煌地区已有粟特商人居住。到了唐代“丝绸之路”更加繁荣,商旅相望,胡人如云,国际贸易达到鼎盛,而此时“粟特商人的足迹亦几乎遍布罗马至长安丝路沿线的重要城镇”①。在当时的敦煌甚至出现了像S.2005《沙州都督府图经》记载的“兴胡泊”这样的粟特人聚落,另外从P.3559《天宝十载差科簿》所载“从化乡”,以及P.3929《敦煌廿咏》中的《安城祆咏》分析,这些名称当与粟特等胡商居住敦煌有关。对此,池田温先生在其《8世纪中叶敦煌的粟特人聚落》一文中作过精辟的论述②。粟特人在敦煌等地的经商与居住,无疑会大大促进波斯银币在当地的使用与流通。

总之,从敦煌处于丝绸之路上至关重要的位置以及号称“华戎所交一大都会”的敦煌居住有大批胡商来看,波斯银币在敦煌莫高窟被发现是必然的。

二

莫高窟B113窟,原是一个开凿时代较早,又比较典型的多室禅窟,该窟于西夏时期曾一度作为僧房使用,因而遗留下了诸如铁刀、锥子、瓷碗、瓷盘、红柳筷子、布质佛像画等遗物以及当时使用的钱币,现将该窟出土的钱币种类、数量及其特征介绍如下。

“祥符通宝”:该窟出土宋代“祥符通宝”小平铜钱1枚。钱径2.60厘米,重3.80克。钱文正书,旋读,背平。据史籍记载,“祥符通宝”始铸于宋真宗大中祥符元年(1008年),有铜、铁两种。此次在莫高窟北区仅发现祥符通宝铜钱(见附表)。

“宣和通宝”:该窟出土宋代“宣和通宝”小平铁钱8枚。钱径2.40厘米者4枚,2.50厘米者4枚,重3.60~4.40克。钱文为瘦金体,顺读。背面均

①见林梅村著《西域文明》第71页,东方出版社,1995年。

②见池田温著《8世纪中叶敦煌的粟特人聚落》,载于《欧亚大陆文化(I)》,1965年。

有“陕”字。据史籍记载,“宣和通宝”铸于宋徽宗宣和年间(1119—1125年),除铸铁钱外,还铸造有“宣和元宝”小平铜钱。B113窟只发现了“宣和通宝”铁钱,未见宣和元宝铜钱(见附表)。

“天盛元宝”:该窟出土西夏“天盛元宝”小平铁钱12枚。钱径2.20厘米者4枚,2.25厘米者1枚,2.30厘米者7枚,重2.40~3.50克。钱文为汉文正书,旋读,背平,背面无文字或符号。铸于西夏仁宗仁孝天盛年间(1149—1169年),有铜、铁两种。在莫高窟仅发现“天盛元宝”铁钱一种,未见“天盛元宝”铜钱(见附表)。

“乾祐元宝”:该窟出土西夏“乾祐元宝”小平铁钱16枚。钱径2.30厘米者5枚,2.40厘米者6枚,2.50厘米者5枚,重2.80~4.40克。钱文为汉文正书,旋读。背平,背面无符号。西夏仁宗仁孝乾祐年间(1170—1193年)铸造。有铜、铁两种,另有汉文“乾祐通宝”和西夏文“乾祐宝钱”小平钱各一种,已为宁夏银川贺兰山西夏货币窖藏中出土的西夏钱币所证实,但在莫高窟B113窟仅发现了汉文“乾祐元宝”铁钱一种,而汉文“乾祐元宝”铜钱、汉文“乾祐通宝”和西夏文“乾祐宝钱”均未发现(见附表)。

通过以上介绍我们认为,莫高窟北区出土的钱币中有这样几个问题值得探讨。

1.关于西夏钱币与宋代钱币共出问题。

在莫高窟B113窟出土的钱币中,既有西夏钱币又有宋代钱币,其中西夏钱币(彩版十五)的发现为莫高窟乃至敦煌地区的首次发现,而西夏钱币和宋代钱币同出于一个洞窟在敦煌尚无先例。但在甘肃、宁夏、内蒙古等三省区的一些西夏遗址、城址、墓葬、窖藏中,却常常发现西夏钱币与宋代以及其他朝代的钱币同出。其中个别地点发现的钱币中,宋代钱币占到钱币总数的81%①。这些事实充分表明,宋代钱币在西夏境内作为主要货币曾经广为流通;同时还反映了,西夏正式建国后虽前后有九个皇帝铸造钱币②,但始终未能以其所铸钱币来取代宋朝钱币。西夏都城及其附近是这样,远在河西走廊西端的瓜沙二州也不例外。

2.关于西夏钱币在同出钱币中所占比例问题。

西夏钱币在与之同出钱币总数中所占比例如下:

1955年,在位于河西走廊东段的甘肃永昌河西堡发现一西夏钱币窖

①见牛达生著《一座重要的西夏钱币窖藏——内蒙古乌审旗陶利窖藏》,载于《甘肃金融》,1989年增刊5。

②见白滨著《西夏官印、钱币、铜牌考》,载于《西夏文物》第20页,文物出版社,1988年。

藏,出土汉至宋和西夏钱币 4528 枚,其中西夏钱币有 7 枚,约占钱币总数的 0.15%①。

1955 年,在永昌侯家大庄发现一西夏钱币窖藏,出土汉至宋和西夏铜钱 3789 枚和一批铁钱(具体数量不详),其中西夏铜钱有 58 枚,约占所出铜钱总数的 1.5%②。

1958 年,在内蒙古临河高油房西夏城址发现了大量宋钱和大批西夏"乾祐元宝"铁钱,但具体数量不详,故其比例无法得知③。

1972 年,在宁夏银川贺兰山西夏 8 号帝陵出土汉、唐、宋钱币多枚和西夏钱币 1 枚,可知西夏钱币所占比例不大④。

1979 年,武威地区文教局院内发现西夏钱币窖藏,出土汉至金的钱币 42 千克,1 万余枚,其中有西夏"天盛元宝"铜钱,数量不详。故其所占比例无法得知⑤。

1979—1980 年,在宁夏银川贺兰山发现两个西夏钱币窖藏,出土汉代至北宋以前钱币 21 种,北宋钱币 77 种,辽、金、南宋钱币 8 种,西夏钱币 8 种,共计 1400 多枚,西夏钱币中有西夏文"乾祐宝钱"和"天庆宝钱"各 1 枚,其余数量不详,故无法得知西夏钱币所占比例⑥。

1982 年,在内蒙古包头市郊,发现宋"宣和通宝"背"陕"字铁钱和西夏铁钱同出,仅知西夏钱币中有"天盛元宝"背"西"铁钱 1 枚,但具体所占比例无法统计⑦。

1983 年,在武威师范院内发现一西夏钱币窖藏,出土汉至宋、西夏、金钱币 1016 枚, 其中西夏钱币有 15 枚, 约占窖藏所出钱币总数的 1.5%⑧。

1984 年,在武威红星公社出土钱币约 4.20 千克,其中有西夏钱币 4 枚,占出土钱币总数的比例肯定很小⑨。

①见阵炳应著《关于西夏钱币的几个问题》,载于《中国钱币》,1983 年第 3 期。
②同①。
③见阵炳应著《西夏文物研究》第 105 页,宁夏人民出版社,1985 年。
④见宁夏回族自治区博物馆编著《西夏八号陵发掘简报》, 载于《文物》,1978 年第 8 期。
⑤见宁笃学著《甘肃武威县发现窖藏钱币》,载于《考古与文物》,1981 年第 2 期。
⑥见牛达生著《西夏钱币辨证》,载于《中国钱币》,1984 年第 4 期。
⑦见师宝珍著《包头出土天盛元宝背"西"铁钱》,载于《中国钱币》,1985 年第 2 期。
⑧见黎大祥著《甘肃武威城出土一批铜钱》,载于《甘肃金融》,1966 年增刊。
⑨同①。

1984年，在武威市共和街出土古钱币500枚左右，从其中拣选出西夏钱币2枚，约占出土钱币总数的0.4%①。

1985年，在宁夏盐池县萌城乡发现一西夏钱币窖藏，出土秦、汉、唐、五代钱币10种，北宋钱币38种，还有西夏、辽、金、高丽钱币，其中只知汉文西夏钱币的具体名称和西夏文“福圣宝钱”2枚，其余钱币数量不详，故所占比例不可得知②。

1986年，在武威市大坝场发现一西夏钱币窖藏，出土钱币约100千克，在拣回的约12千克中，有西夏钱币31枚，可以推测西夏钱币所占比例不大③。

1987年，在内蒙古乌审旗陶利乡西沙沟发现一西夏钱币窖藏，共出土秦、汉、隋、唐、五代、宋、西夏、辽、金钱币605千克，从拣回的430千克115707枚钱币中，共有西夏钱币2112枚，占窖藏钱币总数的1.8%④。

在以上13个地点中，有8个地点的西夏钱币在所出钱币中的比例无法统计，但所占比例很小，则是完全可以肯定的。其余5个地点中，西夏钱币占所出钱币总数比例分别为0.15%、0.4%、1.5%、1.5%、1.8%。由此可知，西夏钱币在与之共出的钱币中所占比例普遍很小，这种现象与西夏境内始终以宋代或其他朝代钱币作为主要流通货币的结论是一致的。此次在莫高窟B113窟共发现钱币37枚，其中有西夏钱币28枚，占该窟出土钱币总数的75%，高于其他地点西夏钱币所占比例。这一发现，从一个侧面为探索西夏统治下的瓜、沙二州货币经济的发展提供了珍贵的实物资料。

3.关于“天盛元宝”铁钱和“乾祐元宝”铁钱问题。

据《宋史·夏国传》记载：“绍兴二十八年(西夏天盛十年，1158年)始立通济监铸钱。”清人吴广成在《西夏书事·卷三十六》中更具体地记载了天盛年间铸钱之事：“自茶山铁冶入于中国，国中乏铁，常以青白盐易陕西大铁钱为用。及金人据关右，置兰州等处榷场，若以中国钱贸易，价辄倍增，商人苦之。仁孝乃立通济监，命监察御史梁惟忠掌之，铸天盛永(笔者按：当为“元”之误)宝钱，与正隆元宝并用。金主禁之，仁孝再表请，乃许通

①见阵炳应著《关于西夏钱币的几个问题》，载于《中国钱币》，1983年第3期。

②见牛达生、任永训著《从宁夏盐池县萌城乡西夏窖藏钱币谈西夏文“福圣宝钱”》，载于《中国钱币》，1988年第2期。

③同①。

④见牛达生著《一座重要的西夏钱币窖藏——内蒙古乌审旗陶利窖藏》，载于《甘肃金融》，1989年增刊5。

行。”自从西夏仁宗仁孝于天盛十年设立通济监专门管理铸钱事务后，就开始大量铸造西夏钱币。于是在后人的著作中出现了“天盛元宝钱多而易得”的记载①。新中国成立以来，在宁夏、甘肃、内蒙古等地的考古发掘中出土了多批西夏钱币，对其中有明确数量者进行的统计说明，已发现的西夏钱币中通济监设立以前铸造的钱币极少，而绝大多数为设立通济监以后所铸。其中尤以“天盛元宝”和“乾祐元宝”发现的数量最多，反映了西夏仁宗仁孝在位期间，西夏经济的发展和商品贸易的繁荣。地处河西走廊西端的敦煌也不例外，“天盛元宝”和“乾祐元宝”发现于莫高窟就是其证据之一。但在莫高窟北区出土的西夏钱币中只有“天盛元宝”铁钱和“乾祐元宝”铁钱，不见铜钱出土，说明诸多著录所公认的西夏“铁钱多而易得”的结论正确。

总之，波斯萨珊朝卑路斯银币和西夏钱币在敦煌莫高窟的出土，不仅填补了这两种钱币在敦煌考古学领域的空白，而且为学术界深入研究敦煌学、西夏学、钱币学等学科提供了一批新的实物资料。

(原载《文物》1998 年第 10 期)

附表：莫高窟 B113 窟出土钱币统计表

器物	名称	质地	数量	直径(厘米)	重量(克)	背面	时代
1	祥符通宝	铜	1 枚	2.60	3.80	背平	宋
2~9	宣和通宝	铁	8 枚	2.40~2.50	3.60~4.70	7 枚背面有“陕”字	宋
10~21	天盛元宝	铁	12 枚	2.20~2.30	2.30~3.05	背平	西夏
22~37	乾祐元宝	铁	16 枚	2.30~2.50	2.80~4.40	背平	西夏

①见初尚龄著《吉金所见录》，道光七年(1827 年)印本。

俄藏敦煌艺术品与莫高窟北区洞窟关系蠡测

沙武田 著

1914年8月20日至1915年1月23日，由俄罗斯人鄂登堡率领的俄国第二次西域(新疆)考察队在敦煌莫高窟活动了半年时间,其间考察队的主要工作是对莫高窟南区洞窟的记录、拍摄、测绘、速描,同时也对莫高窟北区洞窟进行测绘、拍摄和挖掘工作，收获了大量的文物和考古资料。其中文物资料就是今天学界通常所谓的“俄藏敦煌艺术品”,现藏于俄罗斯国立艾尔米塔什博物馆，主要包括有雕塑（含附件)43件，壁画16件,绢画59件,麻布、幡画78件,工艺品36件,纸本画24件,残碎片49件,经过缀合,总数估计约有300件。这部分资料现已由俄罗斯国立艾尔米塔什博物馆与上海古籍出版社联合出版，为《俄藏敦煌艺术品》第1~2卷，这是目前为止学界了解俄藏敦煌艺术品最为全面的资料和工具书,为敦煌学界和出版界之一大盛事伟业。

我们知道,俄国鄂登堡考察队来莫高窟之前,已经有英籍匈牙利人斯坦因于1907年5月，从王道士手中购买了24箱文书和5箱绘画刺绣艺术品;1908年3月法国人伯希和又从王道士手中拿走了10多箱文书与绘画艺术品等,1910年藏经洞所剩由清廷电令甘肃藩司解运北京，即现藏国家图书馆;1912年10月日本人吉川小一郎率领的大谷探险队到达莫高窟,从王道士手中骗买400余卷;1914年斯坦因第二次造访莫高窟，又从王道士手中骗走5箱写卷，这也是王道士当年在官府运送北京前私藏部分。因此到了1914年鄂登堡考察队来莫高窟时,应该说藏经洞文献文物早已被瓜分一空,只有空洞一所,故而我们在考察队的记录中没有见到任何有关王道士的记录,与其他几位大不一样。既然如此,我们就非常自然地提出一个问题:奥登堡考察队所获文物文献来自何处?

如果说不是出自藏经洞，那也只有是发现于其他洞窟中或窟前遗址中。对于窟前遗址,当时基本上没有什么过早的遗存,只有较晚的或是当时的几处建筑如上中下三寺, 在这些地方藏有见于俄藏敦煌艺术品中的内容的可能性几乎为零。因为藏经洞和南区洞窟中存在有那么丰富多彩的大量精美艺术品,也就没有必要收集这些残破不堪的东西了。其他窟前遗址,探险队没有时间与精力注意到,也就没有相应的工作。因此这些艺术品的来源地最大的可能性就是洞窟内采集或挖掘所得。

就洞窟而言, 南区洞窟应该是当地老百姓和来来往往的行人香客经常光顾的地方;鄂登堡之前的探险队如斯坦因、伯希和、日本大谷探险队等均有涉猎,而且他们都对洞窟有详细的考察,分别集中体现在《塞林迪亚》(中译本又名《西域考古图记》)《敦煌石窟图录》和《伯希和敦煌石窟笔记》《新西域记》中,其中各探险队对洞窟的考察均有详细的记录;王道士等洞窟住持们经常巡视打扫,故而留下这些东西的可能性并不大。一般来讲,如果在南区洞窟中有绢画、麻布画、幡画、纸本画的存在,推理认为应该是比较完好的挂像图类, 而不应是破碎之物, 即使是考虑到时间的因素,也不至于残破如此之严重。

由此分析表明, 在莫高窟最有可能和条件保存有这些艺术品的地方是北区洞窟:一是与北区洞窟的性质即僧人生活禅修的地方有关,二是北区洞窟极少有后人在此活动, 三是鄂登堡探险队在北区洞窟有大量的工作,这是其他探险队所没有的,即使伯希和小有涉及,但也是有限的几个特殊洞窟如莫高窟第 465 窟和第 464 窟等①。

下面就俄藏敦煌文物与北区洞窟的关系谈一下自己的看法。作为比较,就俄藏敦煌艺术品和敦煌文献作一概略介绍和特征说明②,相应地就北区洞窟出土的佛经文书和艺术品等文献文物作一大概的特征介绍与说明③,以对两者进行比较研究。

考察俄藏敦煌艺术品发现, 除了毫无疑问应该是出自莫高窟南区洞窟中的塑像及其残件和洞窟壁画的绝大多数外(《俄藏敦煌艺术品·第 1 卷》第 1~44 号),其他均是绢画、麻布画、幡画、纸本画,还有各类纺织品等,其中最大也是最为突出的特征是:残破严重,以碎片为主,极其不完整;麻布作品(麻布幡、麻布画)构成比例较大(图 37)。也就是说俄藏敦煌艺术品保存非常的不好,而且多为次品,等级低,根本无法和藏于英国与

①见伯希和著,耿升、唐健宾译《伯希和〈敦煌石窟笔记〉》第 380~392 页,甘肃人民出版社,1993 年。

②主要参考《俄藏敦煌文献》第 10~17 册与《俄藏敦煌艺术品》第 1~2 卷。

③主要参考彭金章、王建军著《敦煌莫高窟北区石窟》(第一至三卷)。

图 37　俄藏敦煌残画断片

法国等地出自藏经洞的同类作品相比较。特别是我们在《俄藏敦煌艺术品·第 2 卷》的黑白图版部分看到的各类艺术品,那种破碎程度在当时人们看来毫无疑问是被丢弃的垃圾，这种现象在英藏与法藏品中是根本不可能存在的。

同样,俄藏敦煌艺术品如果和现主要藏于英、法两地的藏经洞艺术品如绢画、幡画、纸本画等相比较,也仍然可以说明问题的。英、法所藏敦煌艺术品、绘画品极为精美,如大量的绢画等,保存相当完好,从内容上来讲也是丰富多彩,如经变画、尊像画等,均有如同洞窟壁画一样的情节结构,内容复杂多样(图 38),这一点已是学界的普遍共识。而俄藏敦煌艺术品本身有一些明确是来自北区洞窟,如 B77 窟的背屏等。再者,我们发现俄藏敦煌艺术品多为麻布画，且以简单的幡画单个尊像为主，保存也是一般,无论在哪个方面来讲,多数与藏经洞发现同类艺术品相比是次等的,加之大量破碎残片为主体艺术品的存在，表明这些艺术品不一定全部出自藏经洞,或许是与鄂登堡探险队在北区洞窟的盗掘不无关系,从而使得我们后来在北区石窟的考古工作中几乎没有见到此类艺术品。

图 38　法藏敦煌绢画《观无量寿经变》

俄藏敦煌文献相当的零散、残破，其程度要比英、法、北图所藏严重，在《俄藏敦煌文献》第 10~17 册中，敦煌写本基本上是残卷，大量几乎是以碎片形式存在的情况，给我们一个十分清晰的印象就是，俄藏敦煌文献与英、法、北图所藏敦煌文献相比较，则表现得极不相一致。因为我们知道，英、法、北图所藏敦煌文献多为完整的且保存相当好的卷子，一般佛经抄卷有头有尾，社会世俗文书也是内容较为完整或信息量不少。即使是不完整的卷子，但篇幅较大，仍保存有相关佛经或社会世俗文书内容的一部分，可以让我们对原卷内容进行一定程度的了解与研究。而那些长达几米或几十、十几厘米卷子的存在更是能说明问题的，且不要说其中有相当一部分卷子分别代表敦煌历史上各个时期写本经卷从用纸、格式、书写、内容等各方面的典范。而这三地所藏敦煌文献均出自藏经洞则是无可置疑之事，在此无须讨论。因此出于这种考虑，我们觉得俄藏敦煌文献的来源是与其他各地所藏出自莫高窟藏经洞的情况或许是有区别的，当然笔者并没有否定俄罗斯藏品部分也有出自藏经洞的历史事实，这些经卷文书从已发表的《俄藏敦煌文献·第 10 册》前各册内容中是有反映的，这也是与当年鄂登堡从敦煌当地获取过敦煌卷子的历史事实相符合。但是同时引起我们注意的是，在来莫高窟探险盗宝并有丰富收获的国外探险家如斯坦因、伯希和、鄂登堡、吉川小一郎等人当中，其中对北区洞窟进行大规模全面有组织，有规划地进行工作的只有鄂登堡探险队，其他人虽也有涉及，但是范围与规模均与鄂登堡是无法相比的。鄂登堡探险队在莫高窟期间，测绘有长达10米、高1.60米的大比例包括北区石窟在内的莫高窟全部石窟的总平面图和总立面图，影描石窟壁画260余幅，临摹彩色洞窟壁画120幅，拍摄石窟照片800余张，并切割个别洞窟壁画，搬走了个别洞窟的彩塑[①]。他们还在莫高窟其他地方挖掘了不少的文物如钱币、写本、日常生活用品等，主要也应是出自北区石窟。由此看来鄂登堡探险队在莫高窟北区石窟一定有大量的收获是不容置疑之事，在其后70多年，敦煌莫高窟北区石窟考古工作中仍有大量的经卷文书的发现也足以佐证这一点。

在莫高窟北区洞窟的考古清理发掘过程中，出土和发现了大量的文物，其中有一批数量丰富和价值较高的佛经、文书或其他艺术品。但经过分析认定，并参照已有各家对北区洞窟文字资料的研究，同时基于本人对北区洞窟资料整理的心得体会，发现北区洞窟出土的文书虽然是莫高窟藏经洞之后又一批重要的佛经写本大发现[②]，但这次发现的资料与藏经洞资料相比，有一个明显的特点，就是非常的零散，特别是碎片的大量存在(图39)，这一点是与俄藏部分极为相似与一致的。再者我们也发现这两部分写本中还有一个共同的特征就是部分有火烧的现象，大概是与在僧人生活禅修的北区洞窟中容易见火有关。就现有的记录和资料可知，在我们对北区洞窟进行科学的考古清理发掘之前，北区洞窟已先后经过几次有史可查的盗掘与文物掠夺，其中规模较大者有伯希和、鄂登堡、张大千。对于张大千从北区洞窟挖掘的文物的大致情况与今天的下落，已先后有学者们作出了说明和研究，也就是现藏于日本天理大学天理图书馆的一批敦煌写本[③]。伯希和对北区石窟的考察与所获均在其笔记中有记

①见府宪展著《俄藏敦煌艺术品·序言》第13页，但府宪展在《1914—1915鄂登堡在敦煌莫高窟》一文中却是这样记述的："特别是长达15米(总页面达200幅)的空前气势的莫高窟全景(立面和平面)测绘图、300余幅壁画影描图、300余幅临摹图、300余幅旅途照片等图像资料……"载于北京理工大学等编《国际敦煌学学术史研讨会论文集》第30~39页，2002年8月。

②藏经洞发现之后，20世纪40年代莫高窟土地庙佛经的发现，原认为是一次新的不同于藏经洞的藏品发现，但后来经过学者们长期的工作与探讨，发现这一批文物系原出自藏经洞。见施萍婷著《敦煌研究院藏土地庙写本源自藏经洞》，载于《敦煌研究》，1999年第2期。

③见王三庆著《日本天理大学天理图书馆典藏之敦煌写卷》，载于《第二届敦煌学国际研讨会论文集》第81页；台湾汉学研究中心，1991年；荣新江著《海外敦煌吐鲁番文献知见录》第24页，江西人民出版社，1996年。

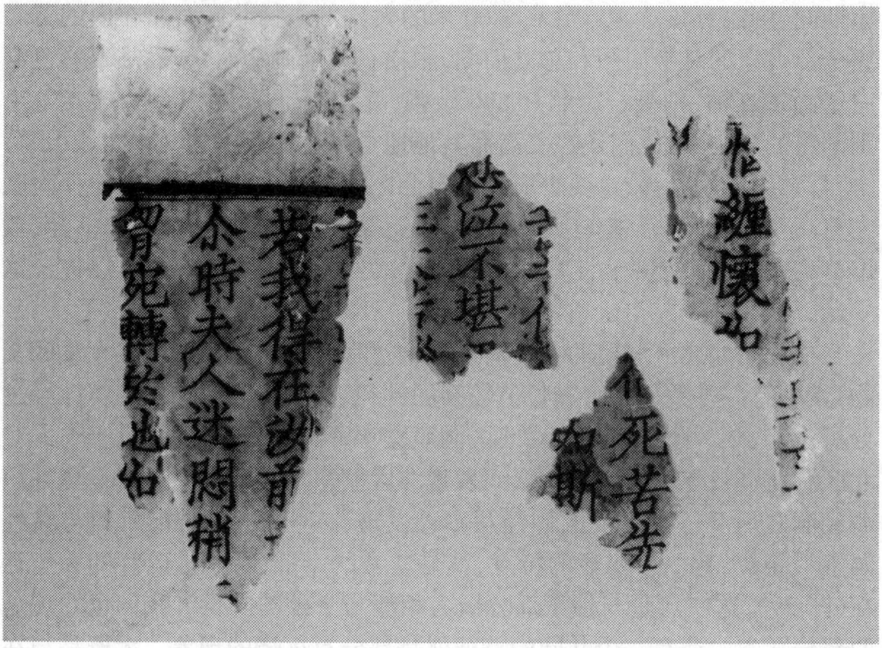

图 39　B152:2-1、3、4、2　汉文残文书

录,但相对来讲伯希和在敦煌莫高窟的收获主要是对南区洞窟的记录和拍摄与对藏经洞文物的掠夺。而对于俄国人鄂登堡在敦煌莫高窟的活动,由于相关资料一直没有公开发表,因此一直不是十分的明了,《俄藏敦煌文献》和《俄藏敦煌艺术品》陆续发表,使我们得以认清庐山真面目。已有学者开始注意到鄂登堡曾涉猎北区洞窟的历史事实,因为鄂登堡探险队在敦煌的 6 个月时间,对北区石窟进行了详细的洞窟崖面测绘,又对北区洞窟进行了挖掘,从中带走了为数不少的文物。但是现藏俄罗斯的敦煌文献和敦煌艺术品究竟与北区洞窟之间是一种怎样的具体关系,仍是一个疑问。而今由于对北区洞窟科学的考古清理与发掘工作以及对北区洞窟考古资料的整理,特别是《敦煌莫高窟北区石窟》的出版,使得我们对从北区石窟发现和出土的文献文物有了一个十分清晰的了解,这样就对我们研究鄂登堡探险队从敦煌莫高窟带走的文献艺术品与北区洞窟的具体关系提供了可能与基本资料。

比较和讨论的结果表明,莫高窟北区石窟极有可能就是大量(当然并非全部)俄藏敦煌写本经卷与麻布画等艺术品的发现与出土地,这样可以帮助我们进一步理解为什么鄂登堡在藏经洞宝藏早已不存莫高窟的情况下,仍在莫高窟有那么丰富收获的真正原因。因此对现藏于敦煌研究院的北区洞窟出土文献文物,与俄罗斯藏部分文献文物艺术品的比较结合研究,或许应是敦煌学研究中又一十分重要也是亟待进行的工作,本文所论仅为问题的提出,况且考虑略欠成熟,讨论也是过于粗略,日后须做的工作仍然很多。

还有,现藏于日本天理大学天理图书馆的敦煌写本(图 40),最初是由 20 世纪 40 年代来敦煌的张大千在莫高窟搜集并带走的,后来张氏出售了这批文献文物而由日本人收购。对于这批敦煌写本,王三庆、荣新江[①]等先生早以作过研究,学者们的研究使我们对这批敦煌写本有了较为清晰的认识。但是这批敦煌写本具体的来源如何?因为我们知道,20 世纪 40 年代张大千来莫高窟时王道士早已于 1931 年作古,他手中的藏经洞卷子

图 40　日本天理大学图书馆藏张大千敦煌收集品

①见王三庆著《日本天理大学天理图书馆典藏之敦煌写卷》,载于《第二届敦煌学国际研讨会论文集》第 81 页;台湾汉学研究中心,1991 年;荣新江著《海外敦煌吐鲁番文献知见录》第 24 页,江西人民出版社,1996 年。

早已销售一空,就连1914年来莫高窟的俄国人鄂登堡是否从王道士手中得到过藏经洞文物都有疑问,因此张大千来时藏经洞出土的文献文物应该说早已在莫高窟不存在了,张大千至多也是在当地老百姓中收购极少数量而已。因此张大千当时在莫高窟得到的这批文献文物应与北区石窟的关系相当密切,这点彭金章先生在报告中有说明。另外荣新江先生在随后的书评中又作了进一步更为详细的说明和论证,荣新江先生同时对北区石窟出土文书的研究,特别是对一些十分重要的社会文书作了一个简略交代,指出了学界所熟知的《张君义勋告》和《张君义公验》应是出自莫高窟北区洞窟的论断,也提出了与藏经洞文书有明显区别的"北区类型的文献材料"的新概念,并指出在研究北区文献的过程中,应当注意与原出自北区石窟的日本天理图书馆和美国葛斯德图书馆藏卷缀合的可能性的新课题。

综合学者们的介绍、说明和研究,不难看出,日本天理大学天理图书馆敦煌藏品,在内容、题材和特征等方面与近年在莫高窟北区石窟清理发掘所得是一致的。正如王三庆先生研究所表明的那样,天理图书馆的张大千藏品,以碎片居多,在内容上如有四部书籍、宗教史料和藏文、回鹘文、西夏文文献等,特别是一些西夏文佛教内容与北区洞窟出土品有诸多相类似的地方①。

讨论表明,俄藏敦煌文献和艺术品与莫高窟北区洞窟有着如此密切的关系,那么结合近年在莫高窟北区洞窟考古发掘所得的文献文物,还有伯希和在北区部分洞窟中的为数不少的收获以及当年张大千在莫高窟北区洞窟的大肆挖掘所得的文献文物,等等,则有一点不得不引起我们的密切注意与极大的兴趣,表明20世纪以来先后在莫高窟北区洞窟中出土的文献文物,其总量十分丰富。这样就有一些问题需要回答,即莫高窟北区石窟为什么会有如此多的文献文物被发现?历史上莫高窟北区石窟又为什么会留存有这些东西?这种现象又与莫高窟北区石窟的性质有什么样的关系?这些文献文物与藏经洞发现的文献文物之间是一种怎么样的关系?当封闭藏经洞时又为什么没有对北区石窟中存在的文献文物进行清理封存呢?

最后还有一个问题要交代:通过前面的研究表明,莫高窟北区洞窟出

①见史金波著《敦煌莫高窟北区西夏文文献译释研究(一)》,载于《敦煌莫高窟北区石窟·第一卷》附录,文物出版社,2000年;史金波著《敦煌莫高窟北区出土西夏文文献初探》,载于本书第323页。

土有如此内容丰富的佛教文献与佛教艺术品，作为反证，也可对莫高窟北区石窟的性质作进一步的讨论。大量绢画、麻布画、纸本画、幡画与各类纺织品在北区洞窟的发现，十分形象而客观地告诉我们，北区洞窟应就是莫高窟历史上历代僧人日常生活、学习、禅修的地方。因为考虑到北区洞窟营建之初没有壁画与彩塑，因此僧人除了在南区洞窟中进行观像礼拜之外，他们生活与禅修的北区洞窟中也挂上一些诸如绢画、麻布画、幡画、纸本画类供修习之便，同时也有佛经供僧人修习阅读之用，大量纺织品也是他们生活所遗存。

文末需要说明一点，虽然通过论证表明俄藏敦煌艺术品与俄藏敦煌文献与北区洞窟的关系密切，但并不是说所有的俄藏敦煌艺术品与文献均来自于莫高窟北区洞窟，我们也必须相信其中有相当一部分还是出自藏经洞的事实，集中表现在那些保存完好的写卷写本与个别绘画品，只是这些文物当时俄国考察队是从哪儿收集则需另外探究，是研究藏经洞文物流散的问题。遗憾的是俄国考察队与王道士的交往，他们对藏经洞的考察一直是个谜。总之，俄国人在敦煌活动的详细情况等因素，都将帮助说明俄藏敦煌文物的来源，诸多问题的探究仍需更多资料的发现。

（原载《敦煌学辑刊》2004 年第 2 期）

敦煌莫高窟北区新发现中的景教艺术

姜伯勤　著

一、铜十字架的发现及其所属时代的推定

2004 年 8 月，在敦煌莫高窟举行了纪念敦煌研究院成立六十周年、常书鸿先生一百周年诞辰的国际学术会议。会议期间,2004 年 8 月 16 日午后,由彭金章先生带领,在莫高窟敦煌文物保护所陈列中心,与会者参观了敦煌莫高窟北区石窟新发掘、新发现的文物。

到 2004 年 7 月,文物出版社出版了彭金章、王建军著,敦煌研究院编《敦煌莫高窟北区石窟》(第一至三卷)。这一考古报告的出版，对于研究“敦煌莫高窟的再发现”，尤其是研究北区的历史价值，有十分重要的意义。

敦煌研究院彭金章等先生,于 1988—1995 年在北区进行了科学的考古发掘工作。在莫高窟 B53 号窟,发现叙利亚文《圣经》,经北京大学段晴教授考证,确定为元代景教文献《圣经》①。景教,即基督教聂斯托里派。这一发现表明,景教遗物在元代敦煌仍有所见。事实上,敦煌的景教遗物可以上溯到元代以前。

据《敦煌莫高窟北区石窟·第二卷》所载,在北区被沙掩埋的 B105 窟中,出土铜十字架一件,见标本 B105:2(彩版十六),系用青铜铸造。“横竖交叉的十字位于圆环中央,十字各端均伸出圆环之外 1.30~1.50 厘米。”

本考古报告推断,B105 窟所出铜十字架,“时代为宋代或宋代以前”。

报告对此论证说:“本窟出土的纪年遗物有唐‘开元通宝’和宋‘嘉祐通宝’‘治平元宝’‘祥符通宝’‘绍圣元宝’,这些钱币是作为死者的随葬品而埋葬的。据此推测死者被埋葬的时间是宋代，即石窟的使用下限为宋代。”

①见段晴著《敦煌新出土叙利亚文书释读报告》载于《敦煌莫高窟北区石窟·第一卷》附录 4,文物出版社,2000 年。

报告又指出:"从本窟出土的四种钱币中,以宋哲宗绍圣年间(1094—1098年)铸造的'绍圣元宝'时代最晚,而此时敦煌已在西夏统治之下,因而确切地说,此窟使用下限为西夏早期。从石窟内的堆积可知,瘗埋人骨的第二层之下还有第三层,而第三层的时代肯定早于宋、西夏时期。据此推测,该石窟的开凿时代应在宋以前。"

二、铜十字架的徽章性质、功能及其对揭出景教一段"晦隐"历史的意义

《敦煌莫高窟北区石窟·第二卷》又指出:"十字各端之间各有一鸟头,共4个,其中3个保存完整,一个稍残。从交叉的十字、环绕十字的圆环以及圆环以外的鸟头上的凹槽分析,十字架原有镶嵌物,惜已无存。十字架背面中部有两个铸造时留下的乳状突。从十字架的形制分析,可能属于佩戴的徽章。"(图41)

这里,敦煌研究院的学者,确定了这种青铜十字架"可能属于佩戴的徽章",既揭示出了其徽章的性质,又揭示出其佩于胸的功能。这一推断,在元代史料中得到了证明。

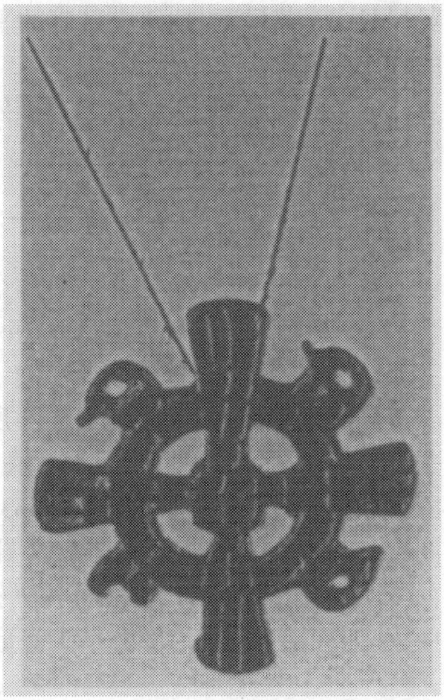

图41 敦煌莫高窟B105窟出土十字架

陈垣先生《元也里可温教考》,引用元代史料《至顺镇江志》,该志有云:"薛迷思贤,在中原西北十万余里,乃也里可温行教之地……十字者,取像人身,揭于屋,绘于殿,冠于首,佩于胸,四方上下,以是为准。"则元代景教中有以十字佩于胸前者。

陈垣先生指出:"薛迷思贤,即元史之薛迷思干,贤为坚之误。《元史·地理志》'西北地'附录作撒麻耳干。"(按"撒麻耳干"当即Samarkand,为今中亚乌兹别克斯坦之萨马尔罕,是当时景教在中亚的

重要据点)这里,说“十字”可以“冠于首,佩于胸”,这一记载,使我们相信考古报告关于北区新发现十字架“可能属于佩带的徽章”的结论,是可以成立的。

陈垣先生所论的薛迷思坚即“撒马尔干”。该地即景教东传之一基地。

陈垣先生又谓,景教在中国的历史,自元代也里可温衰落后“而晦隐七八百年,其历史至无人能道”①。

朱谦之先生《中国景教——中国古代基督教研究》有“唐以后之景教”一章:“自唐末以至五代北宋”,景教“事实上在中亚一带仍旧存在,根据近数十年发现的新材料,首先是德国学者在吐鲁番所得的文件,次则有七河(原名见后),……这些碑文大致是1200—1360年间之物。”②中亚基督教部落的史料,又有如伯希和在1914年《通报》发表之《唐元时代中亚及东亚之基督教徒》,中译本见《西域南海史地译丛·第一卷》,第49~70页。

近年在中亚的考古,证实了朱谦之先生的论断。“在碎业(Ak-Beshin)城内,发现一个属于景教即聂斯脱里教团的教堂。它是一座小型建筑,17英尺长,16英尺宽,建筑在破碎的平面上,与早期叙利亚式的建筑结构上的柱子一致。”③

而最近在敦煌北区宋、西夏窟发掘出的景教十字架,恰可作为重新研发这一段同样“晦隐”历史的契机。

三、鸟头图像与十字架徽章的符号意义

莫高窟北区新发现十字架徽章上的4个鸟头形象,使我们联想到1929年济南邮务长聂克逊(F.A.Nixon)在包头一带搜集的一大批青铜十字架,这些古物出自鄂尔多斯沙漠。

当年出版的《汇印聂克逊先生所藏青铜十字图》中第585图有4个鸟头,中间为一个十字。此青铜章高1200厘米,紫铜色,外现精致;第591图,亦有4个鸟头图像;第599~663图,为单头鸟头图像;第664图至715图,为双头鸟头图像;第717~725图,为单头鸟头图像(图42~44)。

明义士(James M Menzies)在《铜十字分部编次例》中写道,在979枚中,分四大部分。第一部分平头等形叶状十字,计460枚。第二部分,圆头

①见陈垣著《元也里可温教考》,载于《陈垣学术论文集·第一集》第54页,中华书局,1980年。

②见朱谦之著《中国景教——中国古代基督教研究》第171页,东方出版社,1993年。

③Aleksandr Belenitsky.Central Asia.The world publishing company,*Cleveland and New York,Geneva*,1989,p.139.

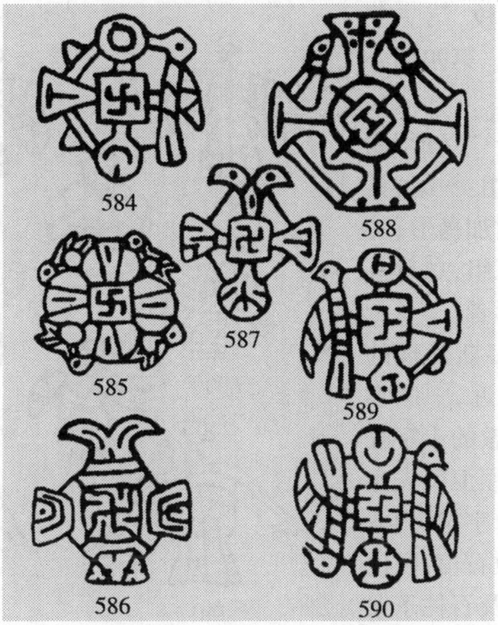

图 42　聂克逊所藏部分青铜十字架

图 43　聂克逊所藏部分青铜十字架

形叶十字，计 122 枚，第三部分鸟形，计 141 枚。第四部分几何形纹，256 枚。

而在第三部分“鸟形”铜章之中，又分为四组：一组，具十字形，一部分附加鸟形；二组，鸟单首右向；三组，鸟单首左向；四组，双鸟形者。

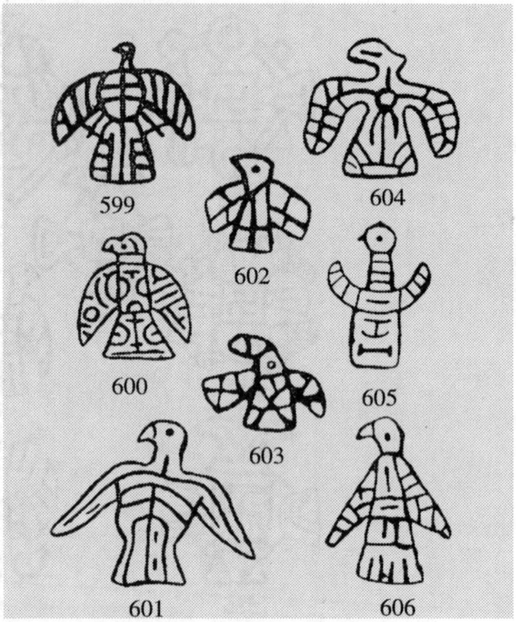

图 44　聂克逊所藏部分青铜十字架

关于在鄂尔多斯发现的这些十字徽章，最近，中国学者金申称之为“景教的十字纹饰牌”，中国学者顾卫民先生论及了鄂尔多斯十字架，内蒙古百灵庙地区景教石棺，阿伦斯木、城卜子附近及石柱子梁的景教遗迹[①]。早年，穆尔在《1550 年前的中国基督教史》中写道：“伯希和教授告诉我，这些十字是收藏家们所了解的一类印章，其中大多数的形状不是一个十字，而是一双鸟，也许是表示神灵的一双鸽子。发现的地点和时间(12~15 世纪)显示，它们是基督教徒的。”[②]

上述这些十字架铜章以为鸟形，其符号意义可能是怎样的呢？

“鸟”，在基督教《圣经》中，是上帝的创造物。

《旧约全书·创世纪》第一章说，在上帝创造世界的第五日，“上帝说，水要多多滋生有生命的物……上帝就造出大鱼，和水中所滋生的各样有生命的动物，各从其类，又造出各样飞鸟，各从其类，上帝看着是好的，上帝就赐福给这一切。滋生繁多，充满海中的水，雀鸟也要多生在地上。”可见，鸟，也是上帝创造生命和赐福的象征。

《旧约全书·创世纪》第七章有著名的诺亚方舟与洪水的故事。耶和华对挪亚说：“你和你的全家都要进入方舟……凡洁净的畜类，你要带七公七母……空中的飞鸟，也要带七公七母，可以留种。”于是，“一切禽鸟，各

①见金申著《景教的十字纹铜饰牌》，载于《佛教美术丛考》第 207~208 页，科学出版社，2004 年；顾卫民著《基督教宗教艺术在华发展史(唐元明清时代)》第 35~59 页，香港道风山基督教丛林，2003 年。

②见穆尔著，郝镇华译《1550 年前的中国基督教史》第 106 页，中华书局，1984 年。

从其类,都进入了方舟”。

当洪水退出后,上帝对可以出方舟的诺亚说:“在你那里凡有血肉的活物,就是飞鸟、牲畜,和一切趴在地上的昆虫,都要带出来,叫他在地上多多滋生,大大兴旺。”这样,鸟又是平安度过洪水大灾的象征,所以,鸟应该是平安与兴旺的象征。

《旧约全书·创世纪》第八章因而写道:“诺亚为耶和华筑了一座坛,拿各类洁净的牲畜、飞鸟,献在坛上为膰祭。”可知飞鸟也是上帝祭坛上的膰祭献品。

《敦煌莫高窟北区石窟·第三卷》载有B159窟发现的“人形绘画”“墨绘人形,裸体,右手执两鸟头,左手执一器物”①。该窟时代不详,其使用直到元代。同窟发现了回鹘文、西夏文、藏文写本残片。此裸体人形绘画不应是僧人作品,当为画工或与回鹘、西夏、藏、汉有关之往来之人的遗物,由此说明这一时期,在敦煌的来往的人们仍把“鸟头”看作生命的重要象征。

《中西纹饰比较》一书第四章为“鸟形纹饰”,该书指出:“分布于古代世界各地的居民,几乎都程度不同地将鸟头视作相当神圣的一种生物。有人认为,也许是因为鸟类最早将人们的视线从其狭窄的周围地区吸引开,从而使之产生了灵魂飞向天堂的信仰。”“在大多数情况下,鸟类象征着神圣、吉祥、光明、正义等等,有时作为高级神祇的象征。”②

同书第三章为“十形纹饰”。指出十形纹饰“被人们认为乃是古代世界具有护身符性质的诸多纹饰中,最为古老的象征性符号之一”。“如今称为‘马耳他十字’(MalteseCross)的一种十形纹饰,自中世纪以来,也被人们广泛地认为源于基督教。”③

著名艺术史家贡布里希爵士,从装饰艺术的心理学的角度,在《秩序感——装饰艺术的心理学研究》一书第九章“作为符号的图案”中,专以第七节讨论了“十字符号”。

贡布里希指出:“在西方传统中有这么一种纹样和符号,它使所有这些力量似乎都像凸透镜聚光那样聚集在它上面——我指的是十字架,它是基督教世界最重要的象征符号。”贡布里希又指出,十字架这一耶稣受刑刑具在耶稣受刑后几世纪,总被采用的象征符号,“是非常遵守对称和秩序法则的”。“这种象征符号的历史之所以特别具有启发性,原因就在于

①见彭金章、王建军著《敦煌莫高窟北区石窟·第三卷》第46页,文物出版社,2004年。
②见芮傅明、余太山著《中西纹饰比较》第127页,上海古籍出版社,1995年。
③同②,第96、103页。

人们相信十字符号的力量可以抵挡邪恶。”①

《秩序感》一书还指出,十字形“而且还容许人们把它变成一种与极其严格正统形式相反的装饰成分——花饰。欧洲中部的任何墓地上,都可以看到带有丰富的旋涡花饰的锻铁圣十字架”②。

“花饰”这个关键词,启发我们注意到敦煌北区发现的这一十字徽章中,有鸟头、鸟尾等组成的花饰变形。作为一种符号,象征着人们对基督,对生命的颂赞。

贡布里希关于十字架是“基督教世界中最重要的象征符号”的提法,启发我们在研究北区发现的作为景教艺术品的鸟纹十字徽章时,不能不对中国景教艺术传统中及景教文物中所出现的十字符号的图像和记载,作一回顾。

图 45　骑马的景教传教士

明代在西安附近出土了《大秦景教流行中国碑》,9 个大字之上为一三角形华盖形碑额,中刻一十字架、祥云和莲花。该碑立于唐德宗建中二年(787 年),碑文以汉文和叙利亚文合刻。碑文中有云,“三一妙身”、“无元真主”、“判十字以定四方”;又云“印持十字,融四照以合无拘”(原碑文“拘”作“搆”)③。朱谦之先生在《中国景教》一书中,有“中国境内的景教遗物”一节,其中以北京附近房山县三盆山旧十字寺发现之叙利亚文与十字架雕刻为例,分析了“印持十字”的意义。说明唐代流行于中国的景教十分重视十字符号。

克林凯特著《丝绸古道上的文化》一书中,插图 24 是一幅景教图画(图 45)。插图说明云:“骑马的传教士手持长杆上有景教十字。”④此书中

①见贡布里希著,范景中、杨思梁、徐一维译《秩序感——装饰艺术的心理学研究》第 272~273 页,湖南科学技术出版社,2000 年。

②同①,第 273 页。

③碑额十字架拓本见顾卫民著《基督教宗教艺术在华发展史(唐元明清时期)》第 4 页,香港道风山基督教丛林,2003 年;碑文录文见翁绍军校勘并注解《汉语景教文典诠释》第 44~45 页,生活·读书·新知三联书店,1996 年。

④见克林凯特著,赵崇明译,贾应逸审校《丝绸古道上的文化》第 81 页,新疆美术摄影出版社,1999 年。

图 46　敦煌藏经洞所出景教绘画复原图
（此图系一位英国画家复原）

杖上有十字，骑马人头冠上亦有十字。

在敦煌藏经洞中找到的一幅景教绘画，人物胸上及额上均有十字架（图 46）。

由此表明，十字图像符号，在景教艺术中成为一项重要的内容。

这些十字图像还可以与年代在敦煌北区所出十字架以后的泉州所出十字架图像比较。顾卫民先生指出，在现存的古泉州三十多方十字架中，属于景教的约有二十三方。其中有四方表明年代："至大四年"（1311 年）"皇庆二年"（1313 年）"岁甲子"（泰定元年，1324 年）"至正己丑"（1349 年），均属于元代中期的雕刻。1981 年 11 月 4 日，扬州城西掃垢山南端，发现"元延祐四年也里世八墓碑"，碑额上以双线刻希腊式十字。以上俱见顾卫民先生著《基督教宗教艺术在华发展史（唐元明清时期）》。

四、敦煌莫高窟北区所出景教十字徽章的艺术风格

景教,就是基督教聂斯托里派,流行于波斯、拜占庭、中亚等地,这一背景,使景教艺术中出现了希腊风、波斯风和中亚风交相辉映的情景。

以十字纹样为例,芮傅明、余太山两位先生合著之《中西纹饰比较》中,在讨论“十形纹饰”时,论及了“希腊十形”和“拉丁十形”,指出,“希腊十形”是“各种十形纹饰中最为典型的一种形式,乃是长度相等的四臂作直角交叉者。西方学者通常称之为‘希腊十形(Greek Cross)’,或者称之为‘等臂十形(Equilateral Cross)’①。”敦煌莫高窟北区发现的前述十字徽章,应该就是这种“希腊十形”。

在敦煌写本中,这种“希腊十形”又会见于8世纪敦煌所出吐蕃文书中。

荣新江先生指出,匈牙利学者乌瑞(G.Uray)教授1983年曾发表《公元8~10世纪吐蕃与景教和摩尼教的联系》一文,该文提道:“从敦煌石窟中所藏一本藏文占卜书和藏文底稿所书十字架上发现有‘耶稣,救世主’字样。”②荣新江先生写道:“敦煌藏文写本P.t.1676《大般若经》的上方页边,绘有希腊式十字架。据乌瑞的看法,这三件敦煌写本的年代范围当在781或787年吐蕃占领敦煌到11世纪初敦煌藏经洞封闭之间。”而P.t.1676号文书“从所写文字内容看,似可放在吐蕃占领敦煌期间,即781年或787年至848年”③。由此我们注意到8世纪敦煌吐蕃文书中,出现了景教的希腊式十字架。

从敦煌所出写本及出土物中的十字图像观察,此种图像作为一种景教艺术,亦表现出中亚风、波斯风与希腊风的交相辉映。

如果说佛教犍陀罗艺术中所看到的“希腊风”是一种写实风格的产物,那么,与“波斯风”和“中亚风”有密切关系的袄教艺术中,看见了更多的象征性和隐喻风格,这不能不认为是“波斯风”所赐。

我们在莫高窟北区所出土的景教十字架徽章中,也看到了明显的象征性和隐喻风格,这是否与景教传播地的“波斯风”“中亚风”艺术的大背景有

①见芮傅明、余太山著《中西纹饰比较》第97页,上海古籍出版社,1995年。

②见乌瑞著,王汀云译《景教与摩尼教在吐蕃》,载于《敦煌吐鲁番文书研究选译》,甘肃人民出版社,1993年。

③见荣新江著《〈历代法宝记〉中的末曼尼和弥师诃——兼谈吐蕃文献中的摩尼教和景教因素的来历》,载于《中国中古与外来文明》第344~345页,生活·读书·新知三联书店,2001年。

关?

值得注意的是,在敦煌北区出土物中,不乏“波斯风”的艺术品。敦煌莫高窟 B163 窟,出土一铜制八角器,标本 B163:5,八棱柱形。上、下面是联珠纹组成的梯形图案,中间为 7 个小圆点组成的圆形图案,直径 2.50 厘米①。此石窟的时代为宋代至元代。众所周知,联珠纹是一种波斯纹样。北区比这更早的“波斯风”出土物,又见于推测其开凿时代在隋末唐初的 B222 窟,那里发现波斯银币,标本 B222:1,边缘围绕一圈联珠纹。背面边缘也有一圈联珠纹,中央为柱状祭坛,祭坛上的火烟正熊熊燃烧②。

正是这种强烈的“波斯风”及“中亚风”的艺术土壤,造就了此地景教艺术的“希腊风”与“波斯风”“中亚风”交相辉映的艺术风格。

五、后论

在总括本课题的讨论时,我们拟对以下三个问题再作一番回顾和讨论:

1.关于景教在敦煌地区的发展。

林悟殊先生在《唐代景教再研究》一书中指出:“相信唐代之后,景教仍在敦煌流行相当一段时期。”③

林悟殊先生在该书中揭出著名伊朗学家明格纳(A.Mingana)博士已经认定(敦煌本 P.3847 号)《大秦景教三威蒙度赞》乃为叙利亚文赞美诗《荣归上帝颂》(Gloria in excelsis)的汉译本。又指出了其后穆尔和吴其昱先生的继续研究。林悟殊先生然后指出:“P.3847 卷子制作于 10~11 世纪之间,发现于敦煌,而且还钤有‘大秦寺’之印,这未必就能作为当时景教大秦寺仍然存在的铁证,但起码能证明仍有景教徒抱着大秦寺的法印不放。近年敦煌地区还发现了一些叙利亚文的景教写本,被推定为元代之物,亦使我们相信敦煌地区的景教传统……”④

《敦煌莫高窟北区石窟·第一卷》,刊布了北京大学段晴教授的《敦煌新出土叙利亚文文书释读报告》。作者指出:“更令人兴奋的是它为研究历史上中亚和敦煌地区景教的发展、它的宗教仪式和神学理论提供了原始

①见彭金章、王建军著《敦煌莫高窟北区石窟·第三卷》第 143~146 页,文物出版社,2004 年。

②同①,第 323~325 页。

③见林悟殊著《敦煌景教写本 P.3847 再考察》,载于《唐代景教再研究》第 142 页,中国社会科学出版社,2003 年。

④同③,第 142 页。

资料。”作者指出,“这件文书可能是元代的产物”。“这份文书本应是景教某种仪式所选用的经文,在这些仪式上,主持仪式的神父要宣读经文。”①

段晴教授写道:“敦煌在元代和基督教以及景教是有缘分的,它曾多次送往迎来,迎接过西方的天主教徒,例如马可波罗,马可波罗也确实见到了在敦煌有景教的存在;敦煌还很可能送走了景教史上著名的回鹘人大主教雅八·阿罗诃三世。根据历史学家的判断,元代时有两条主要的大道连接欧洲和亚洲,其中一条是经过马鲁、巴里黑、巴达哈伤、喀什、和阗、罗布淖尔与敦煌。”②

段晴教授又于《敦煌研究》2000年第4期,发表了《敦煌新出土叙利亚文文书释读报告(续篇)》。《续篇》主要做出了如下的结论:第一,B53:14号叙利亚文文书是《诗篇》的Shurayi类节选,供景教信仰者于平时每日黄昏祷告时唱诗之用;第二,《诗篇》节选的断句依据是唱诗时轮流应答的形式,每一行末尾的句号实际上应该是休止符号;第三,文书证明景教在敦煌曾有过实践活动③。

据敦煌研究院的考古学家们介绍,“这件文书所用的纸与莫高窟北区出土的其他文书所用的纸截然不同,显然不是当地生产的纸。这说明文书很可能是从西亚一带随着景教的传播而辗转流入敦煌的,它证明了敦煌在元代与西亚等地区有往来”。“文书本身是为了实际应用的目的而书写,它还说明在元代,景教在敦煌地区的传播是活生生的现实。”④

段晴教授的结论,启发我们认识到,北区景教十字架徽章的新发现,也再一次证实“景教在敦煌地区的传播是活生生的现实”。

2.关于在敦煌及新疆所见的景教艺术的发展。

如前已述,我们在莫高窟藏经洞所出景教绢画中,在敦煌所出吐蕃文书所见景教十字纹样中,我们都看到了敦煌景教艺术的发展。

我们注意到,公元4~5世纪有翼天使图像(图47),出土于新疆若羌县米兰佛塔。此书绘于米兰佛塔回廊内壁。由此说明,“希腊风”图像及频频见于基督教美术中的天使图像,早年也对新疆地区的佛教艺术产生影响。

敦煌及新疆所出景教艺术品,多流失国外。如有一幅高昌所出景教壁

①见段晴著《敦煌新出叙利亚文书释读报告》,载于《敦煌莫高窟北区石窟·第一卷》附录4,文物出版社,2000年。

②同①。

③见段晴著《敦煌新出土叙利亚文书释读报告(续篇)》,载于本书第596页。

④同③。

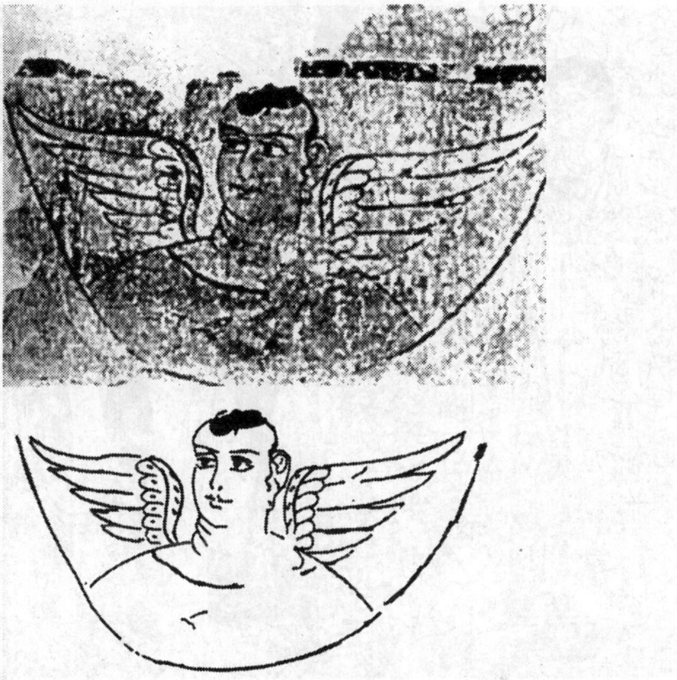

图 47　有翼天使像

画，属于公元 9 世纪作品，出自吐鲁番高昌古城。画中描绘一群手持棕枝、身材矮小的信徒，恭谨地站在平持圣水杯身材高大的教士旁边(图 48)，此画在载入勒柯克所著《高昌》时，作者就反映“可能是一幅基督教绘画”①。经过研究，人们认识到，“此画表现的是‘圣枝节’(Palm Sunday)人们欢迎基督进入耶路撒冷城的情景。壁画带有明显的拜占庭艺术风格，是研究景教在高昌流行的生动资料。现存德国柏林。”②今天，由于莫高窟北区景教艺术品的出土，也就改变了景教艺术品流失国外而国人不易研究的状况。

此外，敦煌北区所出鸟头十字架徽章的造型，使我们联想起在包头及鄂尔多斯诸地发现的青铜十字架纹章，其中，不乏元代的遗物，由此，引起了我们以敦煌新出景教文物与唐元两代景教艺术比较研究的兴趣。

①见勒柯克著，赵崇明译，吉宝航审校《高昌—吐鲁番古代艺术珍品》图版 7、第 57~58 页，新疆人民出版社，1998 年。

②见穆舜英主编《中国新疆古代艺术》第 193 页第 223 图说明文，新疆美术摄影出版社，1994 年。

图 48　高昌景教壁画

3.关于在莫高窟北区的本次景教艺术的发现对于研究唐元两代景教艺术的意义。

这里,我们不妨考察一下敦煌北区十字架徽章的发现,对于与鄂尔多斯所出青铜十字架文物进行比较研究的意义。

罗香林先生在 1966 年出版之《唐元二代之景教》一书,于“序篇”——“景教入华及其演变与遗物特征”之第十一节指出:

> 第三类为于绥远等地所发现诸元押式青铜十字项牌等遗物。绥远之南部与伊克昭盟(即鄂尔多斯 Ordos)等地,元时为汪古部牧地……元时汪古部几全奉景教……故今日绥远包头一带,常有与景教有关之遗物发现,是即所谓元押式青铜十字牌也。此种元押式青铜十字牌,其基本形制,为分正背二面,正面之中部,作十字架形,而加边以连其四支。十字架形式,既甚复杂,

> 而十字所分四部之空白，及接连四支之边缘，所附益之花纹，变化亦多，甚至即十字架形，亦多演变为鸟展双翅形，或其他奇形者。唯各种花纹，皆为阳纹平凸；其背面则皆有纽，既可以印押，复可穿绳佩项……就其形色观察，大率皆属元代遗物。①

又：

> 此种新发现之青铜十字牌，今多为英人聂克逊先生(A. Nixon)所收藏。②

罗香林先生又云：

> 元押亦由署名而起，然由花字与简体之转变，已超于图案形式，且可自由变化。唯其有图案形式，而基督教所认为耶稣完成救赎工作之十字架，其形状亦适可制为图案，故元时蒙古各部景教信徒之习用十字佩项者，遂得引之与铜牌元押相配合。③

罗香林先生在论证“元时蒙古各部景教信徒之习用十字佩项者”之时，亦引用了元代史料《至顺镇江志》记十字“佩于胸”的文献，并说明“蒙古各部各奉景教，即由薛迷思贤(撒马儿罕)等地所传入，故其习用十字佩项，乃无可疑者”④。

而 Raffaele Biscione 则写有一篇文章，题为《所谓“景教押印”：关于中晚期青铜时代的鄂尔多斯与中亚之间的地带》，提出了完全不同的看法，这位作者把其中一些遗物追溯到公元前 2300 年，或前 2200 至前 1500 年或 1100 年，追溯到了殷商时代的末期。

我们如果把敦煌北区发现的青铜十字徽章，与前述鄂尔多斯的一些出土物比较，我们看到，与十字徽章相关的鸟的图像和希腊式十字架圆形，在敦煌及鄂尔多斯两处都有发现。由此，我们或者可以认为，敦煌的新发现，为罗香林先生的论说，提供了新的支持性论据。

①见罗香林著《唐元二代之景教》第 44 页，中国学社，1996 年。

②同①。

③同①，第 46 页。

④同①，第 55 页。

4.结语。

蔡鸿生先生在林悟殊先生《唐代景教再研究》的序中写道:“大秦景教流行并不是孤立的历史现象。”[①]我们以敦煌莫高窟北区的新发现作为例证，再次证明了这一结论。国际史学大师汤因比曾把景教称为“流产文明”。蔡鸿生先生要我们关心“景教作为‘流产文明’在唐代中国之命运”[②]。我们以敦煌景教的命运作为一个实例来讨论，看到景教文明在敦煌仍表现了与各族文化交流的顽强的生命力,由此,也再一次使我们认识到敦煌文化的独特魅力。

樊锦诗院长指出,莫高窟“北区洞窟的大规模清理发掘”,“为揭示莫高窟的全貌和研究营建历史提供了宝贵的实物资料”。我们以上的研究，再次证实了这一结论。

我们通过莫高窟北区新出鸟头青铜十字架徽章的研究，在前人工作的启发下,对既有的景教艺术的认识,增益了如下的新知:

(1)以往,在鄂尔多斯所出元代等时期青铜十字章的研究中,一直流行的看法是,认为这是与唐宋景教遗物不一定有联系的另一路景教遗物。在敦煌,我们似乎找到了其中缺失的一环。2004 年 10 月 24 日,中央电视台播送的专题节目《敦煌再发现》中,彭金章先生指出,该铜十字架是出自瘗窟的随葬品。从前引考古报告中,我们知道此瘗窟(B105 窟)年代为宋至西夏,此随葬品当为死者生前的收藏品,则此十字架应出自宋西夏时期的遗物。它可以看成是鄂尔多斯十字架铜章的前行形态。由于敦煌既有唐代经由长安反馈而来的景教遗物。在敦煌,过往此地的有宋、西夏直至元代的使用叙利亚文做礼拜的景教士[③]、波斯人景教徒、吐蕃人和西夏人中受景教影响的人士乃至元代色目人中的景教信仰者等，所以敦煌一地的景教遗物不绝如缕,从而,是否由此可以找到一个景教传统不绝的实例。

(2)以往,对鄂尔多斯所出鸟形青铜十字架,有时解释为鸽子,有时解释为鹰,本文则据《圣经·创世纪》诸篇统一解释为飞鸟。

(3)以往,我们已经认识到此种十字架图像是一种希腊式十字架,现

①见蔡鸿生著《唐代景教再研究》序言,载于《唐代景教再研究》第 1 页,中国社会科学出版社,2003 年。

②同①。

③见段晴著《唐代大秦寺与景教僧新译》,载于《宗教信仰与社会》第 441~445 页,上海辞书出版社,2003 年;段晴著《敦煌新出土叙利亚文书释读报告(续篇)》,载于本书第 596 页。

在，我们根据北区同出的波斯及中亚文物，可以探讨当时景教艺术中希腊风格、波斯风格和中亚风格交相辉映的情景。

(4)陈垣先生指出，会昌毁祆至元代至元年间也里可温兴起之间，乃至清代，景教经历了一段"晦隐七八百年的"时期[①]，敦煌的发现，恰恰使我们找到了揭开唐会昌到元至元乃至清代初期这一段"晦隐"历史的契机。值得今后继续研究。

汤因比把景教定性为一种"流产的文明"，这当然是建立在世界历史的大量根据之上的。莫高窟北区十字架成为收藏品，也再次证实了这一点。但是，在敦煌一隅，我们却看到了景教的顽强的生命力的一面，这不能不与敦煌是当时中西文化交流的大都会的背景有关。

(原载《艺术史研究》第6辑，中山大学出版社，2004年)

①见陈垣著《元也里可温教考》，载于《陈垣学术论文集·第一集》第54页，中华书局，1980年。

《敦煌莫高窟北区石窟·第一卷》评介

荣新江 著

到敦煌莫高窟参观考察的人,一般都是到绘有壁画的莫高窟南区,而很少有人去留意编号第1窟以北的莫高窟北区洞窟,因为这些洞窟没有壁画,也没有窟门,洞中除了堆积的沙土,看上去一无所有。

从1988年开始,到1995年结束,敦煌研究院的考古工作者在彭金章先生的带领下,对北区洞窟做了彻底的调查、编号和考古发掘,获得了许多重要的收获。经过这次细致的考古调查和发掘,莫高窟北区共有248个洞窟,其中243个是这次发掘过程中正式编号的,从B1~243(B是“北”字的缩写,代表北区)号,加上原本编号的莫高窟第461~465窟,北区洞窟的总数是248个。

北区的部分洞窟过去曾被王道士、伯希和、鄂登堡、张大千等人发掘过,他们或多或少地得到过一些以蒙元时期的回鹘文写本、木活字为主的资料,这些资料大多数已经流散到国外。这次的考古发掘,不仅从整体上认识了北区的性质,也出土了许多珍贵的文物和文书。有关系统发掘的考古报告和出土文物的初步研究成果,拟编成三卷《敦煌莫高窟北区石窟》出版。

经过几年的细心整理和研究,由彭金章与王建军合著,敦煌研究院编纂的《敦煌莫高窟北区石窟·第一卷》,作为对敦煌藏经洞发现百年纪念的献礼,已经在2000年6月由文物出版社出版。这使我们在读到《敦煌莫高窟北区洞窟清理发掘简报》后不久,就可以全面地了解到北区部分洞窟的整体情况。在此,我们应当感谢敦煌研究院彭金章先生以及其他相关的学者和领导。

《敦煌莫高窟北区石窟》按洞窟编号顺序,对每一个洞窟的发掘情况和出土遗物做详细的描述。第一卷包括B1~94窟,第二卷包括B95~173

窟和原编号的第 462~465 窟，第三卷包括 B174~243 窟和原编号的第 461 窟。

《敦煌莫高窟北区石窟·第一卷》分六章，每章由若干小节组成，每一节描述一个洞窟，内容包括洞窟位置、发掘过程记录、洞窟形制、出土的人骨和遗物、时代和性质等方面的记录和探讨，附有每一窟的平面和壁面图，同时有大量彩色图版和黑白图版展示洞窟外景、特殊壁面、出土遗物等图像和材料。这些新发现的资料，对于从整体上理解敦煌石窟、南区和北区石窟的关系，以及从唐朝到元朝莫高窟地区的社会、文化面貌，都提供了丰富的文物和文献印证。

从笔者最感兴趣的文献方面讲，北区的考古发现，澄清了许多过去不够明了的事实，也为我们研究唐朝、西夏和元朝历史提供厂新资料。

在《敦煌莫高窟北区石窟·第一卷》中，有不少属于唐朝时期的珍贵文书，如 B47 窟出土的《景龙二年(708 年)告身》，陈国灿先生已有专论(《敦煌莫高窟北窟新出几件文书跋》，纪念敦煌藏经洞发现一百周年敦煌学国际研讨会论文，香港大学，2000 年 7 月 25 日至 26 日)，为唐朝告身制度的研究提供了新的印证。B48 窟出土的《武周万岁通天某年勋告》，也具有同样的学术价值，而且残留的战阵名称，可以帮助我们探讨武周时期唐朝在西域的征战史事。B47 窟出土的《唐开元二十三年(735 年)后沙州检勘丁租、脚钱、营窖钱粮牒》，是敦煌藏经洞和吐鲁番出土文献中没有见过的珍贵文书，由于残存文字较多，所以包含的新信息也更为丰富。对于此件，陈国灿先生也有专论[①]B47 和 48 窟还出土了一些户籍、账目、牒文、名籍，都是研究唐朝政治经济制度的重要参考资料。

汉文文献方面也有重要收获，B64 窟出土的印本残片，经核对为《资治通鉴·卷一百六十一·梁纪十七》"太清二年"条中的残文，与今本一字不差。由此我们可以知道，中国最伟大的编年体史书——《资治通鉴》，也曾传到敦煌。

《敦煌莫高窟北区石窟·第一卷》还包括相当数量的回鹘文、西夏文、藏文资料，分别由研究这些语言的专家写成附录，即雅森·吾守尔的《敦煌莫高窟北区石窟出土部分回鹘文文献概述(一)》、史金波的《敦煌莫高窟北区西夏文文献译释研究(一)》、黄颢的《敦煌莫高窟北区石窟出土藏文文献译释研究(一)》。其中尤其以西夏文的资料丰富多彩，有佛典，有典

①见陈国灿著《莫高窟北区新出唐开元廿三年(735年)后沙州检勘丁租并脚及营窖钱粮牒的复原与研究》，2000 年敦煌学国际学术讨论会论文，敦煌研究院，2000 年 7 月 29 日至 8 月 3 日。

籍,还有世俗文书。特别值得一提的是,B53 窟中与元代汉文文书、西夏文佛经、回鹘文残片同出的有两页四面完整的叙利亚文《圣经·诗篇》,而且有回鹘文的夹写,已经由北京大学段晴博士解读,夹写的回鹘文则由张铁山先生译读。这一发现,大大增加了我们对蒙元时期景教传播的认识,也向我们提出了一些目前还难以解释的新问题。

这些西夏、回鹘、藏、叙利亚文献的发现,为我们研究敦煌地区西夏和蒙古统治的历史,提供了丰厚的新资料。同时,还有一些汉文刻本佛经,有待断定它们的来历,即它们到底是中原的哪部藏经的散页,一旦判明,我们就可以补写西夏或蒙元时期敦煌与中原地区的关系史了。

北区发现了许多各种语言的文献材料,对于我们利用一些非考古所得的北区文献材料,尤为重要。以下试举一例来说明之。

现藏敦煌研究院的《张君义勋告》,是 20 世纪 60 年代中国文化部托人从香港购回,拨交敦煌文物研究所(敦煌研究院前身)收藏的。与此同时,与张君义有关的另外三件文书,则被日本天理大学附属的天理图书馆购得,现藏天理图书馆。大概在《张君义勋告》卖出之前,日本学者有机会制作了一份影本,存于京都大学文学部。1956 年,大庭修先生发表《敦煌发现的张君义文书》,刊布了张君义《勋告》和另外三件属于公验类的文书图版、录文和研究成果。由于《张君义勋告》的重要学术价值,不断有学者加以引用研究,但是,这件文书的原藏者张大千在文书的跋文中说,他是从莫高窟前的沙土中偶然挖到这些文书的,因此,学术界对这件文书的来历一直难以指明,甚至使人产生疑窦。现在,我们根据北区考古发现的文书,可以重新审视张大千的收集品。

据笔者管见所及,张大千的收集品目前主要收藏在日本天理图书馆和美国普林斯顿大学的葛斯德图书馆(Gest Library)。天理藏品包括上述的三件《张君义公验》,两个已经装裱的册页,一题《敦煌遗片》,一题《西夏回纥文断简》。这些册页中的内容,有西夏、藏、回鹘和汉文佛典断片,有些是印本。笔者在《海外敦煌吐鲁番文献知见录》指出[①],这两个册页所粘贴的材料,应当来自北区洞窟。而对于《张君义公验》,则相信张大千的话,以为是从沙子当中翻腾出来的。现在,《敦煌莫高窟北区石窟·第一卷》表明,北区的不少洞窟的性质实际是瘗窟,而且 B47 和 B48 两个洞窟都出土了

①见荣新江著《海外敦煌吐鲁番文献知见录》第 208 页,江西人民出版社,1996 年。

与《张君义勋告》同样性质的"告身"或"勋告"，所以，《张君义勋告》和《张君义公验》文书应当也是出自莫高窟北区的某个洞窟，这四件文书就是当时的随葬品。

葛斯德图书馆藏卷内容较为复杂，有唐朝的户籍和其他官文书，有西夏文、回鹘文、藏文佛典，还有吐鲁番出土的官私文书。张大千曾经在兰州等地购买文书[①]，所以不排除他的有些收集品是从市场上获得的，如成组的吐鲁番文书，应当是出土于吐鲁番的，特别是其中有麹氏高昌时代的《衣物疏》，必定是出自吐鲁番的墓葬。但值得注意的是，其他张大千的收集品与新发现的北区文书从形式到内容都异常相似，比如两者都有成残块状的唐朝敦煌地区的户籍，都有西夏文、元朝特征的回鹘文和藏文这些与藏经洞文书有着明显区别的北区类型的文献材料，还有同样的唐朝告身或者勋告断片。因此，葛斯德的藏品实际也是张大千从北区洞窟中挖掘到的。

张大千的发掘是盗宝式的发掘，没有科学的记录，但已知的材料已经不少，这批材料和北区新发现的材料属于同一来源，有些文书可以属于同组文书，在今后文书的整理工作中，应当充分注意北区新文书与天理、葛斯德图书馆藏卷缀合的可能性。

《敦煌莫高窟北区石窟·第一卷》的出版，是近年来敦煌学研究所取得的重大成果，也为敦煌开辟了一个新的天地。编者除了做好自己的考古报告外，还邀约中国各个方面的专家，共同努力，基本解决了各种民族古文字的释读工作，使整个报告的学术水平上了一个新的台阶。我们期待着《敦煌莫高窟北区石窟》第二、三卷的陆续出版。

（原载《敦煌研究》2000 年第 4 期）

①见向达著《西征小记》，载于《唐朝长安与西域文明》，生活·读书·新知三联书店，1957年。

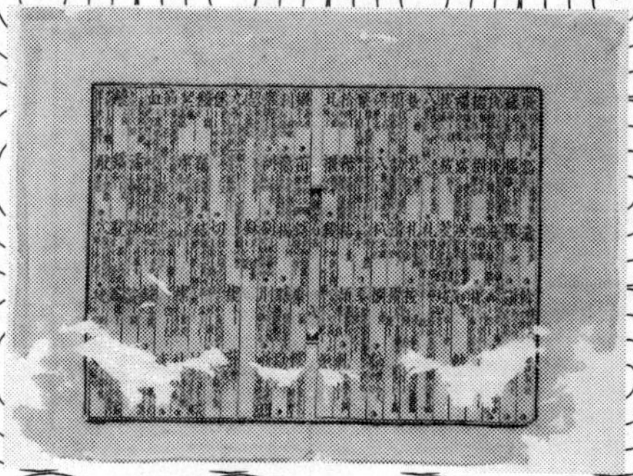

汉文文献研究

敦煌莫高窟北区B228窟出土《河西大凉国安乐三年(619年)郭方随葬衣物疏》初探

樊锦诗　彭金章　著

潘重规先生一生为敦煌学的研究和发展做出了极大贡献，受到国际敦煌学界的崇仰与尊敬。潘重规先生生前曾为敦煌研究院荣誉研究员，与敦煌研究院学者多有交谊。在潘先生仙逝周年之际，后学特撰拙文，以表达我们对先生的景仰和哀思之情。

1989年1月，敦煌研究院考古专业人员在对敦煌莫高窟北区瘗窟B228窟进行考古发掘时，于该窟北壁东侧下部接近地面处，发现了一件署有年号的随葬衣物疏①。出土时衣物疏呈卷状，从其上沾有尸体腐烂造成的污迹可知，该衣物疏原应在棺床上死者遗体附近。是否像新疆吐鲁番阿斯塔那第305号墓那样，随葬衣物疏放置于死者胸前衣内②，因B228窟曾遭盗扰，故衣物疏原所在位置已无从考辨。

一

B228窟所出随葬衣物疏为本色麻纸，纸的纤维交织不匀，有的纤维类似麻线头，无规律地在纸上显现，纸中隐约可见横帘纹，有透光，厚薄不匀，纸质较硬，粗糙。保存基本完好，稍有残损。衣物疏宽42.30厘米、高28.30厘米。衣物疏上有手写文字14行，每行字数不一(彩版十七)。现将《河西大凉国安乐三年(619年)郭方随葬衣物疏》转录如下，并对其中的部分内容进行试释。

1.衣物疏疏文转录。

第1行　绵脚靡(1)并低靴(2)各一量(3)，帛练五匹(4)，□(黄)帛练

①见彭金章、王建军著《敦煌莫高窟北区石窟·第三卷》第7章第3节，文物出版社，2004年。

②见新疆维吾尔自治区博物馆编《新疆吐鲁番阿斯塔那北区墓葬发掘简报》，载于《文物》，1960年第6期。

□(5)衫(6)

第2行　各一具(7),布衫一领(8),帛丝布面衫一枚(9),缦绝□一枚(10)

第3行　帛练万匹(11),豆黄万石(12),丝絮万石(13),丝万斤(14),缦黄衿被(15)□

第4行　推乐安三年(16)岁至己卯(17)二月庚子朔九日(18)□□□□

第5行　□不幸,殃及寿惶戒(19),不能自申,造墓已成,今日□

第6行　鍛(殓),但生处高堂(20),死归蒿里(21),棺廓以讫,衣被□□

第7行　并赠千秋衣(22),万岁粮(23),一物已上录在前件,明日大□

第8行　地下但有用度(24),莫疑莫难,偿有诈欺之鬼(25),妄

第9行　生拘(拘)寻(□)(26),诅(27)破如诃梨树枝(28),急急如律令(29)。

第10行　戒师(30)元达　懺师(31)僧生　　咒愿师(32)元达

第11行　敬白太山府君(33),五道大神(34),当路官属阎罗王(35),等,释迦弟

第12行　子郭方,平生之日,行道精懃,奉修五戒(36)十善(37),供养三宝(38),(毫)

第13行　釐(釐)无犯。今以安乐三年二月十七日遻(遷)神过世(39)所□之处不(得)

第14行　留蛰(执)𫗦(羁)连(40),必须面奉聖(圣)尊,遊(游)神静立。

2.衣物疏疏文内容试释。

(1)以“脚靡”或书写为“脚躧”“脚縻”。在新疆吐鲁番地区出土的61件随葬衣物疏中,有19件记载了“脚靡(躧)(縻)”。因有学者认为“脚靡”是“护脚布”,对此,笔者提出了不同看法,认为“脚靡(躧)(縻)”就是“脚袜”。“绵脚靡”即绵袜子。详见拙稿《敦煌吐鲁番所出随葬衣物疏中“脚靡(躧)”新探》。

(2)“低靴”。《玉篇》对靴的解释是:“靴,鞁也,亦履也。”在新疆吐鲁番所出高昌重光三年(622年)缺名随葬衣物疏疏文中亦有“靴一两”①记载。此处

①见《西域文化研究·第三》:《敦煌、吐鲁番社会经济资料(下)》第254页,大谷文书4917号,东京法藏馆,1960年。

的低靴可能指低腰靴。

(3)一量。量,量词,亦可作俩、两,即双也。早在湖南长沙所出“晋周芳命妻潘氏衣物券”上就有“故练袜一量”“故斑头履一量”的记载[①]。另在新疆吐鲁番阿斯塔那305号墓所出随葬衣物疏疏文中,亦有“绛地系鞮(履)一量”(59TAM305:8)、“帛绁袜一量”(59TAM305:17)的记载[②]。此处指绵袜子与低腰靴各一双。

(4)帛练五匹。帛练以匹计。纯属虚拟数字。这种情况在新疆吐鲁番随葬衣物疏中普遍存在。比如阿斯塔那383号墓所出“北凉承平十六年(458)武宣王沮渠蒙逊夫人彭氏随葬衣物疏”中(79TAM383:1),就有“故杂彩绢九万九千九百九十匹”的记载。但实际上却是“以六十九个小绢卷代表六十九匹绢,象征衣物疏中所记绢多少万、千匹,是当地的一种葬俗”[③]。而这种丧葬习俗在敦煌地区也流行。

(5)偟(黄)帛练裈衫。裈,《急就篇注》云:“合裆谓之裈。”《释名》:“裈贯也,贯两脚上系腰中也。”裈即裤子。

(6)衫。《玉篇》解释说:“衫,小襦也。禅襦也。”《说文》:“襦,短衣也。”

(7)各一具。具,量词。一具即一套。在“晋周芳命妻潘氏衣物券”上有“故臂珠一具”“故要糸一具”的记载[④]。又习见于新疆吐鲁番所出随葬衣物疏疏文中。比如阿斯塔那169号墓(72TAM169:42)和517号墓(73TAM517:24)所出衣物疏中均有“白练裈衫一具”的记载[⑤]。此处指黄色裤子和短衣各一件组成的一套。

(8)布衫一领。“领”在此处是数量词。《释名》:“领,颈也,以雍颈也,亦说领衣体为端首也。”在“晋周芳命妻潘氏衣物券”上有“故练衫二领”“故帛罗缩两当一领”的记载。另在新疆吐鲁番出土随葬衣物疏疏文书中亦常有“领”的记载。比如“帛练衫一领”(63TAM2:1)“汗衫一领”(73TAM116:19)。一领在此处指一件,“布衫一领”即布上衣一件。

(9)帛丝布面衫一枚。指帛丝布上衣一件。衫用“枚”计亦见于新疆吐鲁番所出随葬衣物疏疏文中。比如“故白绫大衫一枚”(72TAM170:9)“汗衫一枚”(72TAM170:77)。

(10)缦绝□一枚。不知为何物。待考。

①见史树青著《晋周芳命妻潘氏衣物券考释》,载于《考古通讯》,1956年第2期。

②见唐长孺主编《吐鲁番出土文书·第一册》(图文对照本)第3页,文物出版社,1992年。

③见柳洪亮著《新出吐鲁番文书及其研究》第153页,新疆人民出版社,1997年。

④同①。

⑤同②,第85页。

(11)帛练万匹。练以匹计。万匹显然系虚拟数字。

(12)豆黄万石。此处的豆黄可能指黄豆。粮食以石计,但随葬万石黄豆亦为虚拟数字。亦习见于新疆吐鲁番出土随葬衣物疏疏文中。比如阿斯塔那210号墓所出随葬衣物疏疏文中就有“小麦及大麦三万石”的记载①。

(13)丝絮万石。丝絮应以斤计。此处似有误,丝絮不应以石计。

(14)丝万斤。丝以斤计。但衣物疏中所记“丝万斤”很显然是虚拟数字。

(15)缦黄衿被。《玉篇》对衿的解释是,“衿,亦作紟,裈衣也。”《玉篇》:“被,衾也。”此处指缦黄色的衣服和被子。

(16)乐安三年。在“乐安”两字右侧有一“√”,以示“乐安”颠倒了,正确写法应为“安乐三年”。安乐纪年为隋末武威鹰扬府司马李轨在凉州所建河西大凉国的纪年。安乐三年为公元619年。

(17)岁至己卯。据《资治通鉴》②《中国历史纪年》③《二十史朔闰表》④得知,己卯年为唐高祖武德二年(619年)。

(18)二月庚子朔九日。此朔日与中原传统历稍有差别,详见后。

(19)殃及寿惶戒。待考。

(20)生处高堂。泛指生前在世。

(21)死归蒿里。蒿里,本为山名,在泰山之南,为死人墓地。《汉书·广陵万王传》:“蒿里召兮郭门阅,死不是取代庸,身自逝。”师古注:“蒿里,死人里。”晋《陶渊明集·徒弟敬远文》:“长归蒿里,邈无还期。”蒿里又为古挽歌名。晋代崔豹《古今注》云:“薤露、蒿里,并丧歌也……蒿里谁家地,聚敛魂魄无贤愚,鬼伯一何相催促,人命不得少踟蹰。”此外,“汉乐府民歌中的《泰山吟》《蒿里曲》(蒿里是泰山南麓之丘陵,古代葬地),均是古人悼念死者的挽歌,内容都涉及魂归泰山之事”⑤。在山东临朐县发现的“北齐武平四年(573年)七月高侨告神木牌”上有“上辞三光,下归蒿里”一语⑥。亦指

①见唐长孺主编《吐鲁番出土文书·第一册》(图文对照本)第35页,文物出版社,1992年。

②见司马光著《资治通鉴·卷一百八十六·唐纪二》,中华书局,1956年。

③见荣孟源编《中国历史纪年表》第192页,生活·读书·新知三联书店,1957年。

④见陈垣著《二十史朔闰表》第83页,中华书局,1962年。

⑤见徐北文著《泰山崇拜与封禅大典》,载于《文史知识》,1987年第10期。

⑥详见端方著《陶齐藏石记·卷十三》第6~8页,《石刻史料新编》第1辑第11册,第8103~8104页,山东临朐出土北齐高侨为妻王江妃所造木板上所记“江妃所齐衣资杂物”;照片见龙潜著《揭开〈兰亭序帖〉迷信外衣》,载于《文物》1965年第10期,图8;另见史树青主编《中国历史博物馆藏书法大观·第12卷》战国秦汉唐宋墨迹图版30,释文见第12页,上海教育出版社,2001年;最新改正录文见余欣著《唐宋敦煌墓葬神煞研究》,载于《敦煌学辑刊》,2003年第1期。

死归蒿里。

(22)千秋衣。穿一千年的衣裳。

(23)万岁粮。吃一万年的粮食。

(24)地下但有用度。指死者在阴间享用。

(25)傥有诈欺之鬼。鬼怪之一。

(26)拘导(碍)。《说文》:"拘,止也。拘碍,阻碍也。"《白居易祭弟文》:"岂幽明道殊,莫有拘碍。"此处指诈欺之鬼妄生阻碍。

(27)诅。《广韵》对诅是这样解释的:"诅,咒诅。"《书·天逸》:"民则厥心违怒,否则厥口诅祝。"孔颖达疏:"诅祝,谓告神明令加殃咎也,以告神谓之祝,精神加殃谓之诅。"

(28)诃梨树枝。为阿梨树枝之误。"北齐武平四年(573年)七月高侨告神木牌"有"沙诃楼陀碎汝身首如阿梨树枝"一语。阿梨树为印度的一种树木,梵文 Andūka-manjari,其枝似兰枝,若落时必碎为七。《法华经·陀罗尼品·第二十六》有"头破作七分,如阿梨树枝"的记载①。本衣物疏 9·2·—9·3·疏文大意是,倘若有诈欺之鬼,妄生阻碍,将如同阿梨树枝一样"头破作七分"。

(29)急急如律令。道教符咒用语。汉代公文传递常云"如律令"。后为东汉末道教五斗米道的创立者张陵所借用。并为以后的道士们所仿。因而在"召神拘鬼"时用的符咒末句,往往加"急急如律令",以示律令,急需执行。

(30)戒师。即戒律师。

(31)忏师。即忏悔师。

(32)咒愿师。即咒语师。

(33)敬白太山府君。太山府君指泰山神。中国道教神名。俗称东岳大帝。《初学记》引《博物志》云:"泰山一曰天孙,言为天帝孙也,主招魂。"晋代干宝《搜神记》载:"胡毋班死,往见泰山府君,为之致书于河伯。"《后汉书·乌桓传》谓:"中国人死者魂魄归泰山。"此处指敬告主管招魂的泰山神。

(34)五道大神。对于五道大神学术界有多种不同看法。一种认为,五道大神是指我国古代民间迷信中普遍信奉的专管阴司道路关津的冥神。"五道"指东、西、南、北、中五道。并用《太平广记》中卷二七八《广异记》、卷

①见《大正新修大藏经·卷九》第58页《妙法莲花经·陀罗尼品第二十六》。

二九七《冥报录》、卷三二九《玄怪录》中提到五道神的故事来说明①。另一种认为,五道即五趣,佛教用语。众生根据生前善恶有五种轮回转生的趣向,即地狱、饿鬼、畜生、人、天等"五道"。五道大神应指管摄此五道之神。还有一种认为,"'五道大神'既然称大神,就不应是佛教领域中的概念,而应是道教中的大神,而且是主管'冥关幽路'的神"。并用道经《无上黄箓大齐立成仪·卷八》"牒劄门"中所载给"冥关幽路主者"的牒文以证明。从郭方随葬衣物疏上下文分析,将"五道大神"看成是道教的大神似更恰当。

(35)阎罗王。原为古印度神话中管理阴间之王。后被佛教所沿用,称其为管理地狱的魔王②。

(36)五戒。耆那教、道教、佛教对其信仰者规定的五条戒条。但从此衣物疏上记载的是释迦弟子郭方奉修的"五戒"分析,此处应是佛教徒遵守的五条戒条。即不杀生,不偷盗,不邪淫,不妄语,不饮酒。

(37)十善。为佛教用语。指佛教的十项基本道德信条。即不杀生,不偷盗,不邪淫,不妄语,不两舌,不恶语,不绮语,不贪欲,不瞋恚,不邪见。

(38)三宝。佛教称佛、法、僧为三宝。

(39)迁神过世。此处指死亡。

(40)不得留蛰(执)䍥(羁)连。与此相类似的记载,如"不得诃语"一语,在"北齐武平四年(573年)七月高侨告神木牌"上就出现过。亦习见于吐鲁番所出随葬衣物疏上。诸如"不得留难"(75TKM96:17)"不得奄遏停留"(72TAM170:9、73TAM520:4、67TAM370:1)"不得留停"(64TAM31:12、64TAM15:6)等。此处以命令口气责成地下当路官属,不得呵留、为难死者。

二

通过以上论述,得到如下几点认识。

1.敦煌首次发现随葬衣物疏。

早在20世纪初,在新疆吐鲁番地区的墓葬中就出土了随葬衣物疏,此后在20世纪50年代至80年代,先后在吐鲁番地区的墓葬中又出土了随葬衣物疏数十件。考古表明,吐鲁番地区墓葬中放置随葬衣物疏的习俗来源于中原。因中原地区早在西晋、北齐就有死者入葬衣物单昭告地下的传统。而这种传统在与吐鲁番相距不远的敦煌地区亦应存在。但由于以往

①见马雍著《略谈有关高昌史的几件新出土文书》,载于《考古》,1972年第4期。

②见任继愈主编《宗教大辞典》第943页,上海辞书出版社,1998年。

考古工作所涉及的范围有限,未能发掘到随葬衣物疏。加之敦煌地区许多墓葬深埋地下 10 米左右,墓葬中即便有纸质随葬衣物疏,由于潮湿原因,亦必腐朽无存。故在敦煌莫高窟北区石窟发掘前,一直未发现随葬衣物疏。就连举世闻名的敦煌藏经洞所出四五万卷文献中,也未见随葬衣物疏之类的文书。原因是"藏经洞的主体文献佛典和供养具,原是三界寺的藏经和资产"①,不是来自墓葬中的遗物,故也就不可能有专供死者随葬的衣物疏。这样看来,敦煌莫高窟北区瘗窟 B228 窟《郭方随葬衣物疏》的出土,结束了敦煌地区不出随葬衣物疏的历史,从而为敦煌文献增加了新的类别。

2.佛教信徒的衣物疏。

从 B228 窟所出衣物疏疏文可知,死者郭方是释迦弟子,而且是一位"行道精懃,奉修五戒十善,供养三宝,(毫)釐(鳌)无犯"的虔诚佛教徒。故此类衣物疏可称之为佛教信徒的衣物疏。与郭方随葬衣物疏相类似记载死者为佛弟子的文字资料在山东、新疆都曾发现过。例如发现于山东朐县的"北齐武平四年(573 年)七月高侨告神木牌",其上有"释迦文佛弟子高侨……其妻王江妃……命过寿终……,江妃生时十善持心,五戒坚志,岁三月六,齐戒不阙。今为戒师藏公、山公等所指,与佛取花,往之不返"的记载。在新疆吐鲁番地区出土的从公元 543—655 年高昌国时期 30 余件随葬衣物疏疏文中,或书写"佛弟子""清信女""比丘果愿",或书写"持佛五戒,专修十善"等一类与佛教信仰有关的语汇。虽不能证明吐鲁番所出衣物疏疏文中涉及的死者都是释迦弟子,但这些人与佛教传播、信仰关系密切则是可以肯定的。由此可见,从中原到新疆所发现的 6 世纪中叶到 7 世纪中叶墓葬随葬文字资料中,凡死者是释迦弟子或佛教信徒者,都在墓内相关文字中一一进行了记载。这是当时一种通行的习俗。敦煌当然也不例外。

3.衣物疏疏文中反映的鬼神观念。

郭方随葬衣物疏的撰写者相信人死后魂魄不死,只是从阳间到另一个世界——阴间去生活,"生处高堂,死归蒿里"。为了让死者在"地下但有用度"而随葬"千秋衣,万岁粮"。但又怕"诈欺之鬼,妄生拘碍",于是提出,如果死者魂魄遇到诈欺之鬼的阻碍,诈欺之鬼必将受到"头碎如七分"的惩罚。并敬告阴曹地府的"当路官属"对死者魂魄在前往"死人里"的途中

①见荣新江著《敦煌藏经洞的性质及其封闭原因》,载于《敦煌吐鲁番研究·第二卷》第 1996 页,北京大学出版社,1997 年。

关照、放行。“不得留蛰(执)驿(羁)连”。

除了郭方随葬衣物疏以外,鬼神观念在山东临朐发现的“北齐武平四年(573年)七月高侨告神木牌”和新疆吐鲁番出土的《白雀元年(384年)衣物疏》上均有描述。“高侨告神木牌”上有“上辞三光,下归蒿里”之语。而《白雀元年衣物疏》上则有“归蒿里”“行不得”“留难”等语。意思是说死者的魂魄将前往泰山之南的“死人里”——蒿里,祈告阴间诸神,放任死者魂魄携带衣物疏上所列衣物,顺利通行,不得留难、阻拦。由此可知,从中原到新疆的民俗普遍存在着鬼神观念,而这种观念甚至渗透到佛弟子的丧葬习俗之中。

4.道教神祇、道教符咒用语出现于佛教信徒的随葬衣物疏疏文中。

在属于佛弟子的随葬衣物疏、告神木牌等文字记载中,出现了道教神祇或道教符咒用语。比如,莫高窟出土的释迦弟子郭方随葬衣物疏疏中文有“太山府君”“五道大神”这些道教神仙以及“急急如律令”道教符咒用语。在山东临朐县发现的释迦文佛弟子“高侨告神木牌”上,记载有“敕汝地下女青诏书五道大神”等道教神仙以及“如律令”这一道教通常用语。类似情况亦见于新疆吐鲁番出土的多件随葬衣物疏疏文中。例如,在阿斯塔那170号墓所出高昌章和十三年(543年)佛弟子《孝姿随葬衣物疏》疏文中记载有“敬移五道大神”以及“急急如律令”之语。明明是佛弟子的随葬衣物疏,却清清楚楚地记载了道教神仙和道教符咒用语,其性质与莫高窟第285窟和第249窟等佛教洞窟内出现道教神仙的性质雷同。对于在佛的神圣殿堂第285窟、第249窟窟内绘制道教内容的壁画,姜伯勤先生作了精辟的分析,他认为这一现象的出现,是“佛教的中国化借助于玄学思想、道家思想和道教观念,这是为了使佛教这种外来观念,适应当时中土的思想形式”①。而这种思想形式反映到丧葬方面就出现了类似郭方随葬衣物疏上那些赫然醒目的道教神仙以及道教符咒用语。它无疑是佛教向道教学习的情形在丧葬中的反映。

5.李轨纪年文物的出土。

据史籍记载,隋大业十三年(617年)丁丑,秋七月壬子,武威鹰扬府司马李轨于武威举兵反,“轨自称河西大凉王,置官属并拟开皇故事……未几,攻张掖、敦煌、西平、枹罕,皆克之,尽有河西五郡之地”②。唐武德元

①见姜伯勤著《道释相激:道教在敦煌》,载于《敦煌艺术宗教与礼乐文明》第266页,中国社会科学出版社,1996年。

②见司马光著《资治通鉴·卷一百八十四·隋纪八》,中华书局,1956年。

年(618年)戊寅"十一月乙巳,凉王李轨即皇帝位,改元安乐"[①]。同年八月,唐高祖为了与李轨争夺秦陇之地,"遣使潜诣凉州,招抚之,与之书,谓之徒弟。轨大喜,遣其弟懋入贡"[②]。于是,唐高祖封李轨弟懋为大将军。并命令鸿胪少卿张俟德前往凉州,册拜李轨为凉州总管,封其为凉王。

武德二年(619年)己卯,李轨派遣其尚书左丞邓晓随使者入朝上表,表中李轨自称"皇从弟大凉皇帝",而不接受唐王朝封他为"凉州总管""凉王"的称号。"帝怒,拘晓不遣,始议兴师讨之"。在这种情况下,任职于李轨政权的户部尚书安修仁的哥哥安兴贵(时在唐长安任职),上表唐高祖,提出到凉州劝说李轨归降。得到高祖认可后,安兴贵到了武威,李轨任命他为左右卫大将军。兴贵在劝说李轨去帝号而归唐遭到拒绝后,"与修仁阴结诸胡起兵击轨,轨出战而败,婴城自守。兴贵徇曰:'大唐遣我来诛李轨,敢助之者夷三族!'城中人争出就兴贵。轨计穷,与妻子登玉女台,置酒为别。庚辰,兴贵执之以闻,河西悉平"[③]。敦煌藏经洞所出,其时代从公元305—1002年,分别属于六朝、隋、唐、五代和宋代,且有确切纪年的1330件汉文文献中,没有发现属于河西大凉国安乐纪年的文献。究其原因,很可能与当时的正统思想有关,对闹割据的李轨分裂政权的安乐纪年不予承认。亦可能与河西大凉国是一个短命王朝有关,从凉王李轨在武威起事,后又即皇帝位,到他被俘后押解长安伏法,前后时间不过三年,因而在考古学上很难将河西大凉国时期的遗物从隋末唐初的遗物中区分开来,除非有确切的文字记载。故李轨纪年随葬衣物疏的发现,不仅是一件极为珍贵的文物,而且具有重要历史价值,它的出土:印证了史籍中有关李轨以及河西大凉国的记载可信;李轨政权的势力范围曾经到达敦煌地区,并对该地区实施了有效统治;填补了敦煌藏经洞所出数万卷经卷文书中安乐纪年的缺环。

6.敦煌地方小历的新资料。

在敦煌藏经洞所出数万卷敦煌文献中,属于历法的文献有数十件。经

①见司马光著《资治通鉴·卷一百八十六·唐纪二》,中华书局,1956年。

②同①。

③见司马光著《资治通鉴·卷一百八十七·唐纪三》,中华书局,1956年。

过罗振玉[①]、王重民[②]、薮内清[③]、藤枝晃[④]、施萍亭[⑤]、席泽宗、邓文宽[⑥]等中外学者长期不懈的努力,"敦煌残历的定年方法日趋成熟,并逐渐完善起来"[⑦]。学者们的研究表明,"敦煌地方具注历日的闰月与同一时期中原历的闰月很少相同,朔日也不尽一致,常有一到两日的差别,若遇闰年,则差别更多"[⑧]。在数十件敦煌所出历日中,现已考知其确切年代的有42件,另有4件年代待考。从《敦煌天文历法文献辑校》中附录一所列"中原历、敦煌具注历日比较表"(简称"历日比较表")和《敦煌三篇具注历日佚文校考》得知,敦煌所出历日文献中,年代最早的是北魏太平真君十一年(450年)、十二年(451年)历日,年代最晚的是宋淳化四年(993年)历日。其中有北魏历日两件,中唐(即吐蕃统治敦煌期间)历日7件,晚唐历日12件,五代历日11件,宋代历日5件。据学者研究,"北魏太平真君时,使用三国曹魏尚书郎杨伟的《景初历》",敦煌所出北魏时期的两件历日的月序大小、朔日干支、闰月位置、中节日序干支等项均与《景初历》完全一样,"其历法依据是《景初历》"[⑨]。表明敦煌藏经洞所出北魏太平真君十一、十二年历日,是从北魏传入敦煌的。《唐大和八年(834年)甲寅岁具注历日》虽为敦煌所出,却是由其他地方流入敦煌的。而《后晋天福十年(945年)乙巳岁具注历日》与《敦煌天文历法文献辑校》第460页的历日实为一件历日分存两处。故敦煌所出37件历日中除上述3件是从他处传入外,其余34件历日则为敦煌本地编制并行用的"地方小历",在这些"地方小历"中,除P.2583末(821)、P.3284背(864)等3件历日外,绝大多数敦煌历日的朔

①见罗振玉编著《贞松堂藏西陲秘笈丛残》。

②见王重民著《敦煌本历日之研究》,载于《敦煌遗书论文集》,中华书局,1984年。

③见薮内清著,朴宽哲译《研讨推定斯坦因收集的敦煌遗书中的历书年代的方法》,载于《西北史地》,1985年第2期。

④见藤枝晃著《敦煌历日谱》,载于《东方学报》(京都版)第45期。

⑤见施萍亭著《敦煌历日研究》,载于《1983年全国敦煌学术讨论会文集·文史、遗书编(上)》第305页,甘肃人民出版社,1987年。

⑥见席泽宗、邓文宽著《敦煌残历定年》,载于《中国历史博物馆馆刊》总第12期,1989年。

⑦见邓文宽著《敦煌古历丛识》,载于《敦煌学辑刊》,1989年第1期;邓文宽录校《敦煌天文历法文献辑校》前言,江苏古籍出版社,1996年。

⑧同⑦。

⑨见张培瑜著《试论新发现的四种古历残卷》,载于《中国天文学史文集·第五集》第104~125页,科学出版社,1989年。

日干支,或比中原历日早一日,或早两日;或比中原历迟一日,或迟两日。从敦煌藏经洞所出由敦煌编制的“小历”最早出现于中唐时期《唐元和三年(808年)戊子岁历日》,并一直沿用到宋代,因而有学者认为,敦煌地方“小历”的出现与吐蕃占领敦煌有关,由于吐蕃占领,中原历无法在敦煌颁行,于是就出现了地方自编“小历”,而在此之前的敦煌则一直颁行的是中原历法。莫高窟北区出土的这件衣物疏上所记的朔日资料,很可能属于“地方小历”的朔日资料。

莫高窟B228窟所出郭方随葬衣物疏上有“安乐三年岁至己卯二月庚子朔九日”的记载。“安乐”为李轨所建河西大凉国的纪年(详见前述)。从荣孟源先生编《中国历史纪年·唐纪年表》可以查到:“公元619年,干支己卯,凉李轨安乐三年。”据此可知,安乐三年为中原历己卯年,即公元619年,唐高祖武德二年。此时的敦煌历亦称“己卯岁”。表明,初唐时期的敦煌历同《敦煌天文历法文献辑校》一书附录一所列敦煌历一样,与中原历干支纪年相同。至于衣物疏中的“二月庚子朔九日”与同年中原历月建、朔日干支情况分析如下。

从陈垣先生所著《二十史朔闰表》第83页可知,己卯年中原历正月大,朔日辛丑。二月小,朔日辛丑。闰二月大,朔日辛丑。三月小,朔日庚午。根据施萍亭先生“敦煌历的置闰与中原历不是同月就是前后月的论断”[①]以及“朔日也不尽一致,常有一到两日的差别”的研究结论[②],笔者判断己卯岁敦煌地方历肯定有闰月,但到底是闰正月,闰二月,还是闰三月?再从衣物疏上的朔日干支与己卯年中原历朔日干支对应关系分析,敦煌历己卯岁的闰月应在正月,因为只有敦煌历闰正月才会出现“二月庚子朔”,才可能有敦煌历的“二月庚子朔”与中原历的“闰二月辛丑朔”相比差一日的结果,而这一结果与诸位学者对《敦煌历日研究》所得结论完全相同。据此,笔者又推算出己卯岁敦煌地方历的正月(月建大小?)庚子朔。闰正月(月建大小?)庚午朔。三月(月建大小?)己巳朔。

总之,敦煌莫高窟B228窟发现的《安乐三年郭方随葬衣物疏》,为敦煌历日研究增加了一件十分珍贵的新的实物资料。它的出现,表明早在隋末唐初,敦煌就曾经出现过本地自编的小历。而这种“地方小历”出现的原

①见施萍亭著《敦煌历日研究》,载于《1983年全国敦煌学术讨论会文集·文史、遗书编(上)》第305页,甘肃人民出版社,1987年。

②见邓文宽著《敦煌古历丛识》,载于《敦煌学辑刊》,1989年第1期;邓文宽录校《敦煌天文历法文献辑校》前言,江苏古籍出版社,1996年。

因,可能与隋末农民大起义后河西出现的割据政权有关。

附记:本文在撰写过程中,曾得到敦煌研究院研究员施萍亭先生、武汉大学历史系教授陈国灿先生的帮助,深表谢意。

(原载《敦煌学》第25辑,2004年)

莫高窟北区第47窟新出唐告身文书研究①

陈国灿　著

敦煌莫高窟B47窟后台上所出的一批文书中，有数件残片属唐景龙二年(708年)告身的内容，彭金章、王建军合著的《敦煌莫高窟北区石窟·第一卷》中已公布了3件残片，笔者曾在2000年7月香港举办的敦煌学国际研讨会上，以《敦煌莫高窟北区新出的几件文书》为题，介绍了这件告身，并对诸片前后关系及其内容作了初步探讨，当时认为3残片为一件告身的首、中、尾三部分。后来到敦煌研究院，在彭金章、王建军两位先生的指导下，参观查阅了文书原件，才了解到此告身残片的另面还有许多文字，同时在此3残片之外，至少还有2残片与之有关，这就为重新认识研究本告身，提供了新的基础。

笔者在与荣新江先生共同察看各告身残片原件正、反面内容时，感到每片告身背面的文字，并不全具有特别紧密的一体性内容，如以B47:8-1的另一面是"贷钱折粮账"，B47:8-2的另面为"残名籍"，而B47:8-3这一片的另面则无文字。这一状况，就不能不引起新的思考：此数片究竟是一件告身文字的内容，还是两件告身残片的混合？有鉴于此，须对告身的文字内容重新考察。

一、告身文书是B47窟入葬者的随葬品

彭金章先生在《敦煌莫高窟北区石窟·第一卷》第4章，第12节，"B47窟"中写道，这批文书出土于窟后室砾石台(棺床)的北侧，"在砾石台北半部和地面东南部各发现一堆经火烧过的人骨，有头盖骨、下颌骨及碎骨片等。人骨为一年龄在30~35岁之间的男性，遗体处理方式为火葬"。文书中的告身，就其所记内容看，一是告"陪戎校尉"(名缺)的，一是告"陪戎校尉守左武卫翊府……□文楚"的，这位□文楚，应该就是这一年龄在30~35

①为检索方便，本文沿用了原名，但文中已将"北区第47窟"统一为"B47窟"。

岁之间、经过火化葬于此窟的死者。

吐鲁番发现的唐代墓葬中，多有告身随墓主人附葬者，如阿斯塔那346号墓所出《唐乾封二年(667年)郭毡丑勋告》,100号墓所出《唐永淳元年(682年)氾德达飞骑尉告身》《武周延载元年(694年)氾德达轻车都尉告身》,506号墓所出《唐天宝十载(751年)制授张无价游击将军官告身》。这几件告身,都没有官印钤朱,有的甚至字迹拙劣,显然是家人在临葬时抄录死者告身原件的附葬品。《唐永淳元年的氾德达飞骑尉告身》,其文字用的却是武周新字,这正是氾德达卒于武周久视元年(700年)时再抄写此告身文字附葬的证明①。

告身由朝廷所下,正式的告身文本,应有朝廷的官印。这类告身,在吐鲁番的唐墓葬中,也曾出土过。1912年3月27日,大谷探险队在哈拉和卓的一座唐墓中掘出的唐开元四年(716年)二月廿八日所下的《李慈艺上护军告身》,满纸楷书,规格工整,在酬勋文、年月日及告文上,均钤有“尚书司勋告身之印”，这就是直接由朝廷下发的原本告身。这种原本告身,在敦煌藏经洞所出文书中,也不是没有,如S.3392《唐天宝十四载(755年)骑都尉秦元告身》,P.2547《唐开元廿九年(741年)张怀钦等告身》残片，在与李慈艺告身文本同样的位置上，都钤有多方“尚书司勋告身之印”。这几件告身写本,都是直接来自长安朝廷的告身原件。

敦煌也出有抄录亡者生前所得并随亡者尸骨一起入葬的告身，最典型的莫过于《唐景云二年(711年)张君义骁骑尉告身》。据载,此告身是1941年夏由张大千在莫高窟前沙地中发现的,发现时,告身纸连同景龙三年(709年)给张君义的其他几件公验抄件一起,包着一颗削去了头顶骨的人头,加上左腕及右手拇指放在一麻袋中。这一情况表明,此人头、左腕及右手指就是张君义本人的尸骨，推测他可能在景云二年以后的某次战役中,头顶骨被敌人削去而死,为了让其魂归故里,他所在的团队将其头首、手指及左腕带回敦煌,交给其家人,其家人抄录了官府给他的公验及朝廷下颁的告身,将其重新包裹收殓,送到福地莫高窟,入葬瘗窟,其用意大概在于为这位死于意外的亡者祈求冥福。

现在我们进行探讨的B47窟后室发现的《唐景龙二年(708年)□文楚告身》及其骨骸,则又证实了前面对张君义告身的推测。笔者赞同荣新江先生对《敦煌莫高窟北区石窟·第一卷》评介文中的见解:“B47和B48窟

①吐鲁番阿斯塔那68TAM100的号墓墓主人为氾德达,出有《久视元年氾德达墓志》,志载他“以久视元年九月十四日终于私第,春秋五十有八”。

都出土了与《张君义勋告》同样性质的‘告身’和‘勋告’，所以《张君义勋告》和《张君义公验》文书应当也是出自莫高窟北区的某个洞窟，这4件文书就是当时的随葬品。”

B47窟《□文楚告身》中的□文楚，据骸骨鉴定，他死亡年龄在30~35岁，这位唐军军官很可能也是属于非正常死亡者，其家人抄录了他生前的官告身，放在他火化后尸骨旁一起入葬，其作用和用意，与吐鲁番的唐墓附告身入墓一样，都在于向“地下承”疏告死者的身份，使亡灵便于超升天国，获其冥福。

二、《唐景龙二年(708年)陪戎校尉告身》诸残片间的关系

唐代的告身，分为册授、制授、敕授和旨授诸种，《通典·卷十五·选举三》“历代制下”载：

> 其选授之法，亦同循前代。凡诸王及职事正三品以上，若文武散官二品以上，及都督、都护、上州刺史之在京师者册授。五品以上皆制授。六品以下守五品以上及视五品以上皆敕授。凡制、敕授及册拜，皆宰司进拟。自六品以下旨授，其视品及流外官皆判补之，凡旨授官悉由于尚书，文官属吏部，武官属兵部，谓之铨选。

旨授，由于都是由吏部、兵部奏请授给，故又称之为奏授。敦煌文书《唐开元七年(719年)公式令》残卷(P.2819)中所载的唐告身式有“制授告身式”与“奏授吏部告身式”两类[①]，而B47窟所出《□文楚告身》中之B47:8-3片第5行存有“……□文楚，计被奏”一语，据此知此件也是一奏授告身。由于《唐公式令》残卷所存“奏授吏部告身式”仅存16行文字，内容不全，故仁井田升的《唐令拾遗》，依据P.2819所存部分奏授告身文，参之以日本公式令及《金石萃编》所载《颜鲁公书朱巨川告身》[②]，复原了唐奏授告身式，这一复原是科学可信的。现将全文转引如下：

奏授告身式：

①见唐耕耦、陆宏基编《敦煌社会经济文献真迹释录·第四辑》第558~562页，全国图书馆文献缩微复制中心，1990年。

②《颜鲁公书朱巨川告身》，为奏授告身，见王昶编《金石萃编·卷一百零二》，陕西人民美术出版社，1990年。

尚书吏部(余司授官者,各载司名)谨奏:某官名等拟官本。

具官姓名(某州某县本品若干人)

右一人云云(谓若为人举者,注举人具官封姓及所举之状。若选者,皆略注其由历及身才行。即因解更得叙者,应略说解由及报用之状)今拟某官某品,替某甲考满。若因他故解免及元阙者,亦随状言之。

左丞相具官封臣名

右丞相具官封臣名

吏部尚书具官封臣名

吏部侍郎具官封臣名

吏部侍郎具官封臣名等言,谨件同甲人具姓名等若干人,拟官如右,谨以申闻,谨奏。

年　月　日　吏部郎中具官封臣姓名上　上

给事中具官封臣姓名读　读

黄门侍郎具官封臣姓名　省

侍中具官封臣姓名　审

闻(御画)

月　日　都事姓名　受

左司郎中付吏部

吏部尚书具官封名

吏部侍郎具官封名

吏部侍郎具官封名

左丞具官封名

告具官姓名计奏被

旨如右,符到奉行。

主　事　姓　名

吏部郎中具官封名　令　史　姓　名

书令史　姓　名

年　月　日　下[①]

此式大体分为四个部分,开头为尚书省吏部所拟授官的申奏;其次是

①见仁井田升著,栗劲等译《唐令拾遗》第495~498页,公式令十二:"奏授告身式",长春出版社,1989年;池田温主编《唐令拾遗补》第715页,东京大学出版会,1997年。

门下省的给事中、黄门侍郎、侍中等逐级读审，御画"闻"后，由都事受文付吏部的部分；第三是吏部接到批文后，吏部长官以及兼管吏部的左承署名，告知被授者官"计奏被旨如右，符到奉行"；第四是吏部办事人员署名，签年月日下发。以上所列的实属"奏授吏部告身式"，而兵部的"奏授告身"，想必亦应同式；所不同的是，主其奏事者，一个是吏部官，一个是兵部官。即所谓"文官属吏部，武官属兵部"。

根据上列"奏授告身式"的内容及序列，B47:8-1(b)号片应为告身的前部分文字，现将此片转录于下：

(前缺)
第1行 ———」吴保积「———
第2行 陈「————」张乾翼　王「————
第3行 徐君奕等伍拾人拟官如右，谨「————
第4行 　　景龙二年三月十一日朝请大夫检校兵部员外郎上柱国「———
第5行 　　　　　　正议大夫行给事中　臣齐　景□　□
第6行 　　　　　　黄门侍郎上柱国臣杨廉省
第7行 　　　　　　□中□□国舒国公臣韦巨源□
第8行 　　　　　　———」都　事「———
(后缺)

从B47窟所出文书残片中，我们又找到了B47:42(b)和B47:17(b)两残片，现将其转录于下：

(前缺)
第1行 ————」三月十二日「————
(后缺)

此行所存5字，正好与上片第8行"都事"相接。还有一片，转录于下：

(前缺)
第1行 ——」青光禄大夫守兵部「——
第2行 ——」大夫守兵部□郎「——
第3行 ——」国从远
(后缺)(B47:17〈b〉)

此片也应接在上片之后,三月十二日都事某受文后,即下发给兵部。据《告身式》,在"三月十二日都事某受"之后,还应有"右司郎中付兵部"一行①,现本告身此行已脱漏不存。然后便是兵部长官封名。此署名者,据《告身式》,第一位为"兵部尚书",第二、三位均为"兵部侍郎",第四位应是"尚书右丞"具官封名。而B47:8-2(b)号片的内容,则正好衔接上件,现将其转录于下:

(前缺)
第1行 大中大夫守兵「——
第2行 银青光禄大夫行尚书右丞上柱国「——
第3行 告陪戎校尉「——
(后缺)

此片第1行,即是上片第3行前半部的内容。连接起来应是"大中大夫守兵(部侍郎上柱)国从远"。至此,景龙二年三月的这件告身的结构,已大体弄清楚了。

既然以上诸片已构成一件告身,那么余下的一片以B 47:8-3(b),又该如何认识?此片存有如下文字:

(前缺)
第1行 ——」侍郎上「——
第2行 ——」上柱国□□
第3行 ——」校□□侍郎上柱国□□
第4行 □陪戎校尉守左武卫翎府
第5行 ——」[文]楚计奏被

①有关吏部的文官告身,由左司郎中下付,有关兵部者,由右司郎中下付。

第6行 ——————]奉行

（后缺）

第5行“楚”前一字残，细审残存笔画，似为“文”字，文前姓氏缺损，此□文楚，是接受此告身的主人，同时也应是此座窟的入葬者。即前所云年龄在30~35岁之间、经过火化葬于此窟的死者。第4行的“左武卫翊府……”，又是一个官职名称。《通典·职官二十二》在其所列“流外新品”栏中，将“亲勋翊卫府史”列为“第六品”，从第4行中的“守”字看，这实际上是授给□文楚左武卫翊府府史的告身。据“奏授告身式”，本片的4~6行文字可补齐为：

第4行　告陪戎校尉守左武卫翊府

第5行　府史□[文]楚，计奏被

第6行　旨如右，符到奉行。

将生前的几件告身抄录，同时附葬的事，是常有的，如前述吐鲁番阿斯塔那100号墓，即氾德达墓，既出有《唐永淳元年（682年）氾德达飞骑尉告身》，又出有《武周延载元年（694年）氾德达轻车都尉告身》，说明有两告身同出，并不奇怪。

例，至今尚未见，推测与吏部奏授告身略有不同，现据唐《开元公式令》中的“奏授吏部告身式”以及仁井田升提供的“奏授告身式”等模式，对前列景龙二年三月授□文楚陪戎校尉4件残片的顺序加以贯穿，并对其间及前后缺文作出填补。所补文字用括号表示；对于一些无法确定的内容和文字，则用空文号“[—]”表示，每行文前均给以行号。

三、《景龙二年□文楚陪戎校尉告身》的复原

由兵部奏授六品以下同甲武官告身的实

第1行　（尚书兵部谨奏：[——————]□□楚等拟官事　　）

第2行　（　　　　沙州□□府[———]□文楚敦煌县　　）

第3行　（　　　　右一人拟陪戎校尉，从九上　　）

第4行　(　　　　禄银青光大夫守兵部尚书上柱国臣□　　　)
第5行　(　　　　太中大夫守兵部侍郎上柱国臣□　　　)
第6行　(太中大夫守兵部侍郎上柱国臣□□□等言,谨件同甲人)
第7行　「——　　　　　　　　　　　　——」
第8行　「——　　　　　　　　　　　　——」
第9行　「——　　　　　　　　　　　　——」
第10行　「————」吴保积「————」
第11行　陈「————」张乾翼王「————」
第12行　徐君奕等伍拾人拟官如右,谨「————」
第13行　　　景龙二年十一日朝请大夫检校兵部员外郎上柱国(臣)□□□(上)
第14行　　　　正议大夫行给事中　臣齐景(胄)　(读)
第15行　　　　黄门侍郎上柱国臣杨廉省
第16行　　　　(侍)中(上柱)国舒国公臣　韦巨源(审)
第17行　　(闻)
第18行　　　　　三月十二日都事□□□(受)
第19行　　　　　　　　(右司郎中付兵部)
第20行　(银)青光禄大夫守兵部(尚书上柱国)□□
第21行　(太中)大夫守兵部(侍)郎(上柱国)□□
第22行　太中大夫守兵部(侍郎上柱)国从远
第23行　银青光禄大夫行尚书右垂上柱国□□
第24行　告陪戎校尉(□文楚,计奏被)
第25行　(旨如右,符到奉行。)
第26行　　　　　　　　　(主事)□□□
第27行　(兵部郎中)□□　　　　(令史)□□□
第28行　　　　　　　　(书令史)□□□2829
第29行　　　　　　(景龙二年三月□□日下)

以上1~3行原文缺,基本依据敦煌所出《开元公式令》及《朱巨川告身》的格式作补。其中第 2 行将□文楚确定为沙州某军府的军官，籍贯敦煌县，主要是据另一片告身上□文楚的“左武卫翊府府史”身份，如果他不是军府卫士出身，是不可能官升至翊府府史的。唐沙州有悬泉、效谷、龙勒三个军府[①]，他究竟属何府卫士，不明，故作缺。□文楚被授“陪戎校尉”之前为何职，亦不明，故亦作缺。从□文楚最后被家人葬入莫高窟的瘗窟分析，推测他的原籍应该在敦煌县。

第 4~6 行为奏请部门“尚书兵部”的最高长官位，原文亦全缺，但告身本身第 20~22 行，即 B47:17(b)片和 B47:8-2(b)片上，就有兵部最高长官散、职官称，故据之补入。

第 7~11 行的缺文，是从 12 行即 B47:8-1(b)号片上残存人名推断的，应是“谨件同甲人”等 50 人的姓名。姑以每行 9~10 人名计，故安排第 7~11 行的空缺。

第 14 行给事中人名原存“齐景”两字，全名应是齐景胄，在《唐尚书省郎官石柱题名考·卷三》“吏部郎中齐景胄”条下注引《四川成都志·卷十一》载：

> 开元二年，以黄门侍郎齐景胄授剑南节度、度支、营田、处置兵马、充风俗宣抚使，益州大都督府长史一年。[②]

据此条记载，齐景胄在开元二年(714 年)以前，曾在门下省任黄门侍郎，属正四品。那么，在此以前 6 年的景龙二年(708 年)，任正五品的给事中，则是完全合乎情理的。上奏文在经过门下省审查时，通常是先由给事中读署，唐代门下省定制：“给事中掌陪侍左右，分判省事。凡百司奏抄，侍中审定，则先读而署之。”[③]正五品的给事中读署后，上送正四品的黄门侍郎检查过目。此行既是读署文位，故补为“齐景胄读”。

第 15 行原文完整。表明景龙二年的黄门侍郎是杨廉，他在省阅过奏文后，便转呈门下省最高长官侍中，这就是第 16 行的侍中韦巨源审查奏文位。故“中”字前缺字，应是“侍”字无疑。“国”上二缺，补作“上柱”也当无误。

第 17 行应是御画“闻”字位，由于残片已缺此行，故补。

第 18 行是由 B47:42(b)号片中的“三月十二日”与以 B47:8-1(b)号

①《新唐书·卷四十》“沙州敦煌郡”条下注：“有府三，日龙勒、效谷、悬泉。”“国”上二缺，补作“上柱”也当无误。

②见劳格著《唐尚书省郎官石柱题名考·卷三》“吏部郎中齐景”条，中华书局，1992 年。

③见刘昫等著《旧唐书·卷四十三·职官二》“门下省给事中”条，中华书局，1957 年。

片中的"都事(受)"相缀合而成。

第19行原不存,此处乃新补。据《新唐书·职官志》,唐尚书省左、右司郎中为左、右丞之副手,"左丞……勾吏部、户部、礼部十二司","右丞管兵部、户部、礼部十二司"①。奏授武官职、勋告身均由兵部,故上奏文在门下省审核完成,皇帝画"闻"后,又返回到尚书省"都事"受,再经管兵部的右司郎中,交付给兵部。故此处应补为:"右司郎中付兵部"。

第20~23行是B47:17(b)号片、B47:42(b)号片与B47:8-2(b)号片文字的缀合。

第24行"告陪戎校尉"以下人名缺,此处的"□文楚",乃是依据同出的另一件告身残片B47:8-3(b)号上的□文楚补入的,当不致有错。其下第26~28行的文字均缺,均依《奏授告身式》补齐。

第29行下告身的年月,乃据第13行原有年月补入。至于日期,究竟是三月十二日以后的哪一日下发的,已难确定,故暂作空缺。

以上对《景龙二年□文楚陪戎校尉告身》的复原,是否准确,当然还有待于今后新出同类告身的验证,应该说不会有大错。如果这一拼接及复原能够成立,它将是迄今所见唐代由兵部奏授六品以下武官同甲告身的一例,它不仅为认识唐代的铨选制度提供了一个新的实物标本,而且对研究景龙二年三月朝廷官任迁转,提供了新线索。

至于后一件《□文楚守左武卫翔府府史告身》,由于仅存6行文字,已难窥其全貌。其格式,想必与《景龙二年□文楚陪戎校尉告身》相似。

(原载《敦煌研究》2001年第3期)

①见刘昫等著《旧唐书·卷四十三·职官二》"尚书省左右函"条,中华书局,1957年。

莫高窟北47窟新出《唐开元廿四年（736年）后丁租牒》的复原与研究①

陈国灿　著

敦煌莫高窟自100年前发现藏经洞以来，已成为闻名于世界的文化艺术宝库，海内外学术界一直锐意于莫高窟已编号的490余窟内容及藏经洞所出文书的研究，而对于北区的240余窟则知之甚少，其研究也基本上处于一片空白。数十年来，这多少也引起一些敦煌学者的遗憾。基于此，敦煌研究院自20世纪80年代以来，便积极筹划对北区洞窟的系统清理和发掘工程，并组成了以彭金章研究员为首的北区考古发掘队，在全院倾力支持下，十易寒暑，艰苦奋战，终于完成了对北区全部洞窟的清理和发掘，其成果正在陆续整理公布于世。这是对敦煌学的一大贡献，它将永远载入敦煌学术史册。

本文所研究的《唐开元廿四年后沙州检勘丁租脚窨钱粮牒》，就是出土于莫高窟B47窟的文书。据主持发掘清理的彭金章研究员报告："B47窟位于北区崖面的E段，属于该崖面从下至上的第二层洞窟，是一个瘗窟。窟内发现的人骨被火烧过，应属于火葬。人骨经中国社会科学院考古研究所研究员潘其凤先生鉴定为30~35岁的男性。"②结合同窟所出多片唐景龙至开元年间文书看，本窟当为唐代瘗窟。据彭金章研究员推断："洞窟开凿年代可早到初唐时期。"这件文书发现时已破碎，残留8个大片，下面先将各片录文、缀合，然后再分别加以考释、研究，以与学人共飨。

一、诸碎片的录文与缀合

8片文书均为唐官府楷体书写，每片字形、行距、天头空留以及合数、分数的高低格位置，都是一致的。更重要的是，每片记录的内容都是粮食硕斗的分、合数，这就存在着可以拼接、缀合的基础。兹将8件残片先分列

①为检索方便，本文沿用了原名，但文中已将"北47窟"统一为"B47窟"。

②本文承彭金章研究员相邀写成，在2000年7月莫高窟敦煌学国际学术讨论会上发表时，适逢彭金章、王建军著《敦煌莫高窟北区石窟·第一卷》出版，有关发掘情况，请详参该书第143~148页。

于下:

1.B47:22-1。

(前缺)

第1行　都合以前□租并脚及______

第2行　总　计　当　粟　壹　阡______

第3行　　　　　　　　　　　壹阡______

第4行　　　　　　　　　　　　肆______

第5行　壹　阡　肆　佰　柒拾______

第6行　壹阡肆佰肆______

(后缺)

2.B47:22-2。

(前缺)

第1行　　　壹阡肆佰肆硕煌______

第2行　壹拾捌硕六等已上户煌[斗别准]______

第3行　叁佰伍拾贰硕七等八等户[斗别准]______

第4行　　叁佰伍拾硕煌　贰硕昌

第5行　壹　阡　陆　拾　捌　硕______

第6行　壹阡叁拾陆硕煌______

(后缺)

3.B47:22-3。

(前缺)

第1行　______等　户

第2行　______　叁拾贰硕昌

第3行　贰佰伍拾捌硕□□不堪办脚

第4行　　贰佰肆拾硕煌　壹拾□硕昌

第5行　捌佰壹拾硕堪办脚[斗别准]　[旨徵脚钱□拾文]计捌拾壹阡文

第6行　　右计脚钱壹佰叁拾柒贯肆佰文计粟叁佰玖拾贰硕捌▭

（后缺）

4.B47:22–4。

（前缺）

第1行　　　　　▭　　伍硕壹斗伍胜昌

第2行　　　　　▭胜捌合耗

第3行　　　　　▭合煌　　柒斗捌胜叁合昌

第4行　　　▭陆斗肆胜伍合营窖钱折纳

第5行　　　　叁硕肆斗叁胜煌　　壹硕贰斗壹胜伍合昌

第6行　▭拾壹硕肆斗捌胜陆合陆勺县申定数

第7行　壹阡玖佰伍拾硕肆斗肆胜壹合陆勺煌　　肆拾壹硕肆胜伍合昌

第8行　叁斗捌胜捌合县申□漏勾司磨勘判徵所由典樊景等

第9行　　　　　　　　贰斗捌胜伍合煌　　壹斗叁合昌

第10行　□得司户关称得敦煌寿昌两县申称得丞判尉

第11行　姚大器等牒称检案内前件丁租年终纳毕须□□

第12行　责造毕帐申州依检未有处分牒举者依状责□□

（后缺）

5.B47:22–5。

（前缺）

第1行　▭贫　不　堪　办　脚

第2行　▭见　　在

第3行　　　叁拾陆硕煌　　肆硕昌

第4行　▭六□户

（后缺）

6.B47:22–6。

(前缺)
第 1 行　　　　陆　硕 ______
第 2 行　　　　捌　硕 ______
第 3 行　　　壹　佰 ______
(后缺)

7. B47:22–7。

(前缺)
第 1 行　　叁佰 ______
第 2 行　　拾　陆 ______
(后缺)

8.B47:22–8。

(前缺)
第 1 行　　　　叁 ______
第 2 行　　　　　　叁拾 ______
第 3 行　　　捌 拾 肆 [硕] ______
第 4 行　　　　捌拾 ______ ①
(后缺)

文书 B47:22–1 第 1 行存“都合以前□租并脚及 ______ ”一语,“租”上的关键一字缺,据文书 B47:22–4 中“检案内前件丁租年终纳毕”,知所缺为“丁”字,所记为“丁租”账。除丁租外,还有“脚”,此应即文书 B47:22–3 中所说“不堪办脚”“堪办脚”“斗别准旨征脚钱□拾文”之“脚钱”,即运送租粮的脚力钱。此外,本账还记有一种“营窖钱”,已见于文书 B47:22–4 中,列于丁租、脚钱之后。至此,基本上可确定这 8 片文书是一件先记

①上列诸片,除第 8 片外,录文均载于彭金章、王建军著《敦煌莫高窟北区石窟·第一卷》第 138~140 页,图版 30,文物出版社,2000 年。2000 年 8 月,笔者在彭金章、王建军两位先生的指导下查看文书原件时,又见到了纸质、书法、规格与本文书完全一致的 8 个细片,多者 3~4 字,少者 1~2 字,它或许又能补本文书之缺。

录丁租,再记录脚钱,最后记录营窖钱的文书。这个顺序已为文书B47:22-1第1行之语所规定,这就为拼接缀合诸断片提供了一个明确的先后次序。

文书B47:22-2中第5行“壹仟陆拾捌硕□”,应是文书B47:22-3第1行“□等户”的上部文字;B47:22-2中第6行“壹仟叁拾陆硕煌”,亦应是文书B47:22-3中第2行“叁□贰硕昌”之上部文字,两项分列的硕斗数相加,正是前一行所列的合数“壹仟陆拾捌硕”,由此可证B47:22-2与第B47:22-3片的内容可连为一体,其断纸茬口亦相吻合。

文书B47:22-7与B47:22-8断纸茬口相接,内容亦相连贯,可合为一体。而文书B47:22-8中第3、4行,又可与文书B47:22-4中第4、5行相接,即“捌拾肆硕陆斗肆升伍合营窖钱”,分别来自第5行所列“捌拾叁硕肆斗叁升煌”和“壹硕贰斗壹升伍合昌”。煌,是敦煌县的简称;昌,是寿昌县的简称。

文书B47:22-6与B47:22-5片置于何处,颇费思考。B47:22-5中残存“□贫不堪办脚”,属于减免类的记录,似乎应该放在丁租账后,可是在此片第4行又残存“□六□户□”,推测可能是六等以上,七八等、九等户脚钱账一类的总称。

值得注意的是B47:22-2中第1行的“壹仟肆佰肆硕煌”是个什么数?细审B47:22-2和B47:22-3片缀合后的内容得知,它是六等以上户,七八等户及九等户脚钱额中敦煌县的总数。那么,寿昌县的脚钱总数又是多少呢?B47:22-2片第2行只列“煌”数,没有“昌”数,可见在寿昌县没有六等以上户。B47:22-2片第4行列有“贰硕昌”,表明寿昌县七、八等户中有2硕需交脚钱。B47:22-3片第2行下部的“叁拾贰硕昌”说明,在九等户中寿昌县有32硕交脚钱。如此算来,寿昌县的三个等级人户总共有34硕须纳脚钱。依据“煌”数同例,在B47:22-2第1行下部还应有“叁拾肆硕昌”这个数,“煌”、“昌”两数相加,依例应在其前有“壹仟肆佰叁拾捌硕六等户以上、七八等户、九等户脚钱”一栏,即脚钱总栏,而B47:22-5第4行残存的“□六□户□”,很可能就是此栏残存下来的一部分。

如果以上推断成立,则在脚钱总栏之前应属丁租栏的内容,如B47:22-5第1~3行即是。第3行存“叁拾陆硕煌”与“肆硕昌”,合起来是肆拾硕,从此片第1行“□贫不堪办脚”、“□见在”看,似在记丁租的减免。唐代诏敕中,常有这类用语,如开元廿六年玄宗大赦文中云:“其百姓等应单贫下户者,特放今年半租。又玄宗《安养百姓及诸改革制》云:“其天下百姓有灼然单贫不存济者,缘租庸先立长行,每乡量放十丁。”由此推测B47:22-5第1~2行的文字,有可能属于“肆拾硕:灼然单贫,不堪办脚,其租脚并放,其户见在”一类的话。这是属于应交丁租而又临时被放免的一类,实际丁数共20户。然后再列出放免丁租的40硕,即B47:22-5第3行所列在各县的分数。

在丁租栏下,除临时放免者外,还应有课户不输类、不课户类的备列,B47:22-6或许就是此类内容的一部分,由于前后文字缺,只好暂置于丁租栏下。

依据以上对诸片关系的分析和认识,全部8个散片,可初步拼接为一件连接可读的文书,现将缀合后的内容录文如下:

(前缺)

第1行　都合以前□租并脚及□

第2行　总计当粟壹阡□

第3行　　　　　壹阡□

第4行　　　　　肆□

第5行　　　　　壹阡肆佰柒拾□

第6行　　　　　壹阡肆佰肆□

(中缺)

第7行　　　　　　陆硕

第8行　　　　　捌硕□

第9行　　　　壹佰□

(中缺)

第10行　□单贫不堪办脚

第11行　□见在

第12行　　　　　叁拾陆硕煌　　　肆硕昌

第13行　□六□户□

第14行　□

第15行　　　　　壹阡肆佰肆硕煌□

第16行　　　壹拾捌硕六等已上户煌斗别准□

第17行　叁佰伍拾贰硕七等八等户斗别准□

第18行　　　叁佰伍拾硕煌　　贰硕昌

第19行　壹 吁 陆 拾 捌 硕 □ 等 户

第20行　　壹阡叁拾陆硕煌　叁拾贰硕昌

第21行　　贰佰伍拾捌硕□□不堪办脚

第22行　　　贰佰肆拾硕煌　　壹拾□硕昌

第23行　　捌佰壹拾硕堪办脚斗别准旨徵脚钱□拾文计捌拾壹阡文

第24行　　右计脚钱壹佰叁拾柒贯肆佰文计粟叁佰玖拾贰硕捌□

第25行　　　叁佰□　　伍硕壹斗伍胜昌

第26行　叁 拾 陆 □ □ □ 胜 捌 合 耗

第27行　　　叁拾□合煌　　柒斗捌胜叁合昌

第28行　捌拾肆硕陆斗肆胜伍合营窖钱折纳

第29行　　　捌拾叁硕肆斗叁胜煌　　壹硕贰斗壹胜伍合昌

第30行　□拾壹硕肆斗捌胜陆合陆勺县申定数

第31行　壹阡玖佰伍拾硕肆斗肆胜壹合陆勺煌　　肆拾壹硕肆胜伍合昌

第32行　叁斗捌胜捌合县申□漏勾司磨勘判徵所由典樊景等

第33行　　　贰斗捌胜伍合煌　　壹斗叁合昌

第34行　□得司户关称得敦煌寿昌两县申称得丞判尉

第35行　姚大器等牒称检案内前件丁租年终纳毕预□□

第36行　责造毕帐申州依检未有处分牒举者依状责□□

（后缺）

二、对丁租碟内容的分析

碟文第1行①存“都合以前□租并脚及□”，如前节所论，“及”下所缺当是“营窖钱”。第2行“总计当粟壹仟……”应是指丁租、脚钱及营窖钱的总计数。此总计粟，实分别出自敦煌县和寿昌县，据文书后面所列合、分数的惯例，第3行列的是敦煌县纳数，第4行为寿昌县纳数。故此两行低了数格。

值得注意的是第30行的“县申定数”，敦煌、寿昌两县相加为

①此处所言行数，乃是本文书经拼接后的总行数。

1991.4866 硕,因此第 2 行上缺文应为“壹仟玖佰玖”诸字,此数如加上县申数内漏勾的 0.388 硕,应是第 2 行的“总计当粟”数,因此第 2 行之缺文可补齐为“壹仟玖佰玖拾壹硕捌斗柒升肆合陆勺”。依据第 31 行所列两县漏勾分数,加上第 29 行县分数,又可补齐第 3、4 行所缺数。

碟文第 5 行文字,提头平行于第 1 行“当粟”位置,显示它是记的一个新项目,推测为“丁租”总数,即“壹仟肆佰柒拾……丁租”。第 6 行所列,则是敦煌与寿昌两县的分数。关于丁租总数,也是可以计算的,第 30 行的“县申定数”,减去脚钱粟和营窖钱粟数,再减去第 26 行的粮耗粟,应是丁租总数。至于粮耗一项,在第 26 行中有缺文,从上下间距看,所缺约为 4 字,即斗、升数。假定粮耗数为 36.428 硕,则第 27 行的敦煌县粮耗数也可补齐为“叁拾伍硕陆斗肆升伍合煌”,如此推补,不致有大的出入。这样,第 5 行的缺文也可补齐为:

壹仟肆佰柒拾捌硕　丁租输纳

唐承隋制,继续推行均田制度,武德二年(619 年)“制每一丁租二石”,直至开元廿五年(737 年)令又重申“诸课户一丁租调,准武德二年之制”《旧唐书·卷四十八·食货志》也明确指出“赋役之法:每丁岁入租粟二石”,所谓丁租,当是指均田农民每丁每年交给国家的租课,以丁为单位,每一丁纳二石,即二硕粟。依照此标准计算,1478 硕粟应是 739 丁的丁租。又依第 6 行尚存数推算,其中敦煌县纳丁租者约为 722 丁,寿昌县仅 17 丁,这个丁租数当然是指“课户见输”人户。在计算丁租时,也还须列出本应输纳而未输纳的数额,如“课户不输”户或特别免征户的丁租额。这类人户,多是因无力交租,奉旨被放免丁租者,如玄宗《安养百姓及诸改革制》中云:

其天下百姓,有灼然单贫不存济者,缘租庸先立长行,每乡量放十丁。犹恐编户之中,悬磬者重,限数既少,或未优洽,若有此色,尚轸于怀,特宜每乡前放三十丁,仍准旨条处分,待资产稍成,任依恒式。其所放丁,委县令对乡村一一审定,务须得实。任令太守仔细案覆,本道使察访……①

①见董诰等编《全唐文·卷二十五》,中华书局,1961 年。

这已是天宝初年的敕令。从敕文知,在此以前,早有“长行旨”规定每乡量放十丁例。既然放丁要求县令审定,太守(或刺史)案覆,还要报本道的支度使察访。那么,在州的丁租牌文中,肯定会列出免丁租的数额来。只是由于本件文书中间的缺文较多,已无法见到具体的免丁租数额。

开元二十一年(733年)裴耀卿上疏说:“今天下输丁约有四百万人。”[①]当时的全国人口,据《通典·卷七·历代盛衰户口》记载,开元“二十年户七百八十六万一千二百三十六,口四千五百四十三万一千四百六十五”。按每户一丁平均计算,输纳丁租的人数约占全国总户的50%还多一点。然而,本件文书中所反映的沙州丁租比例,对于全国说来则差距甚大。关于沙州的户口数,《通典·卷一百七十四·州郡典四》载:

敦煌郡……户六千三百九十五,口三万二千二百三十四。

《元和郡县图志·卷四十》中“沙州条”载:

沙州:敦煌。中府。开元户六千四百六十六。乡十三。

《通典》所记比《元和郡县图志》少71户,大概是不同年份统计的缘故。可见,开元末沙州有6000余户,这数字是可信的。然而,在6000余户的沙州,仅有739丁交纳丁租,其纳丁租者,仅占全州户的11.5%,与全国的纳租比例相较,很不相称。这可能与沙州既是贫困地区又是紧临西域的军事重镇有关。承担兵役、力役的任务重,相应地也会产生更多的“不课户”和“课户见不输户”。这种情况在现存的唐开元、天宝年间沙州敦煌县各乡的户籍簿里,已屡见不鲜[②]。这种不成比例的丁租交纳,在全国是很突出的,它预示着唐均田制和租庸调制已经无法正常进行,也必然会导致均田制和租庸调制度的寿终正寝。

三、关于脚钱

百姓向官府交纳的丁租均是粮食,租粮上交各级官府正仓或指定地点,均需要运输脚力。这种脚力费用,称之为“脚直”“脚钱”“租脚”“脚价”,《唐六典·卷三》“度支郎中员外郎”条下载:

①见刘昫等著《旧唐书·卷九十八》“裴耀卿传”,中华书局,1975年。

②见唐耕耦、陆宏基编《敦煌社会经济文献真迹释录·第一辑》第138~188页,书目文献出版社,1986年。

凡天下舟车,水陆载运,皆具为脚直,轻重贵贱,平易险涩,而为之制。

对这类脚直,又因自然条件有异而规定不同,如:

河南、河北、河东、关内等四道诸州,运租庸杂物等脚,每驮一百斤,一百里一百文,山阪处一百二十文,车载 一千斤,九百文。①

这是一个基本标准,此运输脚钱均出自交纳丁租的人户。吐鲁番阿斯塔那 210 号墓所出《唐贞观二十三年(649 年)安西都护府户曹关为车脚价练事》共 13 行,关文多有残缺,大意是:柳中县人曹太熹欠“车脚价练壹匹”,因此,关文第 10~13 行写有:

第 10 行　户曹关称□
第 11 行　中县人曹太□
第 12 行　脚价练壹□
第 13 行　□追□

由此可见,唐初已经在向百姓征收脚价钱。又阿斯塔那 501 号墓所出《唐脚练钱牒》中残存“:□主□达脚价,准当银钱□。”这是高宗武后时期的文书。此时的脚价,或交钱,或纳练。

开元二十一年(733 年)裴耀卿建议加收脚钱与营窖钱,他上疏说:

今天下输丁约有四百万人,每丁支出钱百文,五十文充营窖等用,贮纳司农及河南府、陕州以充其费。租米则各随远近,任自出脚送纳东都。从都至陕,河路艰险,既用陆脚,无由广致……②

要求每丁出钱 100 文,作由洛至陕的脚价钱,另收 50 文充营窖等用。

①见李隆基著,李林甫注《大唐六典·卷三》“度支郎中员外郎·转运征敛选纳”条,三秦出版社,1991 年。

②见刘昫等著《旧唐书·卷九十八》“裴耀卿传”,中华书局,1975 年。

迫于当时的形势,唐玄宗接受了裴耀卿的建议。这是在原来传统收脚钱的基础上对脚钱的加征。然而,对于租脚在各地如何具体征收,史籍却缺乏记载,幸赖本文书的出土,为弄清唐代租脚的实际征收运作及标准,提供了一个生动、具体的标本。牒文第13~25行是有关脚钱的记录,它表明脚钱是按户等征收的。《唐会要·卷八十五》中"定户等第"条载:

> 武德六年三月,令天下户量其赀产,定为三等。至九年三月二十四日诏:天下户三等,未尽升降,依为九等。永徽五年二月八日放:天下二年一定户。

唐代定户等的目的,是按民户等级的高低来划分承担封建国家科税杂征的不同标准,牒文第24行有一个总计脚钱数:"右计脚钱壹佰叁拾柒贯肆佰文",第19行"等户"上一字缺,依据第16行列"六等已上户"、第17行列"七等八等户"看,此缺字应补为"九"字,其下是九等户的脚钱记录。九等户堪办脚的脚钱数是81贯(第23行),它是810硕堪办脚粟依据"斗别准旨征脚钱□拾文"得来的,钱下一字缺,当是"壹"字无疑。就是说朝廷所下敕旨规定九等户征脚钱斗收10文。

第16行"六等已上户"下面有"斗别准▭",第17行"七等八等户"下面也有"斗别准▭",遗憾的是"准"字下均缺,不见具体的斗估标准。但可以肯定的是,六等以上户与七等八等户的脚钱斗估标准不同。否则,就没有必要作这样的分列。但比之九等户"斗别准旨征脚钱(壹)拾文"要高,假定每一级差为5文,即七、八等户斗收为15文;六等以上户斗收为20文,如以此标准来计算,则六等以上户的18硕折钱应为3600文;七、八等户的352硕折钱应为52贯800文;再加上九等户的81贯,全部脚钱数正好是第24行的总计脚钱数137贯400文。由此证明上述的假定是对的,表明唐朝廷的"长行旨"中,确定了按三个等级标准,即六等户以上按斗收20文,七、八等户斗收15文,九等户斗收10文来征收脚钱。

开元二十一年(733年)裴耀卿建议的是每丁收脚钱百文。何以文书中又按硕斗折钱征收?这里有个概念上的转换,前已论及,按均田法规定:"每丁岁入租粟二石",即2硕,称之为丁租。2硕,即20斗,就是一丁之数,脚钱随丁租附征:九等户斗收10文,每丁须纳脚钱200文;七、八等户斗收15文,每丁须纳300文;六等以上户斗收20文,每丁须纳400文。此脚钱数,远超过每丁百文,或许是包括传统的脚力税和裴氏建议的每丁百文两个部分。

牒文第21行有"贰佰伍拾捌硕□□不堪办脚",中间所缺二字,究竟是硕下的斗数,还是其他字,这可从第22行所列两县分数寻找答案,第22行列寿昌分数所缺一字,只能是"捌"字,因为"煌""昌"两项相加,正是第21行的"贰佰伍拾捌硕",可见所缺二字不是斗数。又据牒文第10行中有"贫不堪办脚"推测,此二缺字应补为"单贫",即单贫不堪办脚。由此,我们又得知,唐征收脚钱诏中有"单贫不堪办脚"和"堪办脚"的区分,对"单贫不堪办脚"者,可以免征脚钱,如第21行所示。对于"堪办脚"者,则要按户等征收脚钱,如第16、17、23行所示。

脚钱本来是收钱和练,而本文书则是折为硕斗征粮,这又是一个特定时间的政策所使然,玄宗开元二十三年(735年)六月敕令:

> 自今以后,凡是资课、税户、租脚、营窖、折里等应纳官者,并不须令出见钱,抑遣征备,任以当土。所司均融支料,尝令折衷,十道使明加简察,勿使乖宜。①

这里明确提到租脚、营窖等,不必收现钱,可以"任以当土"。据敕令,此举也是为了避免"邀纳见钱,或非时征纳,贱卖布帛,既轻蚕织,争务货泉,农桑之间,颇亦为弊"的弊端。而本文书正是在这种不必交现钱、"任以当土"敕令颁行之后收脚钱的反映,它表明本件文书产生的时间最早也在唐开元二十三年六月之后。

四、关于营窖钱

唐代以营建仓窖的名义进行科征,早就存在,《唐六典·卷十九·司农寺太仓署》载:

> 输米粟二斗,课藁一围;三斛,橛一枚;米二十斛……麦及杂种亦如之,以充仓窖所用,仍令输人营备之。

①见董诰等编《全唐文·卷三十五》"邦计部赋税一",中华书局,1961年。

藁者，谷物秆也，如麦秸秆、玉黍秆之类，可以用作仓窖的底围，故百姓向官府输纳米粟时，也要随之按每二斗课交藁草一围。过去还只是收藁草，尚未见以营窖的名义固定收钱。而牒文中的“营窖钱”，似乎是起于裴耀卿的建议，它属全国性附加税，并非沙州一地的科征。开元二十一年(733年)秋，京城长安因霖雨害稼，谷价踊起，江南、河东等地的租粮，又因河路艰险而运不进长安，于是裴耀卿向玄宗皇帝建议：

> 臣望于河口置一仓，纳河东租米，便放船归。从河口即分入河、洛，官自雇船载运，至三门之东置一仓。三门既属水险，即于河岸开山，车运十数里，至三门之西，又置一仓。每运置仓，即搬下贮纳，水通即运，水细便止。至太原仓溯河入渭，更无停留，所省巨万。①

裴氏的建议是将以往由东都至陕，沿河道陆运粮的传统方式，改为“开通河漕，变陆为水”的办法。这种办法，需要在“沿流相次置仓”。这就是为什么收上来的营窖钱要贮纳司农府、河南府及陕州的缘故，就是供他们作营窖建仓费用的。从出土的牒文看，此营窖钱与脚钱一样，的确是在全国范围内作了征纳，本件文书第28~29行所列就是实物证据。

依裴耀卿的建议，每丁出营窖钱“五十文”，而且是随脚钱一道征纳的，因此“堪办脚”者，均须附交营窖钱。依据二硕为一丁的原则计算，沙州须纳营窖钱者为：

九等户：810硕=405丁
七八等户：352硕=176丁
六等已上户：18硕=9丁

总共纳营窖钱者为590丁，如以裴疏建议每丁纳50文计算，总共纳得29500文。依据牒文第24行提供的钱、粟比例为粟一斗价约35文的标准折算，可得84.2857硕。这个数字与第28行所列营窖粟数基本一致，仅少0.3593硕。这就是牒文中营窖钱折纳成粟的来历。这个事实说明裴耀卿关于加收脚钱和营窖钱的建议，在地方上确实是得到了认真贯彻的，而

①见王溥著《唐会要·卷八十七》“漕运”条，中华书局，1955年。

营窖钱折纳成粮食征纳的事实，也表明本牒文写成于唐玄宗开元二十三年(735年)六月诏敕以后。

牒文第35行又有“前件丁租年终纳毕”一语,将钱可折成粮交纳完毕的“年终”,从前列敕令看,最早只能是在开元二十三年的年终,而本牒又是在年终纳毕之后账申报州、州未处分前的行文。由此看,本牒也只能是沙州开元二十四年(736年)对开元二十三年账的再次牒举。

五、对牒文的进一步断代及定名

本件牒文的形成时间,如前所论,其上限应在唐开元二十四年。然而,牒文的下限,究竟能断在何时,尚须进一步加以考察。

牒文第34行有“得敦煌、寿昌两县申称”,表明此牒是在敦煌与寿昌分别为县时写成的。《新唐书·卷四十·地理志》记沙州敦煌郡有两县:敦煌、寿昌。在寿昌县条下又载云:

> 寿昌:下,武德二年析敦煌置,永徽元年省。乾封二年复置,开元二十六年又省。后复置,治汉龙勒城。

敦煌所出《后晋天福十年(945年)寿昌县地境》也载云:

> 右本汉龙勒县，魏正光六年改为寿昌郡……宇文保定四年省入敦煌县,武德二年又析置寿昌县,永徽元年废,乾封二年又置,建中初陷吐蕃。

所记与《新唐书·卷四十·地理志》基本一致,但欠完整,如“开元二十六年(738年)又省”,《后晋天福十年寿昌县地境》便失载了。此点向达、李正宇两位先生均已指出过①。

寿昌的县制被废后，便成为敦煌县下的一个乡——寿昌乡，这也为敦煌、吐鲁番所出唐代有关的乡里文书所证实。据此，只有在武德二年(619年)至永徽元年(650年)或乾封二年(667年)至开元二十六年这两个时段内,寿昌才单独成为县。而加征脚钱百文和征收营窖钱50文,则是在开元二十一年(733年)裴耀卿上疏以后,由此不难断定,本牒文的下限,只能在

①见向达著《唐代长安与西域文明》,生活·读书·新知三联书店,1957年;李正宇著《古本敦煌乡土志八种笺证》第346页,台北新文丰出版公司,1998年。

开元二十六年以前。如果说是在此年以后的话,就不可能有寿昌县的存在。

牒文第34行有“得敦煌、寿昌两县申称”一语,申者,是下级对上级报告的行文专称,如《唐律疏议·卷十三》对发生灾害“主司应言而不言及妄言者”条,疏议曰:“主司,谓里正以上。里正须言于县,县申州,州申省。”县一级职能部门向州一级的报告行为则称之为申,敦煌、寿昌两县所申上的单位,应是沙州,因此,本件牒文当是沙州州一级某个部门对收纳敦煌、寿昌两县丁租、脚钱、营窖钱粮的官府文书。

牒文第34行又有“(右)得司户关称”一语,平级部门所行公文称之为“关”。《旧唐书·卷四十三·职官二》“尚书都省”条载:“诸司自相质问,其义有三,关、刺、移。”其下又注云:“关,谓关通其事。”颇类似今日平级部门的通报。显然是与“司户”平级的另一部门就司户来关作的行文。从牒文中的“总计当粟”数(第2行)、粮“耗”数(第26行)、“折纳”粟数(第28行)、“县申定数”(第30行)、“漏勾”粟数须“剥征所由典樊景等”(第32行)看,均与“司仓”有关,《旧唐书·卷四十四·职官三》记州官诸司职掌时说:

> 仓曹、司仓掌公廨、度量、庖厨、仓库、租赋、征收、田园、市肆之事。

文书涉及的是丁租粟、脚钱、营窖钱粟的征收和折纳、纳毕的内容,因此,这个“得司户关”的部门,非司仓莫属。从第36行“牒举者,依状责……”考虑,这是沙州司仓检勘当州本年丁租、脚钱、营窖钱粟实纳入仓后分项列账上报的牒文。至此,本文书可详细定名为《唐开元二十四年(736年)至二十六年(738年)间沙州司仓牒为检勘敦煌、寿昌两县丁租并脚及营窖钱粮事》。

唐代均田制下的丁租、租脚以及营窖钱的征收,学术界已经有过一些研究,如张泽咸先生《唐五代赋役史草》中的田租、田租的附加税、输租与租脚等项[①],李锦绣先生《唐代财政史稿·上卷》中的租、脚钱、仓窖税诸项[②],对此都有过较深入的讨论,然而,由于现存材料有限,故对有些方面仍未多涉及。如租脚钱在征收时,还须区别“堪办脚”与“不堪办脚”;征收脚钱有朝廷“长行旨”的规定,按上、中、下三个不同等级进行;九等户为下等,“斗别准旨征脚钱壹拾文”; 七、八等户为中等,“斗别准旨征脚钱壹拾伍

①见张泽咸著《唐五代赋役史草》第5~9页、17~23页,中华书局,1986年。

②见李锦绣著《唐代财政史稿·上卷》第2分册第416~424、578~585页,北京大学出版社,1995年。

文";六等已上户为上等,"斗别准旨征脚钱贰拾文"。按此标准,即使是九等户所纳的脚钱额,也超出了裴耀卿所言"每丁支出钱百文"的一倍。营窖钱的征收,也并非完全按输丁数每丁均摊,而只征收输丁数中的"堪办脚"者,至于"不堪办脚"者,是可以免征营窖钱的。从沙州牒文看,营窖钱确是在按每丁 50 文一次性征纳,此外并未见有其他的征收。开元二十三年(735 年)六月敕令中的"任以当土",并非仅限于以当土的绢布等折纳,也可以用农民生产的粮食来折纳。所有这些来自牒文的新信息,都有助于对唐官府征纳丁租、租脚及营窖钱等进一步地了解和补充。因此,本件文书在学术上的意义和价值,也就不言而喻了。

(原载《敦煌研究》2002 年第 2 期)

莫高窟北区第47窟新出 唐《贷钱折粮还纳账》的性质①

陈国灿 著

在景龙二年(708 年)□文楚陪戎校尉告身》4 个断片的背面,均写有许多文字,从内容判断似乎为一账历。□文楚陪戎校尉告身残存的 4 个断片,经本文研究,其前后顺序是:B47:8→1(背)→B47:42(背)→B47:17(背)→B47:8-2(背)。

根据告身文书的特点,上列 4 个断片的这一顺序是不会错的,而这个顺序又有助于对其背面内容的理解,因为告身就是在这件账历废弃后,利用此账历纸的背面书写的。如此,告身 4 个断片的顺序倒过来,就是本"贷钱折粮账"4 断片的顺序,即:B47:8-2(正)→B47:17(正)→B47:42(正)→B47:8-1(正)。

按照这个顺序,下面将诸片文字,逐一转录于下。

1.B47:8-2(正)②。

(前缺)

第 1 行　唐大俊　唐□

第 2 行　翟洪庆　徐□

　　　　宴司

第 3 行　邓忠□　□

第 4 行　张恩□　□

第 5 行　□□□　□

(后缺)

①为检索方便,本文沿用了原名,但文中已将"北区第 47 窟"统一为"B47 窟"。

②见彭金章、王建军著《敦煌莫高窟北区石窟·第一卷》第 136、145~146 页,文物出版社,2000 年。

2.B47:17(正)①。

(前缺)
第1行　□□□▭
第2行　成万青一千六百▭
　　　　纳抄人少元
第3行　张万春一千一百　▭
第4行　张定方□二　▭
第5行　唐大俊　▭
第6行　□　▭
(后缺)

3. B47:42(正)②。

(前缺)
第1行　▭升
第2行　▭合
第3行　▭五百卌文估同前计　▭
(后缺)

4. B47:8-1(正)③。

(前缺)
第1行　▭七斗六升□四□合
第2行　□万彻二千五百□□□估同前计三石三斗二升一合
第3行　氾先瓒三千一百八十五文估同前计四石四斗二升三合
第4行　王玄智九百三文估同前计一石二斗五升　▭
　　　　　　　　　　徐大生

①见彭金章、王建军著《敦煌莫高窟北区石窟·第一卷》第136、145~146页,文物出版社,2000年。

②此片为一细小残片,是后来查寻到的,故《敦煌莫高窟北区石窟·第一卷》未刊录。

③见彭金章、王建军著《敦煌莫高窟北区石窟·第一卷》第133、142~143页,文物出版社,2000年。此处及以上诸片录文均据图版有所调整。

第5行　萌家嗣三千四百六十五估同前计四石九斗二升六□

第6行　令狐保住一千三百卅五文估同前计一石▭

王崇福　李大青

第7行　氾智成一千七百五十文估同前计二石▭

第8行　▭二文估同前▭

（后缺）

根据前文对□文楚陪戎校尉告身文书的研究，此4断片是可以拼接在一起的，B47:8-2(正)的第5行，就是B47:17(正)的第1行。B47:17(正)与B47:42(正)之间的b面，虽然中间缺了一行字，但B47:42(正)第1、2行的下部，仍各存一字，它实际就是B47:17(正)第5、6行的下部。B47:42(正)的第3行，是B47:8-1(正)第1行的中部，只是上部人名缺损，诸片之间的这种相互关系，表明这4片原来就是具有一体性的一件文书。现将4断片缀合如下：

（前缺）

第1行　唐大俊　唐▭

第2行　翟洪庆　徐▭

宴司

第3行　邓忠□▭

第4行　张思□▭

第5行　□□□▭

第6行　成万青一千六百▭

纳抄人少元

第7行　张万春一千一百▭

第8行　张定方二▭

第9行　唐大俊▭升

第10行　□▭合

第11行　□□□五百卅文估同前计七斗六升四合

第12行　□万彻二千五百▭估同前计三石三斗二升一合

第13行　氾先瓒三千一百八十五文估同前计四石四斗二升三合

第14行　王玄智九百三文估同前计一石二斗五升□
　　　　徐大生
第15行　萌家嗣三千四百六十五估同前计四石九斗二升[六]口
第16行　令狐保住一千三百升五文估同前计一石□
　　　　王奈福　李大青
第17行　氾智成一千七百五十文估同前计二石□
第18行　□　二　文估同前　□
(后缺)

从内容上看,1~5行写的全是人名,6~18行均在人名下写有钱数,在"估同前"3字下又列有粮食石、斗、升、合的计量。值得注意的是第1行中的唐大俊,又出现在第9行上,由此推测此账具有分类记录的可能性。

从账中每一个人名下列钱若干文后按估价折为粮数的特点看,此账似为借钱折粮还贷的会计账。我们作此推论也是依据第7行张万春名旁有"纳抄人少元"一语作出的,此五字书写潦草难辨,也有可能是"纳粮人少元"。此账上令狐保住、氾智成3人名上有勾了的墨迹,从张万春名旁的5字小注判断,张万春的1100多文钱,是有个名叫"少元"的人代为交纳了,正因为如此,所以才在张万春名上划下墨勾,表示此笔账已了。同样,令狐保住、氾智成两人名上的墨勾,也应该是纳毕欠账后的记号。对比之下,那些没有勾了的人名,如成万青、张定方、唐大俊等,应是尚未交纳钱粮的人。而唐大俊,在第1行的人名中已经出现过一次,表明此账第一部分列的是欠钱者姓名,第二部分则列出每人欠钱按估价折粮的明细欠账。如已还纳,便在其账上勾了。在萌家嗣名旁注有人名徐大生,在氾智成名旁注有两人名王崇福、李大青,推测这些旁注的人有可能是债务的共同承担人。可以断定,本件4片文书连为一体,实为《贷钱折粮还纳账》。

在《贷钱折粮还纳账》中,每人名下列钱数后,均注有"估同前"。所谓"估"者,乃言物价①,在这里就是指钱折合粮的价格标准,"同前",应是指前面已列的同一个粮价标准。然而,实际上每人的折估粮价并不相同,现列算如下:

□□□　540文÷0.764石=706.81文/石

①《唐律疏议·卷四》名例律"诸平脏者,皆据犯处当时物价及上绢估"条,对"上绢估"疏议云:"上绢之价",并引唐令云:"依令,每月,旬别三等估"。其又云:"纵有卖买贵贱,与估不同,亦依估价为定。"由此知唐人所云之估,即是物价。

□万彻　2500文÷3.321石=752.79文/石

氾先攒　3185文÷4.423石=720.10文/石

王玄智　903文÷1.250石=722.40文/石

萌家嗣　3465文÷4.926石=703.41文/石

令狐保住　1345文÷1.8(?)石=747.22文/石

氾智成　1750文÷2.5(?)石=700.00文/石

以上所列最后两起的粮食尾数缺,1.8(?)石和2.5(?)石是估计数。从上列的7起折估看,每一起的估价都不同,这种折估上的差异,可能是因借钱时间长短不一、计利多少不同而出现的,客观的折估标准还应是一个,大体每石价在700文与750文之间①,换言之,斗估在70文与75文之间。这个粮估标准,在唐代前期已是少见的高价位。

敦煌所出唐《天宝四载(745年)河西豆卢军和籴会计账》(P.3348b)所载的各类粮食斗估价,十分具体,现将天宝三、四载敦煌各种粮估价归纳转引如下:

小麦	每斗估	32文,37文
粟	每斗估	27文,32文
床	每斗估	27文,32文
青麦	每斗估	30文,35文
豌豆	每斗估	29文,34文②

上列粮估价,比《贷钱折粮还纳账》文书中的折估价要低一半,这表明《贷钱折粮还纳账》并非天宝三、四载的文书。那么究竟是何时的折粮还纳账呢?从利用此账书写《景龙二年□文楚陪戎校尉告身》分析,告身应是在景龙二年以后若干年□文楚去世后入葬时抄写的,这个时间,恐怕只能在开元年间。

唐玄宗即位之初,恶钱泛滥,物估也随之抬高,先天元年(712年)九月谏议大夫杨虚受上疏说:"聚天下之货,而钱无准的,物价腾涌。"③开元六年

①唐令规定:凡物品,"每月,旬别三等估",所谓三等估,即上、中、下三等价。对此,《唐六典·卷二十》"京都诸市署令丞职掌"条"以三贾均市"下注云:"精为上贾,次为中贾,粗为下贾。"贾者,价也。此处文书上的粮"估"价,即使按上、中、下三等估价计算,当是700~750文。

②见池田温著、龚泽铣译《中国古代籍帐研究》第463~466页,中华书局,2007年;唐耕耦、陆宏基编《敦煌社会经济文献真迹释录·第一辑》第426~434页,书目文献出版社,1986年。

③见王钦若等编《册府元龟·卷五百零一》"帮计部货币三",中华书局,1960年。

(718 年)二月玄宗下令禁断恶钱,“敕出之后,百姓喧然,物价摇动,商人不敢交易”①。

唐玄宗在开元八年(720 年)六月诏中说:“百姓情愿出恶钱一千文,计秤满六斤,即官以好钱三百文博取。”②可见在开元初期,货币由于恶钱泛滥而贬值,粮斗估 70~75 文,很可能就是在这段时间内发生的事。这种钱轻货重的现象,直到开元十六年(728 年)丰年增产才有所缓和。这一年的十月二日敕令:

> 自今岁普熟,谷价至贱,必恐伤农。加钱收籴,以实仓廪,纵逢水旱,不虑阻饥,公私之间,或以为便。宜令所在以常平本钱及当处物,各于时价上量加三钱,百姓有籴易者,为收籴。事须两和,不得限数。③

从“谷价至贱”一语看,此时的粮价绝不会再斗估 70 文左右了。天宝初年情况有了进一步地改变,史称:“至天宝之初,两京用钱稍好,米粟丰贱”④。米粟丰收,价格下降,这正是天宝三载、四载粮估有了很大回落的缘因。从粮估的变动中,可以判断出莫高窟 B47 窟所出的《贷钱折粮还纳账》是唐开元前期,而且很有可能是开元六年(718 年)至开元十六年(728 年)间的还纳账。

折粮还纳账第 3 行邓忠□名字的右侧,注有“宴司”两个字。宴司,可能是宴设司的简称,沙州官府或豆卢军军衙属下均有设置,州属称宴设司,或称州宴设,军衙属则称军宴设,专供客使往还饮食招待。邓忠□可能是宴设司的人,或者是由宴设司代理其交纳事,亦未可知。至少是与州宴设司有某种关系者,才有此注。由此很自然使人联想到与本账同出的《军宴设公廨捉钱账》(B47:2〈正〉),该账残存文字 8 行,现将此片文字转录于下⑤。

(前缺)

①见王钦若等编《册府元龟·卷五百零一》“帮计部货币三”,中华书局,1960 年。

②见王钦若等编《册府元龟·卷五百零一》“帮计部货币三”,中华书局,1960 年。

③见王溥著《唐会要·卷八十八》“仓及常平仓”条,中华书局,1955 年;刘昫著《旧唐书·卷四十九》食货志下,中华书局,1975 年。

④见刘昫著《旧唐书·卷四十八》食货志上,中华书局,1975 年。

⑤见彭金章、王建军著《敦煌莫高窟北区石窟·第一卷》第 133、142 页,文物出版社,2000 年。

第1行　▭索孝义　　张▭

　　　　　　　　　到〇

第2行　▭王遗子　　张义□▭

　　　　　　　　沙　　　沙

第3行　□法保　　李贞举　　王玄□▭

　　　沙　　沙

第4行　索端　　索大方　　逃

第5行　军宴设本一白廿四千二白六十

　　　品平　　平八　　平八

　　　平口

第6行　张德意一千　张仁表二千　令狐元璧二千　平八　平八

　　　令狐崇福▭

　　　沙七

第7行　氾怀志一千　陈□□□□　□□员三千

　　　　　　　　　　　　　　　　　　　沙七

　　　五白　张琬一千五白文

　　　沙

第8行　▭五白文　宋举□□千

（后缺）

账中第5行写有"军宴设本一白廿四千二白六十","白"即百字。此"军宴设",当即前面论及的豆卢军军衙属下的宴设司。称"本"者,乃指在此军宴设内存放的公廨本钱。所谓公廨本钱,乃是官府为了补充办公费用而经营的一种高利贷本钱。早在隋代即有设置,唐承隋制,继续推行公廨本钱。《唐会要·卷九十一》中"内外官料钱上"条载:

> 武德以后,国家仓库犹虚,应京官料钱,并给公廨本,令当司令史番官回易给利,计官员多少分给。

这是为了补充京官料钱的不足让各司的令史、番官们拿一笔钱去经营生利,然后将利钱按官员数分给。《唐会要·卷九十三》中"诸司诸色本钱

上”条又载:

> 贞观元年,京师及州县,皆有公廨田,以供公私之费,其后以用度不足,京官有俸赐而已。诸司置公廨本钱,以番官贸易取息,计员多少为月料。

这是说贞观元年设置的公廨田收入,实行不久就已不敷官员料钱开支,于是便在各个官府部门,包括京城的诸司和地方州县官府,普遍设立公廨本钱,用来解决官员的月料。由于谏议大夫褚遂良等疏奏公廨钱的弊端,在贞观十二(638年)或十五年(641年)至廿一(647年)年间,一度停罢了公廨钱。贞观廿一年二月,唐太宗又“令在京诸司,依旧置公廨本钱,捉以令史府史胥士等,令回易取利,以充官人俸”①。

永徽元年(650年)虽然宣布废止公廨本钱,但是此后仍是时置时废,到开元初期仍在推行,敦煌所出《地志》就记载了沙州敦煌县和寿昌县的公廨本钱数:

> 敦　　京二千七百六十,都四　上　　　十二　　　下一
> 下　沙　千六百九十,贡棋子。敦煌　　　寿昌

根据《地志》以上所记,沙州设有公廨本钱八百八十千,敦煌县有本钱七百七十千。寿昌县有本钱一百六十五千。据马世长先生研究,《地志所》记大多是开元十二年(724年)至开元二十六年(738年)间的情况。因此,上记州县公廨本钱数也应是开元年间的本钱数。不过此数并非是同一年的数据,从敦煌、寿昌两县公廨本钱数的和大于州本钱数就能作出这一判断:不论怎样,这一记载至少说明在开元年间的沙州存在着官府公廨本钱的事实。豆卢军虽然属于军事上的一套系统,同样也有公廨本钱的设置,上面见到的“军宴设本”,就是很好的证明。军宴设所置公廨本钱数额只有“一百廿四千二百六十”,不算太多,它比之于寿昌县置本“一百六十五千”,还要少一点。

对于州县地方的公廨本钱,到了开元十年(722年),中书舍人张嘉贞“又陈其不便,遂罢天下公廨本钱”。过了十年,即开元十八年(730年),又

①见王溥著《唐会要·卷九十三》“诸司诸色本钱上”条,中华书局,1955年。

"复置天下公廨本钱,收赢十之六"[1]。综合以上情况的分析,可以认为《军宴设公廨捉钱账》是开元十年以前的账。

我们还注意到,《军宴设公廨捉钱账》是利用官府文书背面书写的,其正面 B47:2(正)尚存 3 行文字,现转录于下[2]:

(前缺)
第1行　　　　　　　　　　谨牒
第2行　　　　开□三年六月　廿日　里正阙
第3行　　　　上□　□

此碟文的内容已经不存,第 2 行的年号上尚存"开"字的左半,其下仅有一缺,当是"开元"二字,由此知《军宴设公廨捉钱账》也是利用废弃的开元三年(715 年)六月廿日牒文的背面重新使用书写的,这至少能说明,此账写于开元三年六月之后。至此,可以初步认定,这件《军宴设公廨捉钱账》是在开元三年六月至开元十年这个时段内写成的。

《军宴设公廨捉钱账》的前 4 行写的都是人名,在每个人名的右侧,大多标有一"沙"字,此沙字,疑是敦煌神沙乡的简称,这在其他文书中也曾有反映,日藏大谷2839b 号《武周圣历二年(699 年)前后敦煌县各乡营麦豆亩数计会》中[3],各乡名均简作一字,如神沙乡作"神"、平康乡作"平"、莫高乡作"高"、龙勒乡作"勒"等是。捉钱账上的这种标注,表示这些人名大多属神沙乡人:在前 4 行,现可判明的有 9 个人名,其中 6 人名字上有墨笔勾了,可能是已经交纳完了的记录。有 3 人未勾,这 3 人是:索孝义、王玄□、索大方。在索大方名下还注写了一个"逃"字,表示此人已经逃走,当然也就无从交纳了。"王玄□"也未交纳,惜此人名第三字缺损,使得我们不敢断定他是否就是前述《贷钱折粮还纳账》第 14 行中的"王玄智",但也不排除是同一人的可能性,不过,两者书法上的一体性,人名上均无勾勒的特点,使人怀疑他很可能就是同一个人,表明《军宴设公廨捉钱账》与前述《贷钱折粮还纳账》之间有着一种内在的联系。恐怕正因为王玄智在《军

①见王溥著《唐会要·卷九十三》"诸司诸色本钱上"条,中华书局,1955 年。
②见彭金章、王建军著《敦煌莫高窟北区石窟·第一卷》第 136~146 页,文物出版社,2000 年。
③见唐耕耦、陆宏基编《敦煌社会经济文献真迹释录·第二辑》第 325 页,全国图书馆文献缩微复制中心,1990 年。

宴设公廨捉钱账》中未勾,所以才又在《贷钱折粮还纳账》中继续榜上有名,且仍然未勾。

在“军晏设本”之后的3行人名中,其旁注和下注也是很有内容的,除张德意旁注为“品平”外,大多旁注为“平八”,还有两个旁注是“沙七”。平,应是指平康乡;沙,如前所论,应是指神沙乡。七是指七月,八是指八月。记录的是这两乡的人在七月和八月捉了军宴设的公廨本钱，其钱数则在每人名下作标注,从“一千”、“一千五”、“二千”到“三千五百”不等,这个数字从第8行某人名下钱数残存的“五白文”3字得到证实是钱数。在“军宴设本”之后的6~8行中,可判定的人名有8人,其中3人名字上有墨笔勾了,推测这是他们在用粮折还后,捉钱主事者后加的勾画。可以肯定,这是一件军宴设公廨本钱的捉钱账。

如果说《军宴设公廨捉钱账》是豆卢军衙府宴设司发放高利贷账目,那么,前述《贷钱折粮还纳账》则是此宴设司征收这种债务利息的账历,公廨本钱的贷出是以一千、两千诸整数发放的,而回收的利息,则因时间的长短不一出现参差不齐,这就是我们在《还纳账》中看到的数额不同的钱数,这应是公廨本钱出贷以后计算出的利钱数,故其尾数十分零散。捉钱者既然以粮还息自然也就会有粮估价的出现,一如我们在前述《贷钱折粮还纳账》中见到的那样。根据以上分析,我认为《军宴设公廨捉钱账》在前,而《贷钱折粮还纳账》应在其后。

我们还注意到,与前面诸文书同出的,还有一件开元六年(718年)涉及钱、团头的残牒文(B47:12),转录于下[①]:

(前缺)
第1行　牒前件▭
第2行　其▭
第3行　钱,团头▭
第4行　开元六年五月▭
(后缺)

此件缺文太多,无从断定是否还是宴设捉钱一类的牒文,至少它提到了“钱”一类的事,而且似乎是由“团头”之类的人负责,其所记年代开元六

①见彭金章、王建军著《敦煌莫高窟北区石窟·第一卷》第129~138页,文物出版社,2000年。

年五月颇值得关注。它似乎给我们暗示着《贷钱折粮还纳账》的书写有可能就在这一年。

如果以上的推断可以成立，那么，利用《贷钱折粮还纳账》的背面抄写景龙二年(708年)告身的时间，又会晚于开元六年(718年)。当然，这些推论都有待于文书研究新进展来作进一步地证实。

（原载《敦煌研究》2001年第4期）

敦煌吐鲁番所出随葬衣物疏中“脚靡(躧)”新探

彭金章　著

由著名历史学家、武汉大学教授唐长孺先生主编，中国文物研究所(前国家文物局古文献研究室)、新疆维吾尔自治区博物馆、武汉大学历史系魏晋南北朝隋唐史研究室协作整理编辑的《吐鲁番出土文书》释文本10册和图文对照本4册相继出版后,受到中外学术界的高度称赞,认为这是对中国学术界作出的又一突出贡献，从而促进了敦煌吐鲁番学以及魏晋至隋唐史的深入研究,并取得了一批高水平的研究新成果。《吐鲁番出土文书》中,“收集了新中国成立以来在新疆吐鲁番阿斯塔那、哈拉和卓等古墓地203座墓葬中出土的由前凉升平十一年(367年)到唐大历四年(769年)的1800余件文书”[①],其中有随葬衣物疏50件。另外,陈国灿教授的大作《斯坦因所获吐鲁番文书研究》一书中，收集了斯坦因在吐鲁番所获随葬衣物疏2件[②]。从日本西域文化研究会编《西域文化研究第三:敦煌、吐鲁番社会资料(下)》刊载的小笠原宣秀教授《吐鲁番出土的宗教生活文书》得知,大谷探险队在吐鲁番所获文书中有随葬衣物疏3件(龙谷大学藏桔文书、大谷4917号文书、大谷4884号文书),桔瑞超在吐鲁番墓葬中掘获一件随葬衣物疏,即前秦《建元廿二年(386年)女子刘弘随葬衣物疏》[③]。从黄文弼先生《吐鲁番考古记》上得知,黄先生于1928年在吐鲁番哈拉和卓一位农民手中得到1件《白雀元年(384年)随葬衣物疏》[④]。从柳洪亮先生著《新出吐鲁番文书及其研究》一书中得知,1975年以后出土的文书中有随葬衣物疏4件[⑤]。迄今能搜集到的出自吐鲁番地区的随葬衣物疏累计61件。对于这些随葬衣物疏,先后已有小笠原宣秀、马雍、池田

①见唐长孺著《吐鲁番出土文书·编后记》(释文本)第336页,文物出版社,1981—1991年。

②见陈国灿著《斯坦因所获吐鲁番文书研究》第181、353页,武汉大学出版社,1994年。

③见小笠原宣秀著《吐鲁番出土宗教生活文书》,载于《西域文化研究第三:敦煌、吐鲁番社会经济资料(下)》第254~255页,东京法藏馆,1960年。

④见黄文弼著《吐鲁番考古记》图版18,科学出版社,1954年。

⑤见柳洪亮著《新出吐鲁番文书及其研究》第20、26、46、47页,新疆人民出版社,1997年。

温、小田义久、白须净真、郑学檬、侯灿、陈国灿等中外学者进行了深入研究，其成果已陆续发表，反映了随葬衣物疏研究的新进展。然而，对其中的某些结论，比如认为“脚爪囊即布袜之一种”“脚躔（或称脚披）应为护脚布”等尚存在不同看法，故仍有必要对随葬衣物疏中的部分内容继续进行探讨。在某一时期随葬衣物疏中出现的“脚靡一双”“脚躔一两”“脚躔一具”“脚靡一枚”“脚躔一具”“脚縻一具”“脚米壹量”“脚靡（躔）（縻）（米）”究竟指何物，“脚靡（躔）（縻）（米）”与“脚袜”两者之间是什么关系，本文拟提出一点初步看法供学术界讨论。

一

吐鲁番出土的61件随葬衣物疏记载“脚袜（韎、韈）”与“鞸（履、理、里）”者15件（详见后文）。其中“脚袜（韎、韈）”、“鞸（履、理、里）”、“脚爪囊”三者书写于同一件衣物疏上的有5件，具体如下。

1.阿斯塔那305号墓所出《前秦建元二十年（384年）缺名随葬衣物疏》（59TAM305:8）记载：“白绁袜一立。绛地系鞸（履）一量　手脚爪囊各一枚。”

2.阿斯塔那305号墓所出《前秦建元二十年（384年）缺名随葬衣物疏》（59TAM305:17）记载：“帛绁袜一量、绀布绁（履）□□、帛缒（练）脚爪囊□□。”

3.阿斯塔那59号墓所出《北京神玺三年（399年）至玄始十二年（423年）缺名随葬衣物疏》（66TAM59:2）记载：“帛綀[①]一枚、彭鞸（履）一枚、脚爪囊一枚。”

4.哈拉和卓91号墓所出《西凉建初四年（408年）至缘禾五年（436年）缺名随葬衣物疏》（75TKM91:3-1〈b〉~3-2〈b〉）记载：“鞸（履）一两、韎一两、脚抓（爪）囊各一枚。”

5.阿斯塔那383号墓所出《北凉承平十六年（458年）武宣王沮渠蒙逊夫人彭氏随葬衣物疏》（79TAM383:1）记载：“□采□一两　韈带自幅故帛练脚遮一枚　故脚爪一囊。”

另外，在哈拉和卓96号墓所出《北凉真兴七年（425年）宋泮妻隗仪容随葬衣物疏》（75 TKM96:17），残破，其上仅有“故白绢手脚□□□□”（所缺部分可能是“瓜囊”的数量）。

① “綀”古文献上无解，也有可能属于脚上用的物品之一，或许也是属于袜子一类。

同样,衣物疏破损,仅有“脚袜(靺、襪)”、“鞓(履、理、里)”的记载,而未见“脚爪囊”者有3件:

1.阿斯塔那1号墓所出《西凉建初十四年(418年)韩渠妻随葬衣物疏》(63TAM1:11)记载:“故缍(练)靺一两 故鞓(履)一量。”

2.阿斯塔二区1号墓所出《北凉玄始九年(420年)随葬衣物疏》(Ast.II.1.016~019)记载:“故绁襪一量 故糸鞓(履)一量。”

3.阿斯塔那170号墓所出《高昌延昌二年(562年)长史孝寅随葬衣物疏》(72TAM170:88)记载:“右练脚袜一具 右履一双。”

随葬衣物疏保存完好,但疏文中涉及的内容仅有“脚袜(靺、襪)、鞓(履、理、里)”,而未见“脚爪囊”记载者有7件(详见后文)。

从以上论述可得出如下认识。

第一,从“脚袜(靺、襪)”、“鞓(履、理、里)”、“脚爪囊”5次共同书写于随葬衣物疏上的现象分析,表明“脚袜(靺、襪)”、“鞓(履、理、里)”、“脚爪囊”分别属于3种不同名称的脚上用的物品。古文献对履(鞓、里、理)、靺(袜、襪)的解释详见后。“脚爪囊”虽古文献无解释,但从上述衣物疏既书写有袜子又书写有“脚爪囊”判断,“脚爪囊”不是袜子是可以肯定的(从上述第2例“帛缍〈练〉脚爪囊□□”和第5例“白绢手脚□□□□”分析,“脚爪囊”更不是布袜之一种)。“脚爪囊”或许正如有学者论证的那样,“手爪囊即手套”,“脚爪囊即脚套”。

第二,从现有资料分析,“脚爪囊”最早出现于公元384年的随葬衣物疏上,并一直延续到公元458年。而“脚袜(靺、襪)”与“鞓(履、理、里)”在随葬衣物疏上的记载自公元384年出现后则一直延续到公元567年。后者比前者单独出现于随葬衣物疏上的时间延长100多年,表明“脚袜(靺、襪)”与“鞓(履、理、里)”在随葬衣物疏记载中是不可缺少的,而“脚爪囊”则可有可无。

第三,就目前所知,随葬衣物疏上记载有“脚爪囊”的地域仅限于吐鲁番地区,其他地区尚未发现。随葬衣物疏和随葬衣物券上记载有袜子的区域则广阔的多,除吐鲁番地区外,还远及湖南长沙。

第四,敦煌、吐鲁番地区所出随葬衣物疏上用“脚靡(蹠、䐡、米)”代替“脚袜(靺、襪)”后,有关“脚爪囊”的记载未再发现,表明随葬衣物疏记载“脚爪囊”的习俗,不论在吐鲁番还是在敦煌已不再流行。

至于曾被认为是脚上饰物之一的“脚靡(躔、縻、米)”,经研究并不是“护脚布”,详见后论。

二

根据目前掌握的资料得知,吐鲁番出土的61件随葬衣物疏中,有19件随葬衣物疏记载了“脚靡(躔、縻、米)”。现依它们的时代早晚排列如下,以便了解“脚靡(躔、縻、米)”与哪些脚上饰物同时记载于衣物疏上。

1.阿斯塔那170号墓所出《高昌章和十三年(543年)孝姿随葬衣物疏》(72ATM170:9)记载:“故脚靡一枚、故绣鞾二枚。”

2.阿斯塔那170号墓所出《高昌章和十八年(548年)光妃随葬衣物疏》(72ATM 170:77)记载:“脚释一枚、脚靡一枚、履一双。”

3.阿斯塔那169号墓所出《高昌建昌四年(558年)张孝章随葬衣物疏》(72TAM 169:32)记载:“脚靡一双。”

4.阿斯塔那169号墓所出《高昌延昌十六年(576年)信女某甲随葬衣物疏》(72TAM169:42)记载:“脚躔一两。”

5.阿斯塔那48号墓所出《高昌延昌三十六年(596年)某甲随葬衣物疏》(66TAM48:2)记载:“脚躔一两。”

6.阿斯塔那517号墓所出《高昌延昌三十七年(597年)武德随葬衣物疏》(73TAM 17:24)记载:“脚躔一两。”

7.龙谷大学藏桔文书《高昌延昌四十年(600年)缺名随葬衣物疏》记载:“□□一覆脚躔一两。”

8.阿斯塔那333号墓所出《高昌延和四年(605年)宜□随葬衣物疏》(60TAM333:08-1~08-4)记载:“脚靡一枚。”

9.阿斯塔那520号墓所出《高昌延和六年(607年)碑儿随葬衣物疏》(73TAM520:4)记载:“脚躔一两。”

10.阿斯塔那370号墓所出《高昌延和十二年(613年)缺名随葬衣物疏》(67TAM370:1)记载:“脚靡一两。”

11.阿斯塔那113号墓所出《高昌义和四年(617年)缺名随葬衣物疏》(73TAM 113:1)记载:“脚躔一两、脚释一。”

12.阿斯塔那205号墓所出《高昌重光元年(620年)缺名随葬衣物疏》(72TAM205:2)记载:“脚躔一具冗(无)跟履一两。”

13.阿斯塔那151号墓所出《高昌重光元年(620年)氾法济随葬衣物疏》(72TAM 151: 6)记载:“脚䠥具冗(无)跟里(履)具、鞊草鞾一两。”

14.阿斯塔那116号墓所出《高昌重光二年(621年)张头子随葬衣物疏》(73TAM116:19)记载:“脚䠥一具、脚释一具、冗(无)根履一两。”

15.大谷文书4917号《重光三年(622)缺名随葬衣物疏》记载:“□蹠[①]一具、靴一两。”

16.阿斯塔那386号墓所出《高昌延寿十四年(637年)张师儿妻王氏随葬衣物疏》(86TAM386:23)记载:“脚䠥一具、靴一两。”

17.阿斯塔那91号墓所出《唐贞观十七年(643年)至贞观十九年(645年)唐缺名随葬衣物疏》(67TAM91:2)记载:“脚米壹量。”

18.阿斯塔那42号墓所出唐永徽二年(651年)《唐缺名随葬衣物疏》(65TAM42:40)记载:“脚靡一具。”

19.阿斯塔那302号墓所出《唐永徽四年(653年)高昌缺名(女)随葬衣物疏》(59TAM302:35-5)记载:“脚靡壹具、□□绣靴具。”

以上是新疆吐鲁番地区出土的随葬衣物疏中有关“脚靡(䠥、䠥、米)”“绣靴”“脚释”“鞊草鞾”“冗(无)根履”“□□绣靴”等脚饰类物品的记载。然而敦煌却是另一番情景。莫高窟藏经洞发现文书四五万卷,由于“藏经洞的主体文献佛典和供养具,原是三界寺的藏经和资产”[②],不是来自墓葬的遗物,因而也就不可能有专供死者享用的“随葬衣物疏”之类的文书。在以往敦煌地区发掘的墓葬中,亦未发现“随葬衣物疏”之类的文书。1988年11月中旬,敦煌研究院考古人员在对莫高窟北区石窟进行考古发掘时,在埋葬僧人遗体的瘗窟——B228窟,发现了一件《安乐三年(619年)郭方随葬衣物疏》,填补了敦煌藏经洞文献中随葬衣物疏的空缺,因而具有重要意义。这件《安乐三年郭方随葬衣物疏》有“绵脚䠥与低靴各一量”的记载(B228:1)。这是目前所知,新疆吐鲁番地区以外的唯一一件记载“脚䠥”的随葬衣物疏。它的出土表明,随葬衣物疏中记载“脚䠥(䠥、䠥、米)”的习俗,不仅流行于新疆吐鲁番地区,而且也在敦煌地区流行。

以上20件(吐鲁番地区19件,敦煌莫高窟北区石窟1件)随葬衣物疏所见“脚靡(䠥、䠥、米)”为何物?《说文解字》无靡(䠥)字。《集韵》对“靡”字的解释:“同䠥,靡上声,行貌,或作徲、𢕟。”《改併四声篇海·足部》引《馀文》:“䠥,行也。”“行貌”即“行”的样子。“行也”即走也。用类似“行

①经辨认,“蹠”字实即“䠥”字。

②见荣新江著《敦煌藏经洞的性质及其封闭原因》,载于《敦煌吐鲁番研究·第二卷》第23页,北京大学出版社,1997年。

貌”“行也”的意思来解释上述随葬衣物疏“脚靡(躧)”的靡(躧)似不恰当,据此推测,“脚靡(躧)”当另有其他含义。但从该字与“脚”字连用来分析,“脚靡(䩬、躧、米)”应属于名词,并与脚有关,它很可能是脚上用的一种物品。一提到脚上用的物品,许多人就会想到袜、靴、履等。但在上述随葬衣物疏中,“脚靡(躧、䩬、米)”或单独记载,或与“履”,或与“靴”,或与“鞸”,或与“释”同时出现,却不见“袜”字的记载,耐人寻味。古文献对履、靴、鞸等脚上用的物品是这样解释的:《说文》,“靴, 足所依也”;《释名》,“履饰足以礼也, 毛氏曰,‘履能载足”;《玉篇》,“靴亦履也”;《说文》,“鞸,鞮属,革履也”;《广韵》,“鞸,鞋鞸,亦作靴”;《集韵》,“鞸,又作鞡、履、屐”均属于鞋类。但“脚释”在古文献上无解,不知为何物。然而从“脚释”或与“脚靡(躧)”书写于同一件随葬衣物疏上(例如 73TAM 113:1),或与“脚靡”“履”书写于同一件随葬衣物疏上(例如 72TAM170:77),或与“脚䩬”“冗(无)根履”书写于同一件随葬衣物疏上(例如 73TAM116:19)分析,“脚释”很可能也属于脚上用的物品,却不是袜,也不是“履”。究竟是什么物品,有待探讨。根据以上论述,我们推测,“脚靡(躧、䩬、米)”则有可能是袜类的一种。

三

新疆吐鲁番阿斯塔那和哈拉和卓墓葬中出土的 61 件随葬衣物疏中,除了上述 19 件,连同敦煌莫高窟北区石窟的 1 件共计 20 件记载有“脚靡(躧、䩬、米)”外,另有 15 件随葬衣物疏记载有“袜”字,连同湖南长沙晋墓出土的 1 件记载有“袜”字的随葬衣物券,共计 16 件随葬衣物疏和随葬衣物券上书有,“袜”字。现按它们的时代先后排列如下。

1.湖南长沙北门桂花园晋墓所出《晋升平五年(361 年)周芳命妻潘氏随葬衣物券》记载:“故练袜一量　故斑头履一量。”

2.阿斯塔那 305 号墓所出《前秦建元二十年(384 年)缺名随葬衣物疏》(59TAM305:8)记载:“白绁袜一立、绛地丝鞸(履)一量、手脚爪囊各一枚。”

3.阿斯塔那 305 号墓所出《前秦建元二十年(384 年)缺名随葬衣物疏》(59TAM305:17)记载:“帛绁袜一量、绀布鞸(履)□□帛缍(练)脚爪囊□□。”

4.阿斯塔那59号墓所出《北凉神玺三年(399年)至玄始十二年(423年)缺名随葬衣物疏》(66TAM59:2)记载:"帛綀一枚、彭鞓(履)一枚、脚爪囊一枚。"

5.哈拉和卓91号墓所出《西凉建初四年(408年)至缘禾五年(436年)缺名随葬衣物疏》(75TKM91:3-1〈b〉~3-2〈b〉记载:"鞓(履)一两、靺一两、脚抓(爪)囊各一枚。"

6.阿斯塔那1号墓所出《西凉建初十四年(418)韩渠妻随妻衣物疏》(63 TAM 1:11)记载:"故缍(练)靺一两、故鞓(履)一量。"

7.阿斯塔那2区1号墓所出《北凉玄始九年(420年)随葬衣物疏》(Ast. H .1.016~019)记载:"故绢遮一领、故絓韈一量、故系鞓(履)一量。"

8.哈拉和卓96号墓所出《龙兴某年(北凉玄始十二年〈423年〉)至北凉义和二年〈432年〉宋泮妻翟氏随葬衣物疏》(75 TKM96:15)记载:"故絓靺一量、丝鞓(履)一量。"

9.阿斯塔那62号墓所出《北凉缘禾五年(436年)缺名随葬衣物疏》(66TAM62:5)记载:"缍(练)綀一枚 鞓(履)一枚。"

10.阿斯塔那2号墓所出《北凉缘禾六年(437年)翟万随葬衣物疏》(63 TAM2:1)记载:"故帛练袜一量 故绀鞓(履)一量。"

11.哈拉和卓99号墓所出《建平六年(447年?)张世容随葬衣物疏》(75TKM99:7)记载:"故絓鞋一量、故绀鞓(履)一量。"

12.哈拉和卓99号墓所出《建平六年(447年?)苻长资父母墟墓随葬衣物疏》(75TKM99:16)记载:"故蹼一枚、故履一枚、故遮一枚。"

13.阿斯塔那383号墓所出《北凉承平十六年(458年)武宣王沮渠蒙逊夫人彭氏随葬衣物疏》(79TAM383:1)记载:"□采□一两韈、带自幅故帛练脚遮一枚、故脚爪一囊。"

14.哈拉和卓90号墓所出《永康十七年(482年)高昌阿苟母随葬衣物疏》(75TKM90:19)记载:"故脚袜一枚、故理(履)一枚。"

15.阿斯塔那170号墓所出《高昌延昌二年(562年)长史孝寅随葬衣物疏》(72TAM170:88)记载:"右练脚袜一具、右履一双。"

16.阿斯塔那88号墓所出《高昌延昌七年(567年)牛辰英随葬衣物疏》(67TAM88:12)记载:"脚袜一双(下缺)。"

在上述16件随葬衣物疏或随葬衣物券中,"脚袜(靺、韈)"与"鞓

(履)”同时出现在一件随葬衣物疏或随葬衣物券上者有11件,“絺”与“鞓(履)”同时书写于1件随葬衣物疏上者有2件,“蹼”与“鞓(履)”只出现于1件随葬衣物疏上,“襪”与“脚遮”只出现于3件随葬衣物疏上。对于“袜(韈、襪)”字,古文献是这样解释的:《玉篇》,“袜(襪),脚衣”;《类篇》,“襪(袜),足衣”;《释名》,“襪,末也,在脚末也”。至于“絺(66TAM59:22,66TAM62:5)“蹼”(75 TKM99:16)字,古文献上无解。但因它们与“鞓(履)”同书于一件随葬衣物疏上,故“絺”“蹼”也有可能属于脚上用的物品之一,或许也是属于袜子一类的用品。“脚遮”(79TAM383:4)“略呈条砖状,长30.00厘米、宽14.00厘米、高9.00厘米,用两层素绢缝制,内填谷糠皮,置于死者脚后部位”[①],当属于死者脚上的物品,但不知如何用。

四

同样是出自墓葬(或瘞窟)的随葬衣物疏或随葬衣物券,为什么有的是“脚靡(躧、臁、米)”与“履”,或与“靴”,或与“鞾”共同书写于一件随葬衣物疏上,而有的则是“袜(韈、襪)”与“鞓(履)”共同书写于一件随葬衣物疏或衣物券上。尤其是吐鲁番地区,两种书写形式某一时期同时存在。对于这一现象如何解释,试探讨如下。

通过以上分类按时代顺序对湖南长沙北门桂花园晋墓出土的随葬衣物券(1件)、吐鲁番地区晋至唐代墓葬中出土的随葬衣物疏(34件)以及最近出土于敦煌莫高窟北区瘞窟的随葬衣物疏(1件)的系统梳理得知,“袜(韈、襪)”与“鞓(履)”共同书写于同一件随葬衣物疏或衣物券上的形式,最早出现于晋升平五年(361年)[②],并一直延续到高昌延昌七年(567年)。而“脚靡(躧、臁、米)”与“履”,或与“靴”,或与“鞾”共同书写于一件随葬衣物疏上的形式,最早出现于高昌章和十三年(543年),并一直延续到唐永徽四年(653年)[③]。其中晋升平五年至永康十七年(482年)期间,只流行“袜(韈、襪)”与“鞓(履)”共同出现于一件随葬衣物疏或衣物券上的书写形式,尚未见“脚靡(躧)”二字。高昌章和十三年(543年)至高昌延昌七年,为“袜(韈、襪)”与“鞓(履)”和“脚靡(躧、臁、米)”与“履”“靴”“鞾”两种不同书写形式并存时期,因而在这一时期墓葬中出土的随葬衣物疏上,

①见柳洪亮著《新出吐鲁番文书及其研究》第149页,新疆人民出版社,1997年。

②见史树青著《晋周芳命妻潘氏衣物券考释》,载于《考古通讯》,1986年第2期。

③唐长孺主编《吐鲁番出土文书·第一册》(图文对照本)第179页,文物出版社,1992年。

有“袜(靺、韈)”与“鞕(履)”的记载,有“脚靡(蹠、膗、米)”与“履”“靴”“鞾”的记载。高昌延昌十六年(576年)至唐永徽四年(653年),只流行“脚靡(蹠、膗、米)”或与“履”或与“靴”或与“鞾”共同书写于一件随葬衣物疏上的一种书写形式,因而在这一时期墓葬(或瘗窟)中出土的随葬衣物疏上,未再见到“袜(靺、韈)”与“鞕(履)”的记载。根据以上论述我们认为,从高昌章和十三年(543年)至唐永徽四年期间,墓葬(或瘗窟)中出土的随葬衣物疏上书写的“脚靡(蹠、膗、米)”二字,应是一定历史时期的称呼,其实就是袜子(详见附表)。

五

综上所述可知,湖南长沙、新疆吐鲁番地区墓葬中出土的随葬衣物券和衣物疏上,往往是“袜(靺、韈)”与“鞕(履)”同时记载,表明公元361—482年的这种称谓的书写形式流行区域还相当广泛。而吐鲁番地区阿斯塔那墓葬中出土的公元543年随葬衣物疏上,则出现了“脚靡(蹠)”与“履”,或与“靴”,或与“鞾”共同书写于一件随葬衣物疏上的形式,但有的随葬衣物疏上却依然是“袜(靺、蹠)”与“鞕(履)”同时书写,因而也就出现了“袜”与“靡(蹠)”同时并存却又书写于不同的随葬衣物疏上,这种情况一直延续到公元567年。类似随葬衣物疏上这两种不同称谓的记载形式同时并存的现象,目前仅见于新疆吐鲁番地区,其他地区尚未发现。直到吐鲁番地区墓葬中出土的公元653年的随葬衣物疏上,不再有“袜”字,完全由“靡(蹠)”字所代替。这种习俗不只新疆吐鲁番地区墓葬中出土的随葬衣物疏上存在,而且在敦煌地区瘗埋僧人遗体的瘗窟出土的随葬衣物疏上也流行。据此推测,与之相类似的习俗在其他地区也可能存在。

附记:本文在撰写过程中,曾得到武汉大学历史系教授陈国灿先生的帮助,谨表谢意。

(原载《敦煌研究》2002年第6期)

附表：敦煌、吐鲁番、长沙出土的随葬衣物疏(券)上记载的脚上用品一览表

序号	地区	墓葬号及随葬衣物疏(券)号	墓葬时代	随葬衣物疏(券)上记载的脚上用品									
				袜(靺、襪)	䩤(履)	絑	蹎	靡躧靡米	脚释	靴	鞾	脚遮	脚爪囊
1	长沙	周芳命妻潘氏墓	晋升平五年(361年)	故练袜一量	故斑头履一量								
2	吐鲁番	阿斯塔那305号墓(59TAM305:8)	前秦建元二十年(384年)	白绁袜一立	绛地糸糸(履)一量								手脚爪囊各一枚
3	吐鲁番	阿斯塔那305号墓(59TAM305:17)	前秦建元二十年(384年)	帛绁袜一量	绀布绁(履)□□								帛绁(练)脚爪囊□□
4	吐鲁番	阿斯塔那59号墓(66TAM59:2)	北凉神玺三年(399年)至玄始十二年(423年)		彭䩤(履)一枚	帛絑一枚							脚爪囊一枚
5	吐鲁番	哈拉和卓91号墓(75TKM91:3/1-3/2)	西凉建初四年(408年)至缘禾五年(436年)	靺一两	䩤(履)一两								脚抓(爪)囊各一枚
6	吐鲁番	阿斯塔那1号墓(63TAM1:11)	西凉建初十四年(418年)	故绁(练)袜一量	故䩤(履)一量								
7	吐鲁番	阿斯塔那2区1号墓(Ast.Ⅱ.1.016~019)	北凉玄始九年(420年)	故绁襪一量	故糸䩤(履)一量							故绢遮一领	

续表

序号	地区	墓葬号及随葬衣物疏(券)号	墓葬时代	随葬衣物疏(券)上记载的脚上用品									
				袜(靺、襪)	鞮(履)	綵	蹼	靡躔縻米	脚释	靴	鞾	脚遮	脚爪囊
8	吐鲁番	哈拉和卓96号墓(75TKM96:15)	龙兴某年(北凉玄始十二年至北凉义和二年,即423—432年)	故绯靺一量	綵鞮(履)一理								
9	吐鲁番	阿斯塔那62号墓(62TAM62:5)	北凉缘禾五年(436年)		鞮(履)一枚	连(练)綵一枚							
10	吐鲁番	阿斯塔那2号墓(63TAM2:1)	北凉缘禾六年(437年)	故帛练袜一量	故绀鞮(履)一量								
11	吐鲁番	哈拉和卓99号墓(75TKM99:7)	建平六年(447年?)	故绯袜一量	故绀鞮(履)一量								
12	吐鲁番	哈拉和卓99号墓(75TKM99:16)	建平六年(447年?)		故履一枚	故蹼一枚						故遮一枚	
13	吐鲁番	阿斯塔那383号墓(79TAM383:1)	北凉承平十六年(458年)	襪带自幅								故帛练脚遮一枚	故脚爪一囊

续表

序号	地区	墓葬号及随葬衣物疏(券)号	墓葬时代	随葬衣物疏(券)上记载的脚上用品									
				袜(鞢、韈)	鞮(履)	絺	蹼	靡躧靡米	脚释	靴	鞾	脚遮	脚爪囊
14	吐鲁番	哈拉和卓 90 号墓(75TKM90:19)	永康十七年(482 年)	故脚袜一枚	故理(履)一枚								
15	吐鲁番	阿斯塔那 170 号墓(72TAM170:9)	高昌章和十三年(543 年)					故脚靡一枚			故绯鞾二枚		
16	吐鲁番	阿斯塔那 170 号墓(72TAM170:77)	高昌章和十八年(548 年)		履一双			脚靡一枚	脚释一枚				
17	吐鲁番	阿斯塔那 169 号墓(72TAM169:32)	高昌建昌四年(558 年)					脚靡二双					
18	吐鲁番	阿斯塔那 170 号墓(72TAM170:88)	高昌延昌二年(562 年)	练脚袜一具	履一双								
19	吐鲁番	阿斯塔那 169 号墓(72TAM169:32)	高昌延昌七年(567 年)	脚袜一双									
20	吐鲁番	阿斯塔那 169 号墓(72TAM169:42)	高昌延昌十六年(576 年)					脚躧一两					

续表

序号	地区	墓葬号及随葬衣物疏(券)号	墓葬时代	随葬衣物疏(券)上记载的脚上用品									
				袜(靺、韈)	鞋(履)	綀	蹼	靡躧 靡米	脚释	靴	鞾	脚遮	脚爪囊
21	吐鲁番	阿斯塔那48号墓(66TAM48:2)	高昌延昌三十六年(596年)					脚躧一两					
22	吐鲁番	阿斯塔那517号墓(73TAM517:24)	高昌延昌三十七年(597年)					脚躧一两					
23	吐鲁番	大谷探险队藏桔文书	高昌延昌四十年(600年)					脚躧一两					
24	吐鲁番	阿斯塔那333号墓(60TAM333:8-1~8-4)	高昌延和四年(605年)					脚躧一枚					
25	吐鲁番	阿斯塔那520号墓(73TAM520:4)	高昌延和六年(607年)					脚躧一两					
26	吐鲁番	阿斯塔那370号墓(67TAM370:1)	高昌延和十二年(613年)					脚躧一两					
27	吐鲁番	阿斯塔那113号墓(73TAM113:1)	高昌义和四年(617年)					脚躧一两	脚释一				

续表

序号	地区	墓葬号及随葬衣物疏(券)号	墓葬时代	随葬衣物疏(券)上记载的脚上用品										
				袜(靺、襪)	鞮(履)	綀	蹼	靡躧 膷米	脚释	靴	鞾	脚遮	脚爪囊	
28	敦煌	莫高窟北区瘗窟 B228 窟(B288:1)	安乐三年(619 年)					绵脚躧一量		低靴一量				
29	吐鲁番	阿斯塔那 205 号(72TAM205:2)	高昌重光元年(620 年)		冗(无)跟履一两			脚躧一具						
30	吐鲁番	阿斯塔那 151 号(72TAM151:6)	高昌重光元年(620 年)		冗(无)跟 里(履)具			脚躧具			鞊草鞾一两			
31	吐鲁番	阿斯塔那 116 号(73TAM116:19)	高昌重光二年(621 年)		冗(无)根履一两			脚躧一具	脚释一具					
32	吐鲁番	大谷文书 4917 号	高昌重光三年(622 年)					□躧一具		靴一两				
33	吐鲁番	阿斯塔那 386 号(86TAM386:23)	高昌延寿十四年(637 年)					脚躧一具		靴一两				
34	吐鲁番	阿斯塔那 91 号(67TAM91:2)	唐贞观十七年(643 年)至观十九年(645 年)					脚米壹量						

续表

序号	地区	墓葬号及随葬衣物疏(券)号	墓葬时代	随葬衣物疏(券)上记载的脚上用品									
				袜(鞢、襪)	鞓(履)	綵	蹼	靡躧膔米	脚释	靴	鞾	脚遮	脚爪囊
35	吐鲁番	阿斯塔那 42 号墓(65TAM42:40)	唐永徽二年(651 年)					脚靡一具					
36	吐鲁番	阿斯塔那 302 号墓(59TAM302:35/5)	唐永徽四年(653 年)					脚靡壹具		绣靴具			

敦煌莫高窟北区石窟出土的汉文佛经考述

王建军　著

敦煌莫高窟北区出土的汉文佛经，《敦煌莫高窟北区石窟·第一卷》介绍了一部分，李刈先生和张铁山先生对其中部分佛经作了考述①。而《敦煌莫高窟北区石窟·第二、三卷》所涉及的佛经刚刚发表，尚待做进一步的研究。这些佛经多为残片，有的甚至是只言片语。笔者经过长时间的整理、核对，大部分佛经已找到出处。本文仅就《敦煌莫高窟北区石窟·第二卷》中汉文佛经已找到出处者作一些考述。

需要说明的是，北区出土的佛经残片，有的未收入《大正藏》或其他佛藏，还有一些是失佚的佛经，有的佛经与《大正藏》略有差异。这些已找到出处且已定名者，仅限于《大正藏》第 1~55 卷和第 85 卷收录者。

为节省篇幅，本文仅录文书残片原文，对文书与佛经有异者则进行比较说明。在文章的录文中，一律采用简体字，[　　]表示前缺，[　　　　]表示中缺多字，[　　]表示后缺，□表示缺一字，[图]表示“某”字据残留笔画判断后补足。

1.标本 B115:8。

佛经残页。白麻纸，泛黄，纤维交织较匀，纸较薄，质硬，表面光滑。残存文字 6 行。文字背面透墨深浅不匀，应为活字印刷，上单线边框。文书残宽 11. 10 厘米，残高 17. 70 厘米。

（前缺）
烂死不以此因缘[堕][　　]
[诃]责婆袠比丘已告[诸][　　]
□若比丘空诳妄语[为][　　]

①见李刈著《莫高窟北区出土部分写经残片内容初探》，载于《敦煌研究》，2002 年第 5 期；张铁山著《〈敦煌莫高窟北区石窟·第一卷〉所收部分汉文佛经残页出处考》，载于《敦煌研究》，2002 年第 2 期。

[堕]已复次随结除增【　　】
丘说随结已于随结中不【　　】
慧眼不见阿罗汉想而谓【　　】
(后缺)

考证:上文出自《善见律毘婆沙·卷十二》,见《大正藏》第24卷,第755页。

经过与佛经核对,文书足行应为17字。

2.标本B125:1。

佛经残页。白麻纸,檗染,表面研光,纤维交织较匀,质较硬。正面为汉文,手写体,存40行,行16~18字。背面为回鹘文,手写体,存96行。文书残宽67.20厘米,高25.70厘米。

(前缺)
【　　】虚妄□【　　】
【　　】虚福德[禅][定]智慧修如此法
【　　】萨不住无为又具福德故不住无为
□智慧故不尽有为[大]慈悲故不住无为满本
愿故不尽有为□□药故不住无为随授
药故不尽有【　　】病故不住无为灭众
生病【　　】[菩]萨已修此法不
□□为不住无【　　】尽解脱法门汝
等当学尔时【　　】说是法皆大欢
喜以众妙华□□种色□□种香散遍三千
大千世界供养于佛及此经法并诸菩萨已稽
首佛足叹未曾有言释迦牟尼佛乃能于此
善行方便言已忽然不现还到彼国
见阿闳佛品第十二
尔时世尊问维摩诘汝欲见如来为以何等
观如来乎维摩诘言如自观身实相观佛亦

然我观如来前际不来后际不去今则不住不
□色不观色如不观色性不观受想行识不
□□□不观识性非四大起同于虚空六入
________舌身心已过不在三界三垢已离
________明与无明等不一相不异相不
________无相非取相不此岸不彼岸
________生观于寂灭亦不永灭不此
________不在彼不可以智知不可以识
□□□[无]明无名无相无强无弱非净非秽
□□□不离方非有为非无为无示无说不
□不悭不戒不犯不忍不恚不进不怠不定
不乱不智不愚不诚不欺不来不去不出不
入一切言语道断非福田非不福田非应供
养非不应供养非取非舍非相非无相同真
[际][等]法性不可称不可量过诸称量非大非
小非见非闻非觉非知离众结缚等诸智
同众生于诸法无分别一切无失无浊无恼
无作无起无生无灭无畏无忧无喜无厌无
已有无当有无今有不可以一切言说分别
显示世尊如来身为若此作如是观以斯观
者名为正观若他观者名为耶观尔时舍利
弗问维摩诘汝于何没而来生此维摩诘言
________□□乎舍利弗言无没生也若
________□来□
(后缺)

考证:上文出自《维摩诘经·卷三·菩萨行品第十一》和《维摩诘经·卷三·见阿閦佛品第十二》,见《大正藏》第14卷,第554~555页。

文书第7行为"菩萨已修此法",佛经为"菩萨以修此法";第24行为"不在彼",佛经为"不以彼";第30行为"非相非无相",佛经为"非有相非无相";第34行为"无畏无忧无喜无厌无已有",佛经为"无畏无忧无喜无厌无着无已有"。

3.标本B125:28。

佛经残页。白麻纸,纤维交织不匀,有横帘纹。残存手写体文字2行。上单线边框。文书残宽3.70厘米,残高8.50厘米。

(前缺)
利门言普利一▭
举广大圆满功▭
(后缺)

考证:上文出自《释摩诃衍论·卷十》,见《大正藏》第32卷,第668页;或《宗镜录·卷四十一》,见《大正藏》第48卷,第659页。

经过与佛经核对,文书足行应为21字。

4.标本B127:17。

佛经残页。黄檗纸,纤维交织不匀,有筋头,有透光。木刻本,下单线边框。残存文字5行。文书残宽12.00厘米,残高11.60厘米。

(前缺)
▭大欢
▭宝散其女
▭□□火焰摩
▭□摇亦无喜
▭□目不暂舍
(后缺)

考证:上文出自《大方广佛华严经·卷七十五·人法界品第三十九之十六》,见《大正藏》第10卷,第410页。

经过与佛经核对,文书足行应为14字。

5.标本 B128:1。

佛经残页。白麻纸,泛黄,纤维交织较均,表面研光。木刻本,上下单线边框。存文字 6 行,足行 17 字。文书残宽 11.10 厘米,高 31.10 厘米,文面高 24.10 厘米。

(前缺)
▭□论生天之
论欲不净想 ▭为要尔时世尊
已见母难陀心▭世尊常所说法
苦集尽道尔时世尊尽□□难陀说之是时
即于座上得法眼净犹如□□易染为色此
亦如是时母难陀诸尘垢尽得法眼净彼已
(后缺)

考证:上文出自《增壹阿含经·卷二十·声闻品第二十八》,见《大正藏》第 2 卷,第 649 页。

文书第 3 行为"已见母难陀",佛经为"以见母难陀";第 4 行为"苦集尽道",佛经为"苦习尽道";第 4、5 行为"是时即于座上得法眼净",佛经为"是时老母即于座上得法眼净";第 6 行为"眼净彼已",佛经为"眼净彼以"。

6.标本 B128:2。

佛经残页。白麻纸,泛黄,纤维交织较匀,纸较厚,质硬,表面研光。折页装。边缘各有四个小孔,可能是装订孔。外面为手写体回鹘文两面,第一面存文字 18 行,末尾有汉文"第三日"三字,第二面存文字19 行。回鹘文文书是把原汉文文书作废纸后折起来写在外面而重新利用,两边裁剪后装订。

展开后里面为汉文,行间有乌丝栏,行宽 1. 70 厘米。上下单线边框。存手写体汉文 22 行,足行 17 字。根据纸的时代来判断应为晚唐五代。文书残宽 37. 40 厘米,高 25. 30 厘米,文面高 19. 40 厘米。

(前缺)
生者不然不生亦不然婆磋白佛瞿昙何故
说言生者不然佛告婆蹉我今问汝随意答
我婆蹉犹如有人于汝前然火汝见火然不
即于汝前火灭汝见火灭不婆蹉白佛如是
瞿昙佛告婆蹉若有人问汝向者火然今在
何处为东方去耶西方南方北方去耶如是
问者汝云何记说婆磋白佛瞿昙若有来
作如是问者我当作如是答若有于我前然
火薪草因缘故然若不增薪火则永灭不复
更起东方南方西方北方去者是则不然佛
告婆蹉我亦如是说色已断已知受想行识
已断已知断其根本如截多罗树头无复生
分于未来世永不复起若至东方南西北方
是则不然甚深广大无量无数永灭婆蹉白
佛我当说譬佛告婆蹉为知是时婆蹉白佛
瞿昙譬如近城邑聚落有好净地生坚固林
有一大坚固树其生以来经数千岁日夜既
久枝叶零落皮肤枯朽唯干独立如是瞿昙
如来法律离诸枝条柯叶唯空干坚固独立
尔时婆磋出家闻佛所说欢喜随喜从坐起去
如是我闻一时佛住王舍迦迦兰陀竹园尔
(后缺)

考证:上文出自《杂阿含经·卷三十四》,见《大正藏》第2卷,第245~246页。

文书第7行为"汝云何记说",佛经为"汝云何说";第17行为"其生以来",佛经为"其生已来";第20行为"随喜从坐起",佛经为"随喜彼坐起";第22行为"迦兰陀竹园尔",佛经为"迦兰陀竹园时"。

7.标本 B128:18。

佛经残页。白麻纸,泛黄,纤维交织较匀,纸薄,质硬。卷轴式。正面存手写体汉文佛经 103 行，行 17~18 字。在第 76~96 行间夹有手写体回鹘文 20 行。背面存手写体回鹘文 164 行。草体，软笔书写，多处有修改痕迹。文书残宽 174.50 厘米，高 26.50 厘米。

（前缺）
随所生□□终不见不可意色□终不闻不
可意声鼻终不臭不可意香舌终不尝不可
意味身终不觉不可意触意终不取不可意
法舍利子是菩萨摩诃萨于阿褥多罗三藐
□□提永不退转
□□□此修□□□□□罗蜜多诸菩萨摩诃
□众□起以
所著衣持用奉佛皆发无上正等觉心尔时
世尊即便微笑从面门出种种色光尊者阿
难从座而起偏覆左肩右膝著地合掌恭敬
而白佛言世尊何因何缘现此微笑大圣现笑
必有因缘请垂矜愍唯愿为说佛告阿难是
从座起三百苾蒭从此已后六十一劫星
喻劫中当得作佛皆同一号谓大幢相如来
应正等觉明行圆满善逝世间解无上丈夫
调御士天人师佛薄伽梵是诸苾蒭舍此身
□当生东方不动佛国于彼佛所修菩萨行
复有六万天子闻佛□说皆发无上正等觉
心世尊记彼当于弥勒如来法中净信出家
专修梵行弥勒如来为其授记当得无上正
等菩提
尔时此间一切众会以佛神力得见十方各
千佛土及诸世尊并彼众会彼诸佛土清净
□□微妙殊特当于尔时此堪忍界严净之
□□□□□时此众会一万有情各发愿言
以我所修□□□业愿当往生彼彼佛土尔

时世尊知其心愿即复微笑面门又出种种
色光尊□□难复从座起恭敬问佛微笑因
缘佛□有情不阿难白言
□然已见佛言阿□此万有情从此寿尽随
□愿力于万佛土各向往生乃至无上正等
菩提在所生处常不离佛供养恭敬尊重赞
叹修习六种波罗蜜多得圆满已俱时成佛
皆同一号谓庄严王如来应正等觉明行圆
□□逝世间解无上丈夫调御士天人师佛
(此行叠压____蜜多严净一切智一切□
智道以毕□□不起慈悲忿志寂静散乱智
慧愚痴心故舍利子复有菩萨摩诃萨修行
般若波罗蜜多时安□精进静虑般若波罗
蜜多严净一切智一切相智道以毕竟空不
起勤勇懈怠寂静散乱智慧愚痴心故
□□□□有菩萨摩诃萨修行般若波罗蜜
多时安住布施净戒安忍精进波罗蜜多严
净一切智一切相智道以毕竟空不起惠舍
悭吝持戒犯戒慈悲忿恚勤勇懈怠心故舍
利子复有菩萨摩诃萨修行般若波罗蜜多
时安住布施安忍精进静虑波罗蜜多严净
一切智一切相智道以毕竟空不起惠舍悭
吝慈悲忿恚精进怒怠寂静散乱心故舍利
子复有菩萨摩诃萨修行般若波罗蜜多时
安住布施精进静虑般若波罗蜜多严净一
切智一切相智道以毕竟空不起惠舍悭吝
勤勇懈怠寂静散乱智慧愚痴心故舍利子
复有菩萨摩诃萨修行般若波罗蜜多时安
住净戒安忍精进静虑波罗蜜多严净一切
智一切相智道以毕竟空不起持戒犯戒慈
悲忿恚勤勇懈怠寂静散乱心故舍利子复

有菩萨摩诃萨修行般若波罗蜜多时安住
净戒精进静虑般若波罗蜜多严净一切智
一切相智道以毕竟空不起持戒犯戒勤勇
懈急寂静散乱智慧愚痴心故舍利子复有
菩萨摩诃萨修行般若波罗蜜多时安住安
忍精进静虑般若波罗蜜多严净一切智一
切相智道以毕竟空不起慈悲忿恚勤勇怒
怠寂静散乱智慧愚痴心故
舍利子复有菩萨摩诃萨修行般若波罗蜜
多时安住布施净戒安忍精进静虑波罗蜜
多严净一切智一切相智道以毕竟空不起
惠舍悭吝持戒犯戒慈悲忿恚勤勇怒怠寂
静散乱心故舍利子复有菩萨摩诃萨修行
般若波罗蜜多时安住布施安忍精进静虑
般若波罗蜜多严净一切智一切相智道以
毕竟空不起惠舍悭吝慈悲忿恚勤勇怠
寂静散乱智慧愚痴心故舍利子复有菩萨
摩诃萨修行般若波罗蜜多时安住净戒安
忍精进静虑般若波罗蜜多严净一切智一
切相智道以毕竟空不起持戒犯戒慈悲忿
恚勤勇懈怠寂静散乱智慧愚痴心故舍利
子复有菩萨摩诃萨修行般若波罗蜜多时
安住布施净戒安忍精进静虑般若波罗蜜
多严净一切智一切相智道以毕竟空不起
惠舍悭吝持戒犯戒慈悲忿恚精进怒怠寂
静散乱智慧愚痴心故
如是舍利子诸菩萨摩诃萨修行般若波罗
蜜多时安住六种波罗蜜多严净一切智一
切相智道以毕竟空无惠舍悭吝故无持戒
犯戒故无慈悲忿恚故无勤勇怨怠故无寂
静散乱故无智慧愚痴故不著惠舍不著悭

吝不著持戒不著犯戒不著慈悲不著忿恚
不著勤勇不著懈怠不著寂静不著散乱不
著智慧不著愚痴舍利子是菩萨摩诃萨当
于尔时不著惠舍悭吝者不著持戒犯戒者
不著慈悲忿恚者不著勤勇懈怠者不著寂
静散乱者不著智慧愚痴者
舍利子是菩萨摩诃萨当于尔时于著不著
皆无所著何以故以一切法毕竟空故舍利
子是菩萨摩诃萨当于尔时不著毁骂不著
赞叹不著损害不著饶益不著轻慢不著恭
敬何以故毕竟空中无有毁骂赞叹法故无
有损害饶益法故无有轻慢恭敬法故舍利
子是菩萨摩诃萨当于尔时不著毁骂赞叹
者不著损害饶益者不著轻慢恭敬者何以
故□□□□□
(后缺)

考证:上文出自《大般若波罗蜜多经·卷四百零五·第二分观照品第四之三》,见《大正藏》第7卷,第25~27页。

文书第14行为“大憧相如来”,佛经为“大幢相如来”。应是先写汉文,废弃后粘贴而背面书写回鹘文,正面汉文的顺序前后颠倒。正确的顺序应是第36~103行、第1~28行、第29~35行。

8.标本B128:20。

佛经残页。白麻纸,泛黄,纤维交织较匀。存手写体文字2行,行间有乌丝栏,行宽1.70厘米。文书残宽3.50厘米,残高10.30厘米。

(前缺)
人言如来有所说□
说故何以故须菩□
(后缺)

考证:上文出自《金刚般若波罗蜜经》,见《大正藏》第 8 卷,第 756 页;或《金刚般若波罗蜜经论·卷三》,见《大正藏》第 25 卷,第 778、793 页;或《金刚般若波罗蜜经略疏·卷二》,见《大正藏》第 33 卷,第 248 页。

经过与佛经核对,文书足行应为 17 字。

9.标本 B128:21。

佛经残页。白麻纸,泛黄,纤维交织较匀,纸较薄。存手写体文字 2 行,行间有乌丝栏,行宽 1.70 厘米。文书残宽 4. 90 厘米,残高7.20 厘米。

(前缺)

如众没深泥　身东▭

入楞伽经卷第九▭

(后缺)

考证:上文出自《入楞伽经·卷九 ·总品第十八之一》,见《大正藏》第 16 卷,第 576 页。

10.标本 B140:8。

佛经残页。黄檗纸。文字为手写,行间有乌丝栏,行宽 1.90 厘米。正面为汉文,残存 6 行。背面为回鹘文,残存 8 行。文书残宽 10. 50 厘米,残高 10.90 厘米。

(前缺)

▭故行

▭□是忍辱是精进是

▭[故]布施持

▭[相]故不得

▭不得

▭□□

(后缺)

考证:上文出自《大智度论·卷七十二·释大如品第五十四》,见《大正藏》第 25 卷,第 565 页;或《摩诃般若波罗蜜经·卷十六·大如品第五十四

(丹本大如相品)》,见《大正藏》第 8 卷,第 336 页。

经过与佛经核对,文书足行应为 17 字。

11.标本 B140:9。

佛经残页。白麻纸,泛黄。正面汉文为刻版印刷,存 3 行,汉文下有回鹘文。背面存手写体回鹘文 2 行。文书残宽 7.20 厘米,残高11.90 厘米。

(前缺)

☐严一

☐得故一切

☐得成就是故☐

(后缺)

考证:上文出自《大宝积经·卷六·清净陀罗尼第三之一》,见《大正藏》第 11 卷,第 34 页。

经过与佛经核对,文书足行应为 17 字。

12. 标本 B151:1。

佛经残页。白麻纸,泛黄,纤维交织不匀,有横帘纹,纸较厚,质较硬。存手写体文字 9 行,行间有乌丝栏,行宽 1. 50 厘米。时代属于五代以后。手写体。文书残宽 14. 40 厘米,残高 14. 30 厘米。

(前缺)

☐☐☐☐相违害　如四☐

☐☐大蛇性各异　虽居☐

☐☐或下遍于身　斯等终☐☐☐☐

☐☐四种毒蛇中　地水二蛇☐☐☐

☐☐二蛇性轻举　由此乖违☐☐☐

☐☐☐止于此身　造☐

☐☐☐天三恶趣　随☐

☐☐☐☐☐死后　☐

☐可乐!　☐

(后缺)

考证：上文出自《金光明最胜王经·卷五·重显空性品第九》，见《大正藏》第16卷，第424页。

经过与佛经核对，文书足行应为两句、每句为七言的颂。

13.标本B151：2-1。

为一较完整的半页佛经，白麻纸，纤维交织不匀，有横帘纹，有透光。木刻本。存文字12行，足行15字。文面上下各有一粗一细双框。其时代推测为元代。文书残宽18.00厘米，残高17.20厘米。

（前缺）
令诸人天恭敬供□□去诸□□□□
骨流布于世人天□养得福无边今□
言无致生疑惑唯愿□□哀愍我等广
为分别
尔时佛告妙幢菩萨及诸大众汝等当
知云般涅槃有舍利者是密意说如是
之义当一心听善男子菩萨摩诃萨如
是应国知其十法能解如来应正等觉
真实理趣说有□□□般涅槃云何为
□□□诸佛如来□□断尽诸烦恼障
□□障故名□□□□者诸佛如来善
能解了有情□□□法无性故名为涅
（后缺）

考证：上文出自《金光明最胜王经·卷一·如来寿量品第二》，见《大正藏》第16卷，第406~407页。

文书第3行为“致生疑惑唯愿”，佛经为“致生疑惑惟愿”。

14.标本B152：2-1。

佛经残页。麻纸，有筋头，有透光。残存文字4行，完整字18字。文面上有双线边框，天头高3.50厘米。字体为印刷体。文书残宽5.50厘米，残高12.00厘米。

(前缺)
若我得在汝前□
尔时夫人迷闷稍□
胸宛转于也如□
(后缺)

考证:上文出自《金光明最胜王经·卷十·舍身品第二十六》,见《大正藏》第16卷,第452页。

经过与佛经核对,文书足行应为15字。

15.标本B151:3(正)。

佛经残页。麻纸,有横帘纹,纤维交织不匀,纸较厚。正面为汉文,残存手写体文字4行,完整文字61个,行16~18字。行间有乌丝栏,行宽1.70厘米。时代为五代以后。背面为回鹘文。文书残宽7.20厘米,残高27.00厘米。

(前缺)
□□堕三恶趣中无量千岁受诸剧苦受剧
□已从彼命终还生人间作牛马驼驴恒被鞭
挞饥渴逼恼又常负重随路而行或得为
人生居下贱作人奴婢受他驱使恒不自在
(后缺)

考证:上文出自《药师琉璃光如来本愿功德经》,见《大正藏》第14卷,第406页;或《本愿药师经古迹·上卷》,见《大正藏》第38卷,第259页。

文书第2行为"从彼命终还生人间",佛经为"从彼命终来生人间";第4行为"受他驱使",佛经为"受他驱役"。

16. 标本B157:7。

佛经残页。

(前缺)

______在险济众难　众人皆疲倦

______我等今顿乏　于此欲退还

______念　此辈甚可愍　如何欲退还

______□　寻时思方便　当设神通力

______□　庄严诸舍宅　周匝______

（后缺）

考证：上文出自《妙法莲华经·卷三·化城喻品第七》，见《大正藏》第9卷，第27页上；或《添品妙法莲华经·卷三·化城喻品第七》，见《大正藏》第9卷，第161页中、第161页下。

经过与佛经核对，文书足行三句，每句为五言的偈语。

17.标本B159：3–1（正）（彩版十八）。

佛经残页。正面为汉文，背面为回鹘文。汉文文书时代为唐代。

（前缺）

世尊亦如是　得道来甚近　是诸菩萨等　志固无怯弱

从无量劫来　而行菩萨道　巧于难问答　其心无所畏

忍辱心决定　端正有威德　十方佛所赞　善能分别说

不乐在人众　常好在禅定　为求佛道故　于下空中住

我等从佛闻　于此事无疑　愿佛为未来　演说令开解

若有于此经　生疑不信者　即当堕恶道　愿今为解说

是无量菩萨　云何于少时　教化令发心　而住不退地

妙法莲华经如来寿量品第十六

尔时佛告诸菩萨及一切大众诸善男子汝

等当信解如来诚谛之语复告大众汝等当

信解如来诚谛之语又复告诸大众汝等当

信解如来诚谛之语是时菩萨大众弥勒为

首合掌白佛言世尊唯愿说之我等当信受

佛语如是三白已复言唯愿说之我等当信

□□语尔时世尊知诸菩萨三请不止而告

______□如来秘密神通之力一切世

间天人及▭释迪牟尼佛□□
氏宫去伽耶城不远坐于道场得阿褥多罗
三藐三菩提然善男子我实成佛已来无量
无边百千万亿那由他劫譬如五百千万亿
那由他阿僧抵三千大千世界假使有人末
为微尘过于东方五百千万亿那由他阿僧
抵国乃下一尘如是东行尽是微尘诸善男
子于意云何是诸世界可得思维校计知其
数不弥勒菩萨等俱白佛言世尊是诸世界
无量无边非算数所知亦非心力所及一切
声闻辟支佛以无漏智不能思惟知其限数
我等住阿惟越致地于是事中亦所不达世
尊如是诸世界无量无边尔时佛告大菩□
□□善男子今当分明宣语汝等是诸世□
若□微尘及不著者尽以为尘一尘□□□
▭于此□□□亿那▭
祇▭
▭□处百千万亿▭
□众生□善男子于是中▭
又复言其人于巨▭
男子若有众生来至我所我以佛□观□□
等诸根利钝随所应□处处自▭
年纪大小亦复现言当人涅盘▭便
说微妙法能令众生发欢喜心诸善男子如
来见诸众生乐于小法德薄垢重者为□人
说我少□□得阿耨多罗三藐三菩提然我
实成□□□久远若斯但以方便教化众生
令人佛道作如是说诸善男子如来所演经
典皆为度脱众生或说己身或说他身或
示己身或示他身或示己事或示他□□□
言说皆实不虚所以者何如□□□知□□

界之相无有生死□□若出亦无在世及灭
度者非实非虚非如非异不如三界□□□
界如斯之事如来明见无有错
有　　种种行种
(后缺)

18.标本 B159:3–2(正)。

佛经残页,存2行,手写体。

(前缺)
行菩　　成寿命
□然今非实灭度而便唱
(后缺)

考证:上文出自《妙法莲华经·卷五·从地涌出品第十五》《妙法莲华经·卷五·如来寿量品第十六》,见《大正藏》第9卷,第42页上、中、下;或《添品妙法莲华经·卷五·从地涌出品第十四》《添品妙法莲华经·卷五·如来寿量品第十五》,见《大正藏》第9卷,第176页中、下,第177页上。

文书第13、14行为“唯愿”,佛经为“惟愿”;第23行为“如是东行”,佛经为“如从东行”;第24行为“于意云何是诸世界可得思维”,佛经为“于汝意云何是诸世界可得思惟”。

19.标本第464:35。

佛经残页。

(前缺)
无碍
上中下性如来
相离相灭相究
空佛知是已
即为说一切

如来随宜说法□

□法□

(后缺)

考证:上文出自《妙法莲华经·卷三·药草喻品第五》,见《大正藏》第 9 卷,第 19 页下;或《添品妙法莲华经·卷三·药草喻品第五》,见《大正藏》第 9 卷,第 152 页中。

经过与佛经核对,文书每行应为 16~18 字。

20.标本 B175:4。

佛经残页。时代为北朝。

(前缺)

妙法莲华经嘱累□

尔时释迦牟尼佛从□

手摩无量菩萨顶摩□于

无量百千万亿阿僧抵劫修习是难得阿耨

多罗三藐三菩提法□以付嘱汝等汝等应当

一心流布此经□令增益如是三摩诸菩萨

摩诃萨顶而作□言我于无量百千万亿阿

僧祇□修集是难得阿耨多罗三藐三菩提

法令以付嘱汝等汝等当受持读诵广宣此

法令一切众生普得闻知所以者何如来有

大慈悲无诸悭吝亦无所畏能与众生佛之智

慧如来智能自然智能如来是一切众生

之大施主汝等亦应随学如来之法勿生悭

吝于未来世善若有善男子善女人信如来智

慧者当为演说此法华经使得闻知为令其

人得佛智能故若有众生不信受者当于如

来余深法中示教利喜汝等若能如是□

为已报诸佛之恩时诸菩萨摩诃萨闻佛□_

是说已皆大欢喜遍满其身益加恭敬曲□

低头合掌向佛俱发声言如世尊敕当□□
行唯然世尊愿不有虑诸菩萨摩诃萨众□
是三反具发声言如世尊救当共奉行□□
世尊愿不有虑尔时释迦牟尼□□十方来
诸分身佛各还本土而▭所
安多宝佛塔还可▭量
□身诸佛▭
（后缺）

考证：上文出自《妙法莲华经·卷六·嘱累品第二十二》，见《大正藏》第9卷，第52页下。

文书第3行为"手摩无量菩萨顶摩"，佛经为"手摩无量菩萨摩"；第6行为"流布此经"，佛经为"流布此法"；第8行为"修集"，佛经为"修习"；第14行为"于未来世善"，佛经为"于未来世"；第22行为"当共奉行"，佛经为"当具奉行"。

21.标本B175:5。

佛经残页，存3片。时代为北朝。

（1）B175:5-1。

存文字14行。

（前缺）
一□▭
有菩萨声闻而□▭
诸天作天伎乐歌叹于▭
佛为一切众生喜见菩萨□□□萨诸声闻
众说法华经是一切众生喜见菩萨乐集苦
行于日月净明德佛法中精进经行一心求
佛满万二千岁已得现一切色身三味得此
三味已心大欢喜即作念言我得现一切色
三味皆是得闻法华经力我今当供养日月
□□□佛□法华经实时人是三昧于虚空

▭□诃曼陀罗华细末坚黑梅
▭又雨海此岸栴檀之
▭世界口口口佛作□
▭□▭神力□
(后缺)

文书第5行为“乐集苦”,佛经为“乐习苦”;第8行为“一切色”,佛经为“一切色身”。

(2)B175:5-2。

存文字3行。

(前缺)
▭□日月净明□▭
▭得解一切众生语言▭
▭百千万亿那由他▭
(后缺)

(3)B175:5-3。

存文字15行。

(前缺)
▭□□□
言世尊犹故在世尔时日▭
切众生喜见菩萨善男子我涅▭
时至汝可安施床坐我于今▭
一切众生▭
于▭
三菩提▭
宝台及给侍诸天▭
舍利亦付嘱汝当令流□▭
千千塔如是日月净明德▭

见菩萨已于夜后分人于□

生喜见菩萨见佛灭度悲感懊

即以海此岸栴檀为　供养佛

火灭已后权取舍利作八万四

八万四千塔高三世界□□

（后缺）

考证：上文出自《妙法莲华经·卷六·药王菩萨本事品第二十三》，见《大正藏》第9卷，第53页；或《添品妙法莲华经·卷六》，见《大正藏》第9卷，第188页上、中。

经过与佛经核对，文书每行为16~18字。

文书第2行为“言世尊犹故”，佛经为“言世尊世尊犹故”；文书第4行为“床坐”，佛经为“床座”。

22.标本B175:6。

时代为北朝。

（前缺）

妙法莲华经如来神力品第廿

尔时千世界微尘□菩萨摩诃□

□□于佛□□□合掌瞻仰尊颜

世尊我等于佛灭后世尊分身所

度□处当□□此经所口口何我

得是真净大法受持读诵解说书写□□□

之尔时□尊于文殊师利□□量百□□□

旧住□□世□□□摩□□□□比丘□□

尼优婆塞优婆夷□龙夜叉干闼婆阿修罗

□楼罗紧那罗摩喉罗伽人非人等一切众前

现大神力出广长□□至梵世一切□孔放

于无量无数色□□悉遍照十□□□□宝

□亦复如是出广长舌放

佛及宝树下诸佛现神力

时满千百岁□□还摄舌相一时磬咳俱共
弹指□二音声遍至十方诸□□□地皆六
种震动其中众□□龙夜叉干闼婆阿修罗
迦楼罗紧那罗摩喉罗伽非人人等以佛神
力故皆见此婆婆世界无量无边百千万亿
众□□下师子坐上诸佛及见释迎牟尼佛
□□□如来在宝塔中坐师子坐又见无量
▭万亿菩萨摩诃萨及诸四众恭敬
▭佛既见是已皆大欢喜得未
□□□时诸天于□□中唱言过此无量无
边□□万亿▭界有国名婆婆是中
有佛名释迩牟尼今为诸菩萨摩诃萨说□
乘经名妙法莲华教菩萨法佛所护□□□
□深心随喜亦当礼拜供养▭
彼诸众生闻虚空中声已▭
□□□言南南无无释释迦迦▭
▭□幡盖及□▭
(后缺)

考证:上文出自《妙法莲华经·卷六·如来神力品第二十一》,见《大正藏》第9卷,第51页下、第52页上。

文书第15行为“满千百岁”,佛经为“满百千岁”;第15行为“磬咳俱共”,佛经为“磬欬俱共”;第20、21行为“师子坐”,佛经为“师子座”;第24行为“中唱言”,佛经为“中高声唱言”。

23.标本B159:2(正)。

佛经残页。正面有印刷体汉文,残存7行。文面上有单线边框,边框外有回鹘文3个,背面有硬笔书写的回鹘文字。

(前缺)
相众好□说如▭
是药王药上二菩萨▭

者若有持是二菩▭

身□若有诵▭

舍身来▭

皃端正犹▭

□□威伏▭

（后缺）

考证：上文出自《观药王药上二菩萨经》，见《大正藏》第 20 卷，第 664 页下。

经过与佛经核对，文书每行应为 16~17 字。

文书第 4 行为“若有诵”，佛经为“若诵”；第 6 行“皃端正犹”，佛经为“貌端严犹”。

24.标本第 464:1。

佛经残页。

（前缺）

▭诸部从所受□□

□□无尽于有情中最极殊胜□□□

□□胜功能自口具足六波罗蜜□□

功德经于净梵四宫具足念及□□□

便愿力智亦是一切诸数义中得无怖

畏及能言说无有愚痴句句显了成大

聪慧具有广懈无懈怠心少欲知足利

益广大情无□□□是一切有情殊胜

所信之处亦成恭敬师及上师此人先

所未闻工巧技艺神通一切教法若文

若义皆解了□□活命最极诸行最极

清净微妙出□□成近圆不令忘失一

切智智性大□提心决□不入声闻罗

汉缘觉乘中□□金刚金刚手如是具

足无量功德□有如是无量无边广大

功德□

(后缺)

考证:上文出自《圣妙吉祥真实名经》,见《大正藏》第 20 卷,第 832 页上。

文书第 7 行为“广懈无解”,佛经为“广解无懈”。

25.标本第 464:2(图 49)。

佛经残页,存手写体文字 5 行。

(前缺)

杀盗淫及妄　饮酒为花鬘　璎珞□□□

高坐非时食　圣人所远离　□□□此修

以此福因缘　皆共成佛道　此□□□斋戒已竟

三要发菩提心　众善友若发菩提□间想一月

轮皎洁园满无有瑕翳于上想一白色五钴杵又脐复

(后缺)

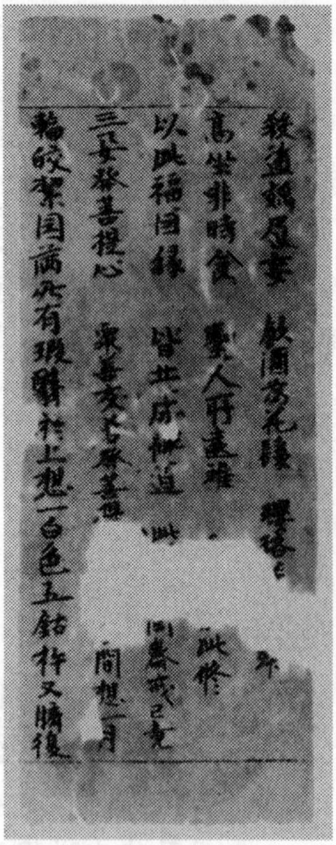

图 49　第 464:2　汉文残文书

考证:文书五言偈语出自《十住毘婆沙论·卷八·人寺品第十七》,但略有异,见《大正藏》第 26 卷,第 60 页中。而其他内容出处不详。佛经为:

杀盗淫妄语　饮酒及华香

璎珞歌舞等　高床过中食

圣人所舍离　我今亦如是

以此福因缘　一切共成佛

26. 标本第 464:7。

佛经残页,存文字 2 行。手写体。行间有乌丝栏。文面上有单线边框。

(前缺)
大般若波罗蜜多经卷第□
初分难信解品第卅四之□
(后缺)

考证:上文出自《大般若波罗蜜多经·卷一百八十二至二百八十四·初分难信解品第三十四之一至一百零三》,见《大正藏》第 5 卷,第 979 页上至第 6 卷,第 442 页中。

27.标本第 464:38(正)。

佛经残页,存手写体文字 4 行,行间有乌丝栏。文面上有单线边框。时代为五代以后。背面有回鹘文。

(前缺)
不思议界不□
利子无上正等菩□
性空中无灭无上□
□智一切智□
(后缺)

考证:上文出自《大般若波罗蜜多经·卷七十三·初分观行品第十九之四》,见《大正藏》第 5 卷,第 413 页下。

经过与佛经核对,文书足行应为 17 字。

文书第 3 行为"无灭无上",佛经为"无灭无无上"。

28.标本第 464:39 –1(正)。

已残,正背面均有文字。存手写体文字 6 行,行间有乌丝栏。时代为宋代。

(前缺)

□获福聚甚多于□

福聚超过一切声□

喜若有菩萨为□

□一切有情□

□意云□

□曰□

(后缺)

考证:上文出自《大般若波罗蜜多经·卷五百六十五·第五分付嘱品第二十三》,见《大正藏》第7卷,第918页下。

经过与佛经核对,文书足行应为17字。

29.标本第464:39-2(正)。

佛经残页。存手写体文字6行。

(前缺)

□说般若波□

□一切苾刍苾□

□药叉健达□

□不动如来应□

□海不可动□

□声闻□

(后缺)

考证:上文出自《大般若波罗蜜多经·卷五百六十五·第五分见不动佛品第二十四》,见《大正藏》第7卷,第918页下。

30.标本第464:66(正)。

佛经残页。存手写体汉文7行,行间有乌丝栏,行间夹写回鹘文9行。文面下有单线边框。

(前缺)

□萨摩诃萨

______乘满慈子言诸

______有情已被六种

______利乐一切有情离

______离生喜乐人初静虑

______断苦先喜忧没不

______具足安住复

（后缺）

考证：上文出自《大般若波罗蜜多经·卷四百八十七·第三分善现品第三之六》，见《大正藏》第7卷，第473页上。

经过与佛经核对，文书足行应为17字。

31.标本B163：47。

佛经残页。存手写体文字8行，足行17~18字。

（前缺）

______□可得何况

□彼常与无常汝若能修如是□□是修净戒

□罗蜜多复作是言汝善男子□修净戒□□

蜜多不应观佛十力□乐□□不应观四无□

畏四无碍解大慈大悲大喜大舍□八佛不□

法若乐若苦何以故佛十力佛十力□性空□

无所畏四无□□□慈大悲大喜大舍十八□

□______

（后缺）

考证：上文出自《大般若波罗蜜多经·卷一百五十四·初分较量品第三十之五十二》，见《大正藏》第5卷，第834页下、第835页上。

文书第2行为“修净戒”，佛经为“修精进”；第3行为“修净戒”，佛经为“修精进”。

32.标本B172：5（图50~51）。

残存五片。正面为木刻本汉文佛经，下单线边框，背面为手写体回鹘文。

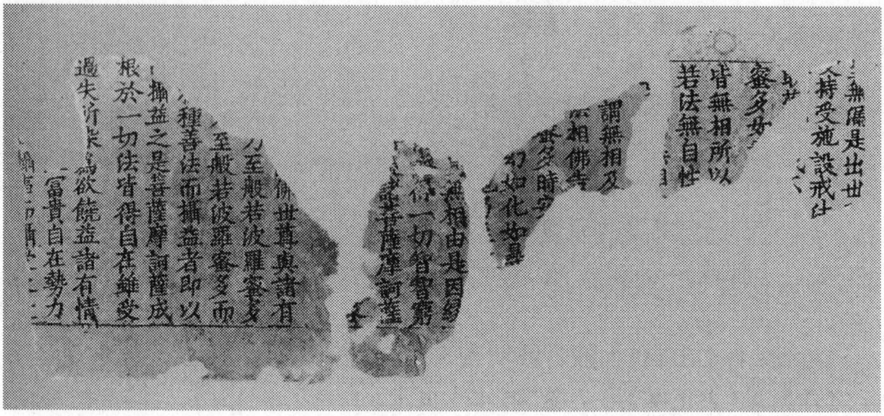

图 50　B172:5-4、5、2、3、1(正)　汉文残文书

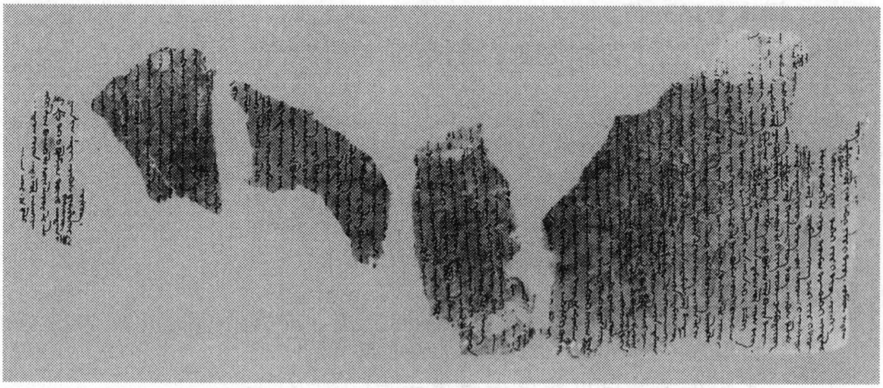

图 51　B172:5-1、3、2、5、4(背)　回鹘文残文书

(1)B172:5-1。

(正)存文字 2 行。(背)存回鹘文 6 行。

(前缺)

______□无漏是出世______

______□持受施设戒[法]______

(后缺)

考证:上文出自《大般若波罗蜜多经·卷四百六十七·第二分无杂品第

七十五之一》，见《大正藏》第 7 卷，第 364 页下。

（2）B172：5–2。

（正）存文字 5 行，（背）存回鹘文 14 行。

（前缺）
▭谓无相及▭
▭法相佛告▭
▭蜜多时安▭
▭幻如化如寻▭
▭□乃至□▭
（后缺）

考证：上文出自《大般若波罗蜜多经·卷五百二十九·第三分妙相品第二十八之二》，见《大正藏》第 7 卷，第 716 页下。

（3）B172：5–3。

（正）存文字 4 行，（背）存回鹘文 12 行。

（前缺）
□□▭
蜜多如□▭
皆无相所以▭
若法无自性▭
（后缺）

考证：上文出自《大般若波罗蜜多经·卷五百二十九·第三分妙相品第二十八之二》，见《大正藏》第 7 卷，第 716 页下；或《大般若波罗蜜多经·卷三百七十八·初分无杂法义品第六十七之一》，见《大正藏》第 6 卷，第 952 页上。

（4）B172：5–4。

（正）存文字 9 行，（背）存回鹘文 28 行。

(前缺)

________佛世尊与诸有

________乃至般若波罗蜜多

________至般若波罗蜜多而

________□种善法而摄益者即以

________□摄益之是菩萨摩诃萨成

________根于一切法皆得自在虽受

________过失所染为欲饶益诸有情

________□富贵自在势力

________摄事[而]摄□□□

(后缺)

考证:上文出自《大般若波罗蜜多经·卷五百二十九·第三分妙相品第二十八之二》,见《大正藏》第7卷,第717页上。

(5)B172:5-5。

(正)存文字4行,(背)存回鹘文10行。

(前缺)

________□无相由是因缘

________□得一切智智穷

________□诸菩萨摩诃萨

________像

(后缺)

考证:上文出自《大般若波罗蜜多经·卷五百二十九·第三分妙相品第二十八之二》,见《大正藏》第7卷,第717页上。

经过与佛经核对,文书足行应为17字。

33.标本第464:33-1(正)。

佛经残页。存手写体文字6行。

(前缺)

_____经卷第十七　　二叶
_____□寂然无声将有谋[也]
□□复再三白言大王我不敢
□□陷固引王大众持与怨家
□□□进必获福庆所□者
_____门[法]常乐_____
（后缺）

考证：上文出自《佛说长阿含经·卷十七·第三分沙门果经第八》，见《大正藏》第1卷，第107页下、第108页上。

34.标本第464:33–1(背)。

佛经残页。存手写体文字5行。

（前缺）
名称远闻犹如大海无□□
受众所供养大王[宜]往□□
问讯王若见者心或开悟□□
命□无畏而告之曰_____
_____异当诣□_____
（后缺）

考证：上文出自《佛说长阿含经·卷十七·第三分沙门果经第八》，见《大正藏》第1卷，第107页下。

经过与佛经核对，文书每行应为11~12字。

文书第4行为“命口无畏”，佛经为“命寿命童子”。

35.标本第464:65(正)。

佛经残页。残存手写体文字7行。行间有乌丝栏，文面上有单线边框。汉文行间夹回鹘文6行。时代为唐代。背面书写回鹘文。

（前缺）
敬至心听受是妙经_____

持是经典四部之众以是因缘▭
□如是微妙经典闻已即得增益▭
▭诸威德是故我等及无量▭
▭其妙典所流布处而作拥[护]□□□
□□当护念听是经典诸国王等及[其]□□
除其患难悉令安隐[他][方]□□▭
(后缺)

考证:上文出自《金光明经·卷二·四天王品第六》,见《大正藏》第16卷,第341页中;或《合部金光明经·卷五·四天王品第十》,见《大正藏》第16卷,第382页下。

经过与佛经核对,文书足行应为17字。

36.标本第464:67(正)。

佛经残页。残存文字5行,足行17字,手写体。行间有乌丝栏,末两行间夹写回鹘文。文面上下有单线边框。背面书有回鹘文。

(前缺)
应受一切恶道等苦即得解脱住菩提道增
寿无量甚大欢喜高声叹言希有如来希有
妙法希有明验甚为难得令我解脱
尔时帝释至第七日与善□□子将诸天众
严持华　涂香末香▭衣璎珞微
(后缺)

考证:上文出自《佛顶尊胜陀罗尼经》,见《大正藏》第19卷,第352页上。

37.标本第464:77。

佛经残页。残存文字6行,足行14字,为木刻本。文面上下有单线边框。从文面相接处可知为《华严经·卷五十五》。

(前缺)
世界种种不同我当以无量身成等

正觉是为第八无下劣心又作是念
我修菩萨行时若有众生来从我乞
手足身鼻血肉骨髓妻子象马乃至
王位如是一切悉皆能舍不□□□
优悔之心但为利益一切众▭
(后缺)

考证：上文出自《大方广佛华严经·卷五十五·离世间品第三十八之三》，见《大正藏》第10卷，第289页上。

文书第4行为“手足身鼻”，佛经为“手足耳鼻”。

38.标本B161:1。

仅存上半部。用四层纸黏合，表面刷红。左边白色题签上墨书“增壹阿……”三字，推测为《增壹阿含经》。

39.标本B168:1。

存一页，两面，一面残。木刻本。上下单线边框。折页装。面6行，每行14字。第一面有文字6行，右边是1行小字，“大宝积经卷第九十四第二张始字号”。

(前缺)
亦复如是是菩萨观欲如骨琐邪忆
想故发起此心观欲如肉揣多怨憎
故观欲如炬火染着苦法远离乐故
观欲如树上果多人爱着故观欲如
假借不得自在故观欲如梦念念灭

B168:1第二面有文字6行。

故观欲如痈于苦倒中生乐想故观
欲如钩行诸恶法堕恶道故观欲如
□河增益欲染不知足故是故菩萨
▭□不善法有觉有观

▭□行离觉观内净信
▭□□□乐成二
(后缺)

考证：上文出自《大宝积经·卷九十四·善臂菩萨会二十六之二》,见《大正藏》第11卷,第533页上、中。

文书第一面第1行为"观欲如骨琐邪",佛经为"观欲如骨璅邪";第2行为"观欲如肉揣",佛经为"观欲如肉团"。

40.标本B168:39(正)。

存一页的大部分。木刻本。上下单线边框。面6行,每行3句,每句5言。背面贴有西夏文文书残片,残存4字。

(前缺)
斯由戒为本　戒为妙宝藏　亦为出世财
戒为大舟船　能渡生死海　□□[清][凉][池]
澡浴诸烦恼　戒为无畏术　▭
戒为究竟伴　能过险恶道　▭
众圣之所游　□▭
不取正戒□　▭
(后缺)

考证:上文出自《摩诃僧抵律大比丘戒本》,见《大正藏》第22卷,第556页上。与佛经有异,佛经为:

斯由戒为本
戒为妙宝藏　亦为七财宝
戒为大船师　能渡生死海
戒为清凉池　澡浴诸烦恼
戒为无畏术　消伏邪毒害
戒为究竟伴　能过检恶道
戒为甘露门　众圣之所由

持戒心不动　专精不放逸
不毁正戒相

41.标本 B175:1。

佛经残页。文字为手写体,残存5行,每行16~17字。时代为五代。

佛说救疾病经一卷
尔时佛在娑罗双树闻临般涅槃时舍利
弗阿难及无量诸天菩萨摩诃萨诸大弟
子一切诸天人皆来集会
佛还正坐告阿难言□□人般涅槃吾欲将
(后缺)

考证:上文出自《救疾经》,见《大正藏》第85卷,第1361页中。《救疾经》,疑为伪经,收于《大正藏》第85卷。

42. 标本 B175:2。

存3小片,文字为手写体,行间有乌丝栏。

(1)B175:2-1 存文字14行。

(前缺)
____光如来
____者佛答文
____信此言耳
____说是
____何
____□读文殊
____持读颂
____义此皆
____化十
____无上正
____复至生死勤

□历无所不作无所
□况复琉璃光本愿功□
□□复如□
(后缺)

考证：上文出自《佛说灌顶经·卷十二·佛说灌顶拔除过罪生死得度经》,见《大正藏》第 21 卷,第 535 页上。

经过与佛经核对,文书足行应为 17 字。

文书第 3 行为“信此言耳”,佛经为“信是言耳”;第 13 行为“琉璃光”,佛经为“琉璃光佛”。

(2)B175:2-2 存文字 13 行。

(前缺)
□皆得□
生天上不复□历三恶道中天上福尽下□
人间当为帝王家作子或生豪姓长者□□
富贵家生皆当端政聪明智能高财□□□
是女人化成男子无复优苦患难□□
佛语文殊我称誉显说琉璃光佛至真□□
本所修集无量行愿功德如是文殊□□
从坐而起长跪叉手□白佛言世□□□□
后当以此法开化□□一切众生□
是经典者若有善男□□女人爱□□□□
持读诵宣通之者□□□念若一日□□□
日四日五日六乃至七七□
能□好素□
(后缺)

考证:上文出自《佛说灌顶经·卷十二·佛说灌顶拔除过罪生死得度经》,见《大正藏》第 21 卷,第 533 页下。

经过与佛经核对,文书足行应为 17 字。

文书第2行为“福尽下”，佛经为“福尽若下”；第3行为“或生豪姓”，佛经为“或于豪姓”；第4行为“端政聪明智能高财”，佛经为“端正聪明智能高才”；第6行为“说琉璃光佛”，佛经为“说药师琉璃光佛”；第10行为“是经典者若有善男□□女人”，佛经为“是经典也若有男子女人”；第12行为“六乃至七七”，佛经为“乃至七日”。

(3)B175:2–3。

存文字6行。

(前缺)
狄各□▭
是经能▭
是经能除疫毒之病是经能▭
狱饿鬼畜生等苦若人得闻此▭
解脱厄难▭
尔时▭
(后缺)

考证：上文出自《佛说灌顶经·卷十二·佛说灌顶拔除过罪生死得度经》，见《大正藏》第21卷，第535页中。

经过与佛经核对，文书足行应为17字。

文书第1行为“狄各”，佛经为“耳各”。

43.标本B175:3。

佛经残页。文书为两张纸黏合，左右字体不同，右半部字体潦草，时代在晚唐、五代。左半部行间有乌丝栏，字体似魏碑，时代为北朝。背面有补痕。右部存文字16行，行16~17字。

(前缺)
□□□▭
生宣扬□□□□▭
土庄严之事愿为▭
佛告文殊师利善□□□□□▭

念罪苦一切众生问此往昔诸佛名□□□
清静庄严之事利益一切无量众□□□□
厄令得安隐汝今谛听谛听善思念之吾□
为汝分别说之众坐□□□□□萨无□□
众及诸应真国王长▭
弟子皆各嘿然听▭
佛告文殊师利东方去此佛刹过□▭
有佛名曰药师琉璃光如来无▭
等正觉明行足善逝世间□▭
天人师佛世尊度脱生▭
琉璃光本所修集菩□道时▭
十二上愿令一切众生所求皆得

左部存文字 19 行,足行 17 字。

第一愿者使我来世得作佛时自身□明普
照十方三十二相八千种好而自庄严令一
切众生如我无异
第二愿者使我自身犹如琉璃内外明彻净
无瑕秽妙色广大功德巍巍安住十方如日
照世幽冥众生悉蒙开晓’
第三愿者使我来世智能广大如海无穷润
泽枯涸无量众生普使蒙益悉令饱满无饥
渴想甘食美膳悉持施与
第四愿者使我来世佛道成就巍巍堂堂如
星中之月消除生死之云令无有翳明照世
界行者见道热得清凉解除垢秽
第五愿者使我来世发大精进净持戒地令
无浊秽慎护所受令无缺犯亦令一切戒行
具足坚持不犯至无为道
第六愿者若有众生诸根毁败盲者使视聋

者得听哑者能语病者得差者得申跛者
能行如是不完具者悉令具足
□□来世
(后缺)

考证:上文出自《佛说灌顶经·卷十二·佛说灌顶拔除过罪生死得度经》,见《大正藏》第21卷,第532页中、下。

文书右部第3行"土庄严之事"中"土"为武周新字;右部第7行为"谛听谛听",佛经为"谛听谛受";右部第10行为"嘿然听",佛经为"默然听";右部第11行为"此佛刹过",佛经为"此佛刹十";右部第15行为"本所修集",佛经为"本所修行";左部第4行为"使我自身",佛经为"使我来世自身";左部第16行为"第六愿者若有",佛经为"第六愿者使我来世若有";左部第17行为"者得听哑者能语病者得差者得申",佛经为"者能听哑者得语者能申"。

44.标本B175:7。

残存手写体文字31行,足行17字。行间有乌丝栏。

(前缺)
受
是药
自然消灭
人闻我说
不发无上正□
官不迁治生
□我说
□□□心中所愿仕官皆
得高迁财物自□□□饮食充饶皆得□□
若为县官所拘录恶人侵枉若为怨□□□
便者心当存念琉璃光佛若他妇女□□□
者皆当念是琉璃光佛皃即易生
无诸疾痛六情完具聪明智

遭枉横善神拥护不为恶鬼▭
佛说是语时阿难在右▭
信我为文殊师利说往▭
有佛名药师琉璃光本愿功▭白
佛言唯天中天佛之所言何▭佛复
语□难言世间人虽有□耳鼻口唇舌人常
用是六事以自迷或信世间□□之言不□
至真至诚度世苦切之语□□人等难可开
化阿难白佛言世尊世□□有恶逆下贱之
者若闻佛说经开人耳目破治人病除人阴
冥使睹光明解人□结去人重罪千劫万劫
无复优患皆因佛说是药师琉璃光佛本愿
功德悉令安隐得其福也
佛告阿难汝口为言善而汝内心狐疑我言
阿难汝莫作是念以自毁败佛言阿难我见
汝心我知汝意汝知之不阿难即以头□着
地长跪白佛言如天中天▭
说药师琉璃▭
(后缺)

考证：上文出自《佛说灌顶经·卷十二·佛说灌顶拔除过罪生死得度经》,见《大正藏》第21卷,第534页中、下。

第10行为“县官所拘”,佛经为“县官之所拘”;第12行为“佛完即易生”,佛经为“佛完则易生”;第18行为“佛之所言”,佛经为“佛之所说”;第19行为“难言世间”,佛经为“难言其世间”;第19行为“耳鼻口唇舌”,佛经为“耳鼻舌身意”;第20行为“迷或信”,佛经为“迷惑但信”;文书第21行为“□□人等”,佛经为“如是辈人”;第27行为“佛告阿难”,佛经为“佛言阿难”;第27行为“狐疑我言”,佛经为“狐疑不信我言”;第28行为“毁败佛言”,佛经为“毁败汝之功德佛言”;第30行为“白佛言如”,佛经为“白佛言审如”。

45.标本 B175:8。

残存四小片,文字为手写体。行间有乌丝栏。

(1)B175:8-1。

残存文字 5 行。

(前缺)

□愚痴□

□就山神树下鬼神□□

□□作诸咒誓或作□

□符书以相厌祷□

□琉璃光本愿功□

(后缺)

考证:上文出自《佛说灌顶经·卷十二·佛说灌顶拔除过罪生死得度经》,见《大正藏》第 21 卷,第 533 页中。

文书第 5 行为“琉璃光本愿”,佛经为“琉璃光佛本愿”。

(2)B175:8-2。

残存文字 6 行。

(前缺)

□清信

□一心

□念昼

□六日七日或

□□本愿功德□

□□□□

(后缺)

考证:上文出自《佛说灌顶经·卷十二·佛说灌顶拔除过罪生死得度经》,见《大正藏》第 21 卷,第 533 页下。

经过与佛经核对,文书足行应为 17 字。

(3)B175:8-3。

残存文字10行。

(前缺)

禁▭　　层

▭菩

▭则云何□脱□□语阿难

▭尺灯亦复尔□层之灯一

▭ 轮若遭厄难□在牢狱枷

▭四十九灯应放

▭之难□

为诸横恶▭

救脱菩萨▭　　辅相

王子□▭　　应造

(后缺)

考证:上文出自《佛说灌顶经·卷十二·佛说灌顶拔除过罪生死得度经》,见《大正藏》第21卷,第535页中。

经过与佛经核对,文书足行应为17字。

(4)B175:8-4。

残存文字2行。

(前缺)

▭人徒□▭

▭□□□▭

(后缺)

考证:上文出自《佛说灌顶经·卷十二·佛说灌顶拔除过罪生死得度经》,见《大正藏》第21卷,第535页中。

经过与佛经核对,文书足行应为17字。

(原载《敦煌研究》2005年1期,2006年第4期)

莫高窟北区石窟出土的版刻汉文大藏经本

竺沙雅章 著 徐冲 译

最近，笔者对旅顺博物馆所藏的吐鲁番出土汉文佛典(以版刻佛典为主)做了一些考察①。可以确信的是，宋元版大藏经的各种版本都已传至吐鲁番地区，其中以《契丹藏》的残卷为最多。那么，敦煌的情形又如何呢?因为藏经洞封闭时版刻大藏经尚未普及，藏经洞所发现佛典中当然是不包括大藏经本的，所以就不能成为考察敦煌行用何种大藏经之线索。但是，在近年发掘的莫高窟北区石窟出土的汉文佛典中，发现了十余件版刻大藏经的残卷。它们既为宋元版大藏经史的研究提供了宝贵资料，同时也反映出藏经洞封闭后敦煌的佛教状况之一斑。不过，在《敦煌莫高窟北区石窟》一书中，仅有"刻印本""印刷体"等区别，而未涉及版本的种类。本文试图根据《敦煌莫高窟北区石窟》的记录与图版，从汉文版经中择取可视为大藏经本的部分，判断其版本种类，并说明其特色。

正如已经为学者所指出的②，宋元版大藏经大致包括以下三个类别，即，第一类:《开宝藏》及其覆刻《高丽藏》《金藏》;第二类:《契丹藏》;第三类:江南诸藏——《崇宁藏》《毗芦藏》《思溪藏》《碛砂藏》《普宁藏》等。三类藏经在版式、帙号、装帧等方面都各有不同。下面，就对北区石窟出土的版刻汉文大藏经本与以上各类特征相合的部分略作总结，分类别加以解说。其中，《敦煌莫高窟北区石窟》一书中所载的纸质、录文、尺寸等不再移录，而代之以注明经文在《大正藏》中的相应位置;若是《金藏》本，则进一步注明其在《中华藏》(《中华大藏经(汉文部分)》)中的相应位置;若是《碛砂藏》，则进一步注明其在《宋版碛砂大藏经》(新文丰出版公司影印本)中的相应位置。

①见竺沙雅章著《西域出土の印刷佛典》，载于《旅顺博物馆藏トルファン出土汉文佛典研究论文集》第118~134页，龙谷大学佛教文化研究所、西域研究会，2006年。

②见竺沙雅章著《宋元佛教文化史研究》第271~360页，汲古书院，2000年。

一、第一类——《金藏》

第一类藏经版式上的特点是:一版23行,行14字,卷子本。相对于《开宝藏》的上下无界,《高丽藏》和《金藏》每版上下都有单边的界线。吐鲁番出土佛典中有若干《开宝藏》本的残卷发现,《敦煌莫高窟北区石窟》中则只收有《金藏》本,而且也非卷子本,是折本(经折装)与册子本(蝴蝶装)。前者有4件,均为唐代实叉难陀译《大方广佛华严经》,即所谓《八十华严》,版式为1折6行,行14字(彩版十九)。

1.B53:1–2.1。

《大方广佛华严经·卷十》,残存3折18行,扉书1折(图52)。

《敦煌莫高窟北区石窟·第一卷》第190~191页,彩版16。

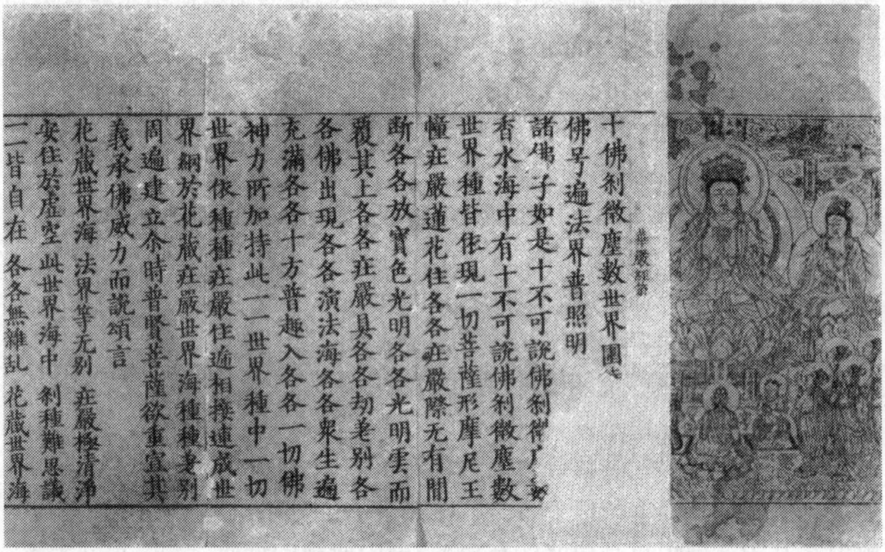
十佛刹微塵數世界圍遶
佛号遍法界普照明
諸佛子如是十不可說佛刹微塵數
香水海中有十不可說佛刹微塵數
世界種皆依現一切菩薩形摩尼王
幢莊嚴蓮花住各各莊嚴際无有間
斷各各放寶色光明各各光明雲而
覆其上各各莊嚴具各各劫差別各
各佛出現各各演法海各各衆生遍
充滿各各十方普趣入各各一切佛
神力所加持此一一世界種中一切
世界依種種莊嚴住遞相接連成世
界網於花藏莊嚴世界海種種差別
周遍建立尒時普賢菩薩欲重宣其
義承佛威力而說頌言
花藏世界海 法界等无別 莊嚴極清淨
安住於虛空 此世界海中 刹種難思議
一一皆自在 各各無雜乱 花藏世界海

图52 B53:1 《大方广佛华严经·卷十》

《大正藏》10–51b2–19,《中华藏》(广胜寺本)12–712a1–18。

2.B57:1。

《大方广佛华严经·卷二十二》,残存2折12行。

《敦煌莫高窟北区石窟·第一卷》第220~221页,图版80:3。

《大正藏》10–118c9–19,《中华藏》(永乐北藏本)。

3.B59:4。

《大方广佛华严经·卷五十五》,残存1折6行,27字。

《敦煌莫高窟北区石窟·第一卷》第227~228页,图版83:3。

《大正藏》10-289a1-6,《中华藏》(广胜寺本)13-206b13-18。

4.B464:77。

《大方广佛华严经·卷五十五》,残存1折6行。

《敦煌莫高窟北区石窟·第三卷》第77~78页,彩版9:1。

《大正藏》10-289a6-11,《中华藏》(广胜寺本)13-206b19-c2

关于第1件,李际宁先生已在其所著《佛经版本》①中设专章"敦煌发现的《金藏》"对这一残卷进行了介绍,指出其与国家图书馆藏广胜寺本《金藏》为同版,据广胜寺本卷尾有河津县梁许村樊典的题记②而断定其为金代原版,《敦煌莫高窟北区石窟》将其定为元刊本是错误的③。李先生的著作中也附有广胜寺本的图版,两者相比较,《敦煌莫高窟北区石窟》中的文字更显清晰,可能是更早,在金代付印的。另外,其扉页以教主毗卢遮那佛为主尊,则可知这一特征是《华严经》特有的,而并非出自整部《金藏》。关于第2件,虽然因为《中华藏》以永乐北藏本为底本而无法进行比较,但是从纸质、字体等方面来看,与其他3个应为同版,均为早期印本。也就是说,它们本来就是一本,只是后来散开了。《敦煌莫高窟北区石窟》将第2件"推测为晚唐或五代遗物"、将第3件"断定为晚唐至五代"④,也都有订正的必要。

另外,第一类藏经(包括《金藏》在内)本来均为卷子本。现代发现的广胜寺本和大实集寺本也都是卷子本,而无折本。如李先生所言,这一次北区出土的《华严经》可证,《金藏》中除了卷子本之外,尚有折本的存在。不过,这并非是首次发现。1980—1981年在发掘的新疆柏孜克里克千佛洞遗址时出

①见李际宁著《佛经版本》,江苏古籍出版社,2002年。

②见广胜寺本《大方广佛华严经·卷十》题记:"河律县梁许村樊典施财/经一卷,先亡祖宗父母,伏愿/生天见佛,见存家眷,乞保/平安,一切有情,同登彼岸。"另外,紧随《华严经》之后的昙无识译《大般涅槃经·卷二十五》(广胜寺本)中,有天德四年(1152年)奉佛弟子樊与的施财刊记。若樊与为樊典之兄弟,则这一《华严经》应该也刊刻于同一时期。

③见彭金章、王建军著《敦煌莫高窟北区石窟·第一卷》第114~118页,文物出版社,2000年。

④同③,第220、228页。

土的《大般若经》残卷2件也是折本的《金藏》本[①]。进一步从文献上说,据金代赵沨的《济州普照禅寺照公禅师塔铭》(见《金文最·卷一百一十一》。大定二十九年(1189年),济州普照禅寺住持智照(1151—1195年)至京师弘法寺印造大藏经两藏带回。其中一藏以卷轴装置为轮藏,另一藏则以"梵册"即折本装的形式置为壁藏,以便于清众翻阅[②]。《金藏》的经版自山西解州运抵京师是在大定二十一年(1181年),则智照所印造带回的是刚完成不久的藏经,由此可知《金藏》印造肇始之际就已经有折本装的制作了。发现的折本《华严经》应该也是制作于较早的时期。但是,当时《金藏》全藏是否已经传至敦煌,现在尚不明确。如前所述,第1条的扉书只是《华严经》所特有的。因此,这种《华严经》可能只是供僧徒诵读之用的单行本,而非取自大藏经的经典。

《金藏》的册子本(蝴蝶装),有如下一件发现。

B168:1。

《大宝积经·卷九十四》,残存1页,每半页6行,行14字,右端有"大宝积经第九十四卷　第二张　始字号"的刻板记号(图53)。

《敦煌莫高窟北区石窟·第三卷》第167页,图版100:1、2。

《大正藏》11-533a26-b8,《中华藏》(广胜寺本)9-215c1-11。

与《中华藏》本相比,其文字的字形与配置完全相同,很明显是《金藏》的覆刻本。这种版本在吐鲁番也有很多出土。例如出口常顺所藏本中的504《法华经》与505《大般若经》。其中的《法华经》同样也只有1页残存,据藤枝晃的解说,"沿中央的折线有装订孔,左右纸端的背面有糊附的痕

①见《新疆柏孜克里克千佛洞遗址出土遗物》,载于《文物》1985年第8期,图版壹。其中《大般若波罗蜜多经·卷五十一》残卷(80TBI:492)与《中华藏》(广胜寺本)1-505b11-22同版,存12行,第6行后有折痕。《大般若波罗蜜多经·卷五百二十》残卷(80TBI:491)与《中华藏》(大宝集寺本)6-195b11-16同一的经卷,存6行,行14字,上下有界线。中村菊之进氏也认为《大般若波罗蜜多经·卷五十一》残卷"或为改装折帖本",《大般若波罗蜜经·卷五百二十》残卷"与前者为同卷,也应为折帖本",见中村菊之进著《**トルファン**出土**の**大藏经》,载于《密教文化》)第172号,第51~52页,1990年。

②见赵沨著《济州普照禅寺照公禅师塔铭》,载于清代张金吾辑《金文最·卷一百一十一》(点校本)第1593页,中华书局,1990年。"(大定二十九年)乃谓寺众曰:'轮藏□□□□□□□,闻京师宏法寺有藏经板,吾常往彼印造之。'即日启行,遂至其寺。凡用钱二百万有畸,得金文二全藏以归。一宝轮藏,黄卷赤轴,□□□□□□殿中安置。壁藏皆□梵册,漆板金字,以为严饰,庶几清众易于翻阅。"

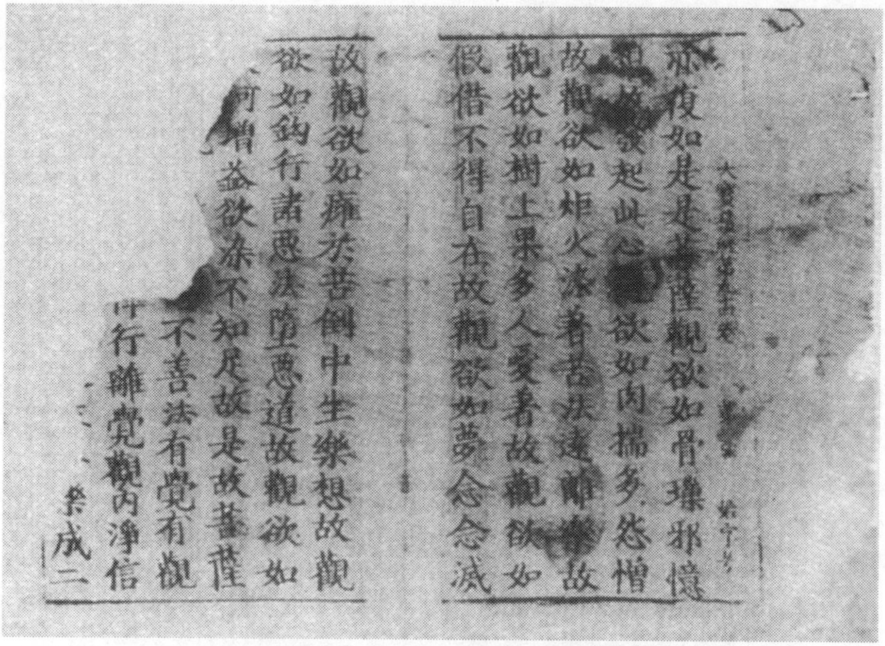
亦復如是是菩薩觀欲如骨璅邪憶
念故發起此心欲如肉摶多慾憎
故觀欲如炬火染著苦法違離樂故
觀欲如樹上果多人愛著故觀欲如
假借不得自在故觀欲如夢念念滅
故觀欲如癩疥於瘡中生樂想故觀
欲如鈎行諸惡法墮惡道故觀欲如
河增益欲染不知足故是故菩薩
不善法有覺有觀
行離覺觀內淨信
成二

图 53 B168:1 《大宝积经·卷九十四》

迹,说明其原本为蝴蝶装"①。《敦煌莫高窟北区石窟》所载《大宝积经》的图版不够清晰,书中也未做任何说明,可能也有装订孔的痕迹。这些版本的字体与前述《法华经》相比较为拙劣,推测其原版可能为补刻本。虽然其覆刻的地点并不明了,不过考虑到不只是吐鲁番,在敦煌也有这种册子本出土,则有可能是在中国内地如燕京等地制作的。至少,据以上北区石窟出土物,我们第一次知道了《金藏》的这种册子本,在当时除了吐鲁番地区以外,还广泛传布到了其他地区。至于《金藏》全藏是否均为册子本,还是只是部分是册子本,现在尚难以判断,只能留待今后探讨。

二、第二类——《契丹藏》

吐鲁番出土的大藏经本中,《契丹藏》占大多数。黑水城出土佛经中也是这种情况②。那么,敦煌的情形又如何呢?可以确认为《契丹藏》的经本,在《敦煌莫高窟北区石窟》中只有如下一件。

①见藤枝晃著《トルファン出土佛典の研究——高昌残影释录》第 258 页,东京法藏馆,2005 年。

②见竺沙雅章著《黑水城出土の遼刊本について》,载于《汲古》第 43 号,第 20~27 页,2003 年。

B159:2。

《观药王药上二菩萨经》,残存7行,33字(图54)。

图54 B159:2 《观药王药上二菩萨经》

敦煌莫高窟北区石窟·第三卷》第35~36页,图版17:1。

《大正藏》20-664c9-15。

这是一件细小残片,残宽12.90厘米、残高12.50厘米,经文只有33个字,《敦煌莫高窟北区石窟·第三卷》能够据此给定正确的经名,令人钦佩。其每行17字(第1行只有16字)、有单边界线、卷子本等特征,均与《契丹藏》的版式一致。另外,据《大正藏》校记:第4行的“身”字,“三本”(即江南系藏经)无;第6行的“端正”,他本均作“端严”。可见《契丹藏》在经文上也有其他藏经所不具的特征。《观药王药上二菩萨经》为刘宋时期畺良耶舍所译,与《观无量寿佛经》一起“流通宋国”,编入大藏经后流传于后世。其既非特别珍贵的经典,也不是佛教徒日常受持诵读的日用经书,那么,这可能就不是单行的经典,而是自《契丹藏》中析离的经本。如此,则这一残片可以说是显示《契丹藏》流传至敦煌的证据之一。

另外,还有一件可认为是手抄自《契丹藏》本的残卷。

B163:47。

《大般若波罗蜜多经·卷一百六十一》,残存7行,行18字(图55)。

《敦煌莫高窟北区石窟·第三卷》第126页,图版77:3。

《大正藏》5-867c13-20。

据《敦煌莫高窟北区石窟》所记,这一残卷为黄檗纸,文字为手写,上下有单边界线,界高为22.00厘米。而应县木塔发现的《契丹藏》版界高为21.80~22.30厘米,这一写本的界高在其范围之内。最为重要的是,其1行字数为18字。在《大般若经》的各种文本中,18~19字1行的只有《契丹藏》。"多""净""法"等字在字形上也具有契丹版的特征,因此,可推测其抄自《契丹藏》本。事实上,在吐鲁番出土佛典中,也有5件被认为是抄自《契丹藏》的①。《敦煌莫高窟北区石窟》中的这件残卷大概也是其中之一吧。

图55 B163:47 《大般若波罗蜜多经·卷一百六十一》

无论如何,据以上讨论,可以确认《契丹藏》传布到了敦煌。至于是何时传来的,当然还不清楚。众所周知,藏经洞发现文献中有辽僧诠明的写本(P.2159《妙法莲华经玄赞科文》)。即使敦煌被西夏统治之后,其与辽之间的文化交流可能仍然持续,这从《契丹藏》本的残卷中,对此可略窥一二。

三、第三类——江南诸藏

吐鲁番也有江南系藏经本的残卷出土,不过为数极少。可见宋元时期的江南佛教尚未能达至西域。不过敦煌的情况有所不同,其与江南的关系似乎相当密切。对此,大藏经本可为佐证。《敦煌莫高窟北区石窟》中江南系大藏经所特有的1折6行、行17字的残片很常见。其中与元代《积砂

①中村先生在前揭论文的注中写道:出口常顺《ル・コック集吐鲁番汉文文献》(东洋文库藏)《契丹藏》本或许是"誊写本"吧。的确,从照片看来,TII1023(ch1937)《阿毗达磨俱舍论·卷三十》似为墨痕分明的写本。然而,在《目录I》("Katalog chinesischerbuddhistischer Textfragmente",Band I,Berlin,1975.)中它被视为木版。有必要确认其实物究竟是否为誊写本。无论如何,包括《敦煌莫高窟北区石窟·第三卷》所收写本在内,抄自《契丹藏》的写本的存在是应该注意的。留待今后探讨。

藏》本大致相合的,有如下 4 件。

1.B56:1。

《增壹阿含经·卷二十》,残存 1 折 6 行,52 字(图 56)。

《敦煌莫高窟北区石窟·第一卷》第 210 页,图版 70:1。

《大正藏》2-649a21-27,《积砂藏》893a7-12。

2.B115:8。

《善见毗婆沙律·卷十二》,残存 1 折 6 行,53 字。

《敦煌莫高窟北区石窟·第二卷》第 103 页,图版 34:4。

《大正藏》24-755c21-27,《积砂藏》23-74b25-30。

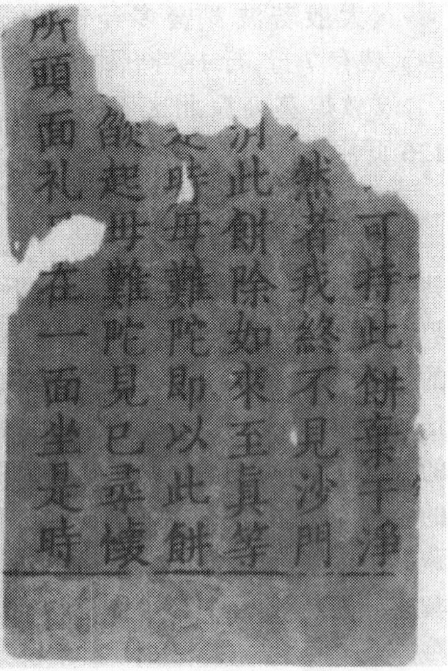

图 56　B56:1　《增壹阿含经·卷二十》

3.B128:1。

《增壹阿含经·卷二十》,残存 1 折 6 行,74 字。

《敦煌莫高窟北区石窟·第二卷》第 182 页,图版 82:1。

《大正藏》2-649a28-b4,《积砂藏》893a13-18。

4.B140:9。

《大宝积经·卷六》,残存 3 行,11 字。

《敦煌莫高窟北区石窟·第二卷》第 257 页,图版 123:3。

《大正藏》11-34a　18-20,《积砂藏》5-441　b27-29。

其中第 1 件与第 3 件是前后相连的。出土于不同的洞窟，却前后相连,让人难以理解。另外,《敦煌莫高窟北区石窟》认为第 2 件"文字为活字印刷"的意见是错误的。《大正藏》将其标题为《善见律毗婆沙》,此处从《积砂藏》。而若将以上 4 件残卷与影印本《积砂藏》对比的话,虽然非常相似,但也并非完全相同。特别是第 1 件,其右端"持"字之右可以看到表示页数的"七"字的一部分,再下数 4 字还可以看到似为刻工名字的痕迹。而影印本却只有页数的标注而没有下面的字。据古泉圆顺先生教示,大阪杏雨书屋所藏的《积砂藏》原本也是如此。两者在文字上确实有细微的差别,所以严格地说,不能不认为第 1 件是《积砂藏》的覆刻本。另外,影印本《善见毗婆沙律·卷十一》有大德十年(1306 年)的题记。

江南系藏经的另外 1 件,是下面的《大般若经》。

B172:5。

《大般若波罗蜜多经·卷五百二十九》,残存 5 片,1 折 6 行,行 17 字。

第 1 片 2 行 11 字,第 2 片 5 行 19 字,第 3 片 4 行 13 字,第 4 片 9 行 73 字,第 5 片 4 行 19 字(图 57),纸背写有回鹘文。

《敦煌莫高窟北区石窟·第三卷》第 185 ~ 186 页,图版 109:1。

《大正藏》7-716b-717b(各残片的位置省略)。

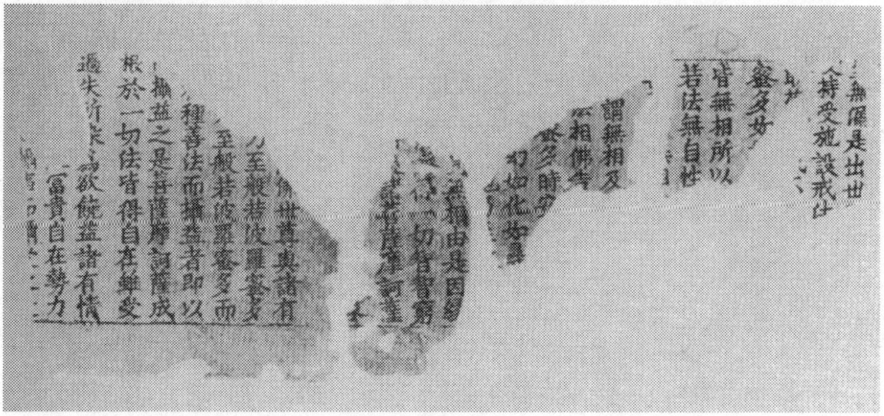

图 57　B172:5　《大般若波罗蜜多经·卷五百二十九》

据第 4 片可以判断,这一经本为 1 折 6 行。虽然属于江南系。不过其与《积砂藏》文字的排列有所不同,从字形看也不是《普宁藏》。据《敦煌莫高窟北区石窟》所记,其所用纸“泛黄,纸较厚,质硬”,《毗卢藏》与此相近。虽然尚不能肯定,或许即为开版于福州开元寺的《毗卢藏》本。

以上,是从北区石窟出土的汉文佛典中选取了版刻大藏经本的残片,对其各自所属的类别进行了探讨。结果可以明确,宋元版大藏经的 3 种类别全部都包含在内。这是相当意味深长的事实。据推测,这些残片出土的场所,并非藏经之地,而是僧侣居住的禅窟和礼拜窟等,出土佛典也主要是供他们日常受持诵读之用。从源头上说,这些佛典是在辽、金或者宋元时期的江南作为大藏经开版后再运至敦煌的。由此可见,藏经洞封闭之后,自东方至于敦煌的汉文佛典的传布也没有中断。

另外,单刻本中,除了《金刚般若波罗蜜经》(第464:4)、《金光明最胜王经》(B151:2、B152:2)、《添品妙法莲华经》(B157:7)、《摩诃僧只律大比丘戒本》(B168:39)等日用经典之外,也有释智译《圣妙吉祥真实名经》(第464:1)这样的元代新译经典。这些佛典想来很多也是自中国内地传来的,不过因为是单刻本,其刊刻的地点和时期等都还不易判断。大胆推测的话,第464:4和B157:7是宋版,B151:2和B152:2是辽版,第464:1是本地版。具体的解说就从略了。

(原载《转型期的敦煌学》,上海古籍出版社,2007年)

莫高窟新出土的古韵书《排字韵》

张金泉　著

友人寄示 1989 年于莫高窟北区出土遗书①，展读之初，惘然不识（彩版二十，图 58~59）。见其版心赫然有“排字匀（韵）”三字，推想应是韵书之属，遂持与《唐五代韵书集存》所录诸书相比勘，其黠、辖二韵合而为一，列第八，屑、薛二韵合而为一，居第九，《集存》所录无有与此同者，当为唐五代以后之韵书。持与宋代韵书相比勘，文字颇合《广韵》，而分韵大异。实为前所未见之韵书。敦煌韵书有不见于唐五代韵书之列者，而其分韵在韵书演进中尤令人瞩目。

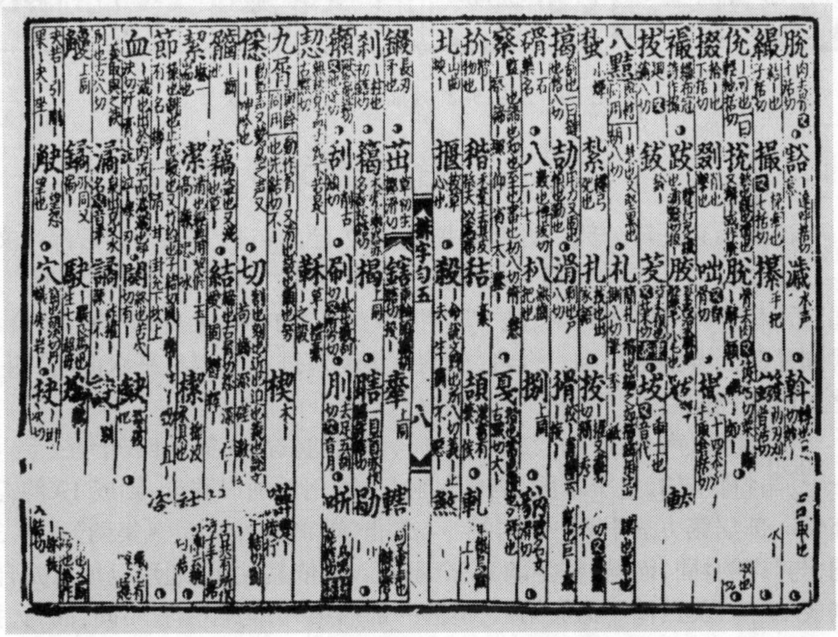

图 58　B59:5–1　《排字韵·五》第八页

①此两页遗书于敦煌莫高窟 B59 窟出土，见彭金章、王建军著《敦煌莫高窟北区石窟·第一卷》图版 84，文物出版社，2000 年。

图 59　B59:5-2　《排字韵·五》第九页

一、分韵依稀106部

论韵书必先辨分韵。此两页书共计 52 行,1~6 行是某韵的后部残文,7~17 行是一个完整的韵部"八黠锗",余下的是一个基本完整的韵部"九屑薛",相当《广韵》入声末、黠、锗、屑、薛五韵。韵部数虽少,但韵部分合与排列是深入考察的根本。今将《广韵》《集韵》《排字韵》与《平水韵略》四书之入声列表如后。

《广韵》入声分 34 韵,其黠、锗、屑、薛四韵依次为第十四、十五、十六、十七,与《排字韵》完全不同。若依其独用、同用例加以并合,则成 19 韵,其黠锗一部居第九,屑薛一部居第十,亦非《排字韵》韵次。《集韵》入声 34 韵,与《广韵》同,而与《排字韵》完全不同。若依其独用、通用例加以并合,则成 17 韵,其黠锗一部居第八,屑薛一部居第九,与《广韵》不同,而与《排字韵》同。《广韵》黠韵以前之物韵与迄韵各自独用,《集韵》则可通用,故知

《排字韵》不从《广韵》之分，而从《集韵》之通，也能推断其入声韵也是17部，与《集韵》同。视其黠锆合成一体、屑薛连成一篇，且都只标一个序号，比之《集韵》“通用”，算得上真正之并合。《平水韵略》入声17韵，黯锆并为黯韵列第八，屑、薛合为屑韵列第九，与《排字韵》相同。然《排字韵》于黯字下注有“与锆同用”，屑字下注有“与薛同用”，显然是《广韵》独用同用例之留痕。《平水韵略》却作“并入铭”、与“并入薛”，其韵目有黯无锆、有屑无薛，已彻底摒弃旧分韵。《平水韵略》全书只分106韵，历来认为106韵始见于此书，所以106韵又有平水韵之称。若以入声17韵对应平上去三声推算，《集韵》总分108韵，后人将上声拯等韵并人迥韵，又将去声证瞪韵并入径韵之后，才合乎平水韵。以仅存的页书不能判断其上去声分韵，是《集韵》模式还是《平水韵略》模式，两者都有可能。

然而，上述比照也为《排字韵》成书大体划出了时限。《广韵》之成在宋真宗大中祥符元年（1008年），《集韵》之成在宋仁宗景祐四年（1037年），而《平水韵略》之成在宋宁宗嘉定十六年（1223年），前后200多年，完成从206韵至106韵的演进。以《排字韵》实际情况看，应是此期后阶段之产物，若是能证实它确实已分为106韵的话，则《平水韵略》之分106韵不能不退居其后。此200多年又值西夏统治敦煌时期。西夏攻占沙州在宋景祐三年（1036年），早《集韵》成书仅三年，西夏灭亡在宋宝庆三年（1227年），仅晚《平水韵略》成书四年。史载西夏统治机构设置模仿北宋，可见敦煌出现雕版《排字韵》，自有其社会、政治的环境。

二、是《广韵》略本之一种

逐一比勘二书文字，即能证成此说，比勘结果，综述如下。

1.书之体例同。

《广韵》体例以四声分韵列卷，入声属最后之第五卷；每韵首字即韵目字，上标序次数；韵内分成若干同音字组，即所谓小韵，而小韵首字上标小圈作识别；注作双行小字，内容依次是释义、引证、异体及注音；注音多用反切，附在小韵字注末，若字有异读则加“又”字列注音于该字注中，即所谓又音；异体字采入正文者，注“上同”二字。凡此之类，《排字韵》一概秉承不悖。二页书版心有“排字韵五”字样，“五”显然是卷数，对照其内容，足证第五卷是入声韵，上推前四卷必为平上去之声；韵首字即韵目字，也上标序次数;韵内之字也分小韵,小韵首字上标小圈;注作双行小字,内容依次是释义、引证、异体及注音;注音多用反切,附在小韵字注末,若字有异读加“又”列注音于该字注中;异体采入正文者,注“上同”两字。亦有差异,如《排字韵》之小韵数少,收字数少,注文简略,被注字若出现在注中,都以“}”号代之,又音之“又”则以黑地白文之圆点出现,更为醒目。此等文字之删省和书写之改易,不伤大体之相同,恰是略本之明证。

2.小韵字及小韵序同。

不同韵书、小韵字及小韵序多有差殊,如《广韵》之与《集韵》。乃至一韵书之不同版本,也会有所不同,如王仁昫《刊谬补缺切韵》故宫本之与敦煌本。下举《广韵》鎋韵与两页书相应部分为例,以见其异同。

由以下简表可见,此处没有差异,只有删略,所以序次依然。甚至小韵内收字及其排列,情况亦同,只有删略。《广韵》黠、鎋、屑三韵,两页书之相应部分是完整的,两者可比较。据统计:《广韵》有小韵66个,收字409个;《排字韵》有小韵43个,收字119个。所略多是编者认为不常用之字。

广韵	字	鎋	鹖	齾	刹	䈂	瞎	獭	刮	頢	颁	鵽	刷	刖	篡	礣	妠	捌	鹋	鐁	哳	鬜
	序	1	2	3	4	5	6	7	8	9	10	11	12	13	14	15	16	17	18	19	20	21
排字韵	字	鎋	○	○	刹	䈂	瞎	獭	刮	○	○	○	刷	刖	○	○	○	○	○	○	哳	○
	序	1	○	○	2	3	4	5	6	○	○	○	7	8	○	○	○	○	○	○	9	○

(表中○表示《排字韵》不收)

3.注释同,反切用字同。

《排字韵》所见之注义与反切用字,《广韵》亦见。第1页第2行小韵便是好例。

《排字韵》:

纃,结丨也。子括切。撮,丨挽牵

也。㊅七括切。攥,手把。

《广韵》:

绳,结绿也。子括切。三。撮,撮

挽牵也。又七活切。攥,手把。

仅差一字,见“七括切”与“七活切”。活、括两字音同形似,有可能是抄误。两书如此相同,以至竟有《广韵》误而《排字韵》同其误者。如《广韵·黠韵》“扴,揩扴物也”,“揩”是“指”之形误。《唐韵》“扴,指扴物”,即其证。周祖漠《广韵校本》已作校改。然而,此两页书依然“扴,揩扴物也”,字仍作揩。仅只一字,却有证两书渊源之用。唯其如此,两页书之残缺模糊,据《广韵》完全可以校补。如:第1页第1行之未残缺正文,而《广韵》相应之斡小韵,则有“捾,捾取也”之文,对照两页书之残划与注,宜补为捾字。又第两页第24行末残破,据第25条首条“䶪,上同”,对照《广韵》“䶪,环有舌也。䶪,上同”一段文字,即知残破“䶪,环有舌也”五字。又第1页第4行“掇,拾丨也。下括切”,反切上字必误。《广韵》云“掇,拾掇也。丁括切”,反切上字作丁,属端纽,因知“下”是“丁”之形误。又第一页第九行,“滑,刺也”,《广韵》作“利也。”《集韵》“滑,户八切。《说文》:利也”,可见“刺”非“利”是。

《广韵》注中所有,两页书多有删略,删略大抵是引书和有关姓氏、地望诸内容,而此正是《广韵》所以“广”的一个方面。例如《广韵·黠韵》“滑”字注:“利也。亦州名。春秋时为卫国,秦为东郡,后魏以东郡属司州,周改为滑州,因滑台以为名。又姓。《风俗通》云,汉有詹事滑典。又音骨,滑稽也。户八切。”计55字。两页书删略成“利也。户八切”五字。又如《广韵·薛韵》云:“泄,漏泄也,歇也。亦作拽。又姓。《左传》,郑大夫泄驾。又余制切”,注有21字。两页书只作“泄,漏泄也。亦作拽。又余制切”,略去11字。引述宏富,使《广韵》兼有类书的功能,而《排字韵》显然不以此为目的。

总之,《排字韵》作为《广韵》的一种略本,所略在三,略小韵、略收字、略注文,从而比《广韵》更适用。

剖析韵书之发展,切合时用既是必然趋势,又是基本动力。《切韵》从隋末问世,尤其被定格为官颁准式之后,内容不断膨胀,到宋,终于酝酿出《广韵》《集韵》这等大书。韵部从193增至206,收字从12158增至26194,《切韵》注本简略,甚至往往不加注释,而《广韵》务求全备,注文竟至191692字,但是,随之而来的是查检日渐繁难。于是产生韵略,即韵书之略本,是韵书发展由简而繁又由繁而简的一种回归。最有代表性的韵略是《礼部韵略》,系丁度诸人于宋仁宗景祐四年(1037年)奉诏编定。其书存206韵旧制,收字与注释则以举子应试常用字为重,收字删至9590个,仅

《广韵》三分之一左右。清人邵长衡说:"《礼部韵略》五卷……当时虽有《广韵》《集韵》两书,不甚通行,盖《广韵》多奇字,《集韵》苦浩繁也。《礼韵》(即《礼部韵略》)……字既简约,义多雅驯,学士歙然宗之。"(《韵略·叙录》)"《广韵》多奇字,《集韵》苦浩繁"应为互文见义。由于社会效果奇佳,其后《附释文互注礼部韵略》《增修互注礼部韵略》《新刊韵略》诸书相继成风,从而在音韵学史上形成《礼部韵略》系列,韵略成为韵书应用性的体制。

《排字韵》也是韵略,与《礼部韵略》系列相比,据本明显不同:前者依据《广韵》,后者依据《集韵》,据本乃韵略之根本,故应重视。下以《广韵》辖韵小韵序次为例,说明《集韵》《礼部韵略》之相应部分与《广韵》之异,《排字韵》与《广韵》相同,故略。

广韵	小韵字	辖	鶷	齾	刹	籡	瞎	獭	刮	頢	颂	鵽	刷	刖	簒	礣	妠	梆	鶻	锄	哳	鐍
	序次	1	2	3	4	5	6	7	8	9	10	11	12	13	14	15	16	17	18	19	20	21
集韵	序次	1	5	7	14	3	2	23	10	8	21	20	17	11	18	13	22	12	4	15	19	16
礼	序次	1	○	3	6	2	○	9	4	○	○	○	7	5	○	○	○	○	○	○	8	○

(三书小韵字偶有不同,从略;《集韵》尚有小韵6瘓、9偣、24矍,《广韵》不收;"礼"指"《附释文互注礼部韵略》,原本(礼部韵略)早佚。"○"表示不摘录)

清代著名学者戴震对韵略作过研究,其《声韵考》有云:"景祐四年,更刊《韵略》,改称《礼部韵略》;刊修《广韵》,改称《集韵》,是为景祐、宝元间详略二书,独用、同用例非复《切韵》(即《广韵》)之旧,次第亦稍有改动矣。"由此可见,《集韵》与《礼部韵略》为详略二书,《广韵》则与《韵略》(即后人所称《景德韵略》,早佚)为详略二书,存在对应关系。《声韵考》又云:"是时无《礼部韵略》之称。其书名《韵略》,与所校定《切韵》(即《广韵》)同日颁行,独用、同用例不殊。明年,《切韵》改赐新名《广韵》,而《广韵》《韵略》为景德、祥符间详略二书。"则《景德韵略》更早于《礼部韵略》,且是《礼部韵略》之祖本。惜早佚不传,致成《礼部韵略》一脉独传。

今发现《排字韵》与《广韵》又为详略两书，性质同乎《景德韵略》。至于有无关联，史载缺文，苦难追溯。

《排字韵》的两页书上还有三种情况，不可不提。

一是“八黠”部之尾标有“新添”一段文字，类似情况也见于《附释文互注礼部韵略》。抄如下：

《排字韵》：

新添：忽，无愁克。《孟子》：为不若是丨。古黠切。鞂，草丨。《礼》：稾丨之设。

《附释文互注礼部韵略》：

恝，古酷切。无愁之皃。《孟子》：公明高以孝子之心为不若是恝。新制添入。鞂，与秸同。《礼》：稾林之安。当于秸字下亦作□。一新制添入。

“新添”颇似“新制添入”。“新制添入”是对《礼部韵略》的增字，然而《排字韵》又是对何书的增字？又“新添”是受“新制添入”的影响吗？都是疑问。不过，《附释文互注礼部韵略》将恝、鞂两字添于黠韵末尾，而《排字韵》添在黠辖韵之末尾，是合此二韵为一部的一佐证。

二是注中收列大量词语置于摘抄《广韵》注文之后。如第1页第11行：“察，监丨也，谛也，知也，至也，审也。初八切。俯丨、慧丨、察丨、谛丨、照丨、仰丨、太丨、鉴丨。”又如第2页第12行：“列，行次也，位制也，又陈也，布也。良薛切。前丨、雁丨、厕丨、布丨、就丨、星丨、分丨、等丨。”一字众语，义多雅驯，几乎不见俗语方言，正合应试作文之用。大量收列常用词为韵书和其他韵略书所无，若此书不残，将众词语辑为一册，即成应试常用词手册。

三是版面排列自有特色。除统一分韵分小韵之外，还将所收字横列成五排，纵横井然，便于查检。

因此，《排字韵》可理解为排字之韵略。排字者，排字整齐以利查检，一也；排列词语备采择，二也。韵者，韵略。其书有异于官颁《礼部韵略》，系地区性平民所用之书。

三、以《广韵》作校补

残页模糊缺损的文字,多能据《广韵》(涵芬楼复印古逸丛书仿宋本)校补。讹漏之处,盼得指正。

第1页:

第1行,斡注“转也□□切”,《广韵》作“转也乌括切”,可据补。

“□取也”,《广韵》作“□,□取也”。残叶犹存正文“□”字些许残画,其释文疑漏抄“□”字。

第2行,“撮”,注“七括切”。《广韵》“七活切”,两字音同形近,“括”疑误。

“鏺”“两刃刈”,此处残破。《广韵》末有“也”字。

第3行,“侻”注“一日轻”之“轻”模糊。《广韵》正作“一日轻”。

“挩”注“终也误也遗也”。《广韵》作“除也误也遗也”。知“终”为误书。

“脱”注“又□□切”,《广韵》作“又徒活切”。残页“徒”字尚有残画。

“残”注“……取也……切”,所残正文上标◐,知是别一小韵。《广韵》与之相应有“捋”字,释文作“手捋也取也摩也或作寽郎括切”。因此,本条拟作“捋”手捋也取也摩也郎括切”。

第4行,“掇”注“下括切”,《广韵》作“丁括切”,是。“下”字误。

“撮”注“……四黍……取仓括切”,《广韵》作“六十四黍为圭四圭为撮撮手取仓括切”。可据补。

第5行,“胈”注“腓无胫无毛”,《广韵》“胫”上有“跋”字,此脱。

第6行,“軷”注残。《广韵》注作“将行祭名”,可参校。“茇”注“又北末切”,《广韵》无此四字。《广韵》音北末切者有“茇”,释为“荜茇”,字义有别。《集韵》也有清浊二音,字义都是草木根。上溯王仁昫《刊谬补缺切韵》上载“茇,根茇”,音“博末反”一条,也与《广韵》差殊。推测本书编者也有采录《广韵》以外的。

“坺”注“又音代”。《广韵》作“又音伐”,“代”字误。

第7行,“黠”注“与辖”。“辖”应作“锖”,下文韵目即作“锖”。

“札”注“笔”以上21字,《广韵》作“简札释名日札栉也编之如栉齿相比也又碟也署也”24字。本书编者略去“释名曰”三字而成21字。

第8行,"紮"注"□弓弝也",《广韵》作"缠弓弝也"。

"拔"注"又□也□□切",《广韵》作"又尽也蒲八切"。

第9行,"劼"注"又固也□也□也",《广韵》作"又固也慎也勤也"。

"滑"注"刺也"。《广韵》作"利也"。"刺"误书。

第11行,"戛"注"揩也□也□也又戟也",《广韵》"□也□也"作"常也礼也",据以辨认,确然不误。

第12行,"扴"注"揩扴物也",《广韵》同。王仁昫《刊谬补缺切韵》"揩"作"指"。《广韵校本》也校"揩"为"指"。《排韵》与《广韵》误同,也是两者有关系之一证。

"轧"注"□□乌黠□",《广韵》作"车辗乌黠切"。

第13行,"煞"注"□",《广韵》作"俗"。

第14行,"辖"注"□同又车声也□□□键也",《广韵》作"上同说文车声也一曰辖键也"。《排韵》简省"说文"为"又";"馨"简书为"声";余字皆可依《广韵》补全。唯"辖键"依例宜书作"丨键"。

第15行,"瞎"注"一日盲亦作□诈辖切",《广韵》"日"作"目","□"作"睰","诈"作"许",均宜校补;又"辖"作"锗",两字同用。

"劼"注"□作□丨",《广韵》作"力作劼劼"。依书例宜作"力作丨丨"。

第16行,"哳"注"□丨鸟鸣也陡辖切",《广韵》"□"作"嘲","丨"作"哳","辖"作"锗"。

第18行,"屑"注"敬",《广韵》缺笔作"敬",本书不避讳。

第19行,"偲"注"动草声又鸷鸟之声",《广韵》二"声"字皆作"聲",同;"又"下有"云"字,本书省去。

"切"注"说文□□",《广韵》作"说文折也",本书残损。

第20行,"残"注"□口共有所作□□手丨据",《广韵》正文是"拮",注作"手口共有所作诗曰予手拮据"。本书正文残破,且依《广韵》宜补"手""诗""予"三字。"曰"被省去。

第21行,"潔",《广韵》从水作潔,《集韵》《龙龛手镜》俱从水。从冫应是俗体,见《碑别字新编》。又注"经典用□",《广韵》作"经典用絜,是"。

"□"注"□传云执□曰袺"。依注则正文是"袺"之残。《广韵》正作袺,并注云:"诗传云执衽曰袺",行文与本书同,可补注文之残。

第22行,"節"注"又",《广韵》作"说文曰"三字,本书省改,《广韵》引书,本书往往省改。

“窠”据《广韵》补全。又注文完全残破,《广韵》此条作“窠,屋梁上木”,字数正相合。

第23行,“阕”注“苦□切”,《广韵》作“苦穴切”,“穴”字与残画吻合。

“缺”注“器破也”,《广韵》无“也”。

“玦”原残,据注音“古穴切”补,且《广韵)正作“玦”。又注,《广韵》作“佩如环而有缺逐臣赐块义取与之诀别也”,本书存“环而有”“逐臣赐丨义取与诀也”,余字俱残。

第24行,“诀”原残,据《广韵》补。

“觼”原残,据《广韵》补。注全残,《广韵》作“环有舌也”,可补正。且下有“鱙上同”一条,与《广韵》同,也能证明正文残字是“觼”。

第25行,“驶”注“也”,《广韵》在注尾。“鴂”注“鸋⊃丨丨”,《广韵》作“鶗鴂”,且云“关西曰巧妇关东曰鸋鴂”。《集韵》作“鸋鴂”。

“决”原残,据《广韵》补。又注“□□也又断□破也”,《广韵》作“流行也庐江有決水出大别山又斷也破也”。可据补。“断”是“斷”的俗字。

第26行,“抉”注“丨□□□切”,《广韵》作“抉出於決切”,则可补“□□□”为“出於诀”。

“姪”原残,据《广韵》补。注“丨□”,《广韵》作“姪娣”,是。

第2页:

第1行,残注“□家□丘丨”。《广韵》相应处是垤条,作“垤,蚁封又曰冢前网也”,知此条正文残“垤”字。注文于“冢”字上残“蚁封又”三字,“曰”字则隐约可辨。于“丘”字上残“前阕也”三字,“丘丨”是语例,又知此前又残破一条,《广韵》从“姪”至“垤”,中间尚有眣、昳、胅、凸四条,注文“都止”二字,推想当是其中之一,惜不能确定何字。

“耋”注“亦作耊”,“耋”字误重。《广韵》云“亦作耊”,是。案:《集韵》以“耊”为正体,以“耋”为或体,其注云:“说文年八十曰耊或不省。”与《广韵》不同。敦煌所出唐五代韵书,S.2071,P.2011正文并作“耊”,至《唐韵》始作“耋”注曰“老加至”。《广韵》正文作“耋”,以“耊”为“亦作”,显然从老至声,更为通俗。所取字体的不同,不仅显示《广韵》与《集韵》的小别,而且也表明《广韵》与本书的共通。

第2行,“咥”,此前残破。《广韵》自“跌”至“咥”有七条,顺序是经、驖、崉、铁、驮、闬、闵,可供参详。又注"易曰",《广韵》作"易云",字义相似。

第3行,"缬",此上残破。《广韵》自"铁"至"缬"有七条,依序为锇、僣、飺、餮、蛈、撤和蠛。可供参详。

"颉"注"诗传云飞而上曰颉",据书例,"曰颉"当做"曰丨"。《广韵》注文此下尚有"飞而下日颃说文曰颉直项也又姓风俗通有颉卫古之贤者"云云,推测本书残破为自"飞"至"也"12字。

第4行,残注"邪",上残一字及正文。《广韵》此条作"奊,头邪",知此处"邪"上笔画模糊依稀见"头"字,正文自当为"奊","篞"注"小者曰□",《广韵》"□"作"筊",是。

第5行,"碮",此上残一条。《广韵》自"篞"至"碮"有"苶,苶然疲役又乃叶切"一条,正可据补。

"蔮",此字草头模糊,据《广韵》"蔮,草蔮"得确认。

第6行,"臬"此上残首条,《广韵》为齧小韵,于臬条前有:"齧,噬也亦姓庄子有齧缺五结切十三。霓,虹又音倪。蜺,寒蜩又音倪。嵲,崉嵲。槷,危槷。"共五条。推测所残当是"齧,噬也五结切"。

"䕸"注"□䕸□五割切",当是截䕸㊀五割切"之残,证之《广韵》,无有不同。又蔮䕸",依例宜作"蔮丨"。

第7行,残注"▭上注□丨",正文残破,据《广韵》是"隉"字,又注文"上"前残一"见"字,"□"是"杌"之残。《广韵》文字如下:"鶂,鶂甈不安书作杌隉。隉,见上注"。

"槷"《广韵》此条在"臬"条前,与此居"隉"条后不同。

第8行,残注"皮",正文残破。据《广韵》"蔑,竹皮",正文当是"篾",注于"皮"上残一"竹"字。细辨残画,知为"竹"字下部。

第9行,注"硬咽",正文残破。《广韵》相应有"咽,硬咽",知正文可补为"咽"。又依书例,注"哽咽"宜作"哽丨"。

"挈",案:《广韵》挈不是小韵字,其小韵字是猰,本书可能生僻字不录。

"擎"注"丨击又政也引也",《广韵》"丨"作"小","政"作"略",此误。《唐韵》也分别作"小""略",《广韵》自有依据。

"蹩"注"□行皃",《广韵》"□"作"旋",证之前文"蹩,蹩丨旋行",补"旋"不误。又"浦结切"之"浦",《广韵》作"蒲"。案:《广韵》浦音"滂古切",

见上声姥韵，蒲音"薄胡切"，见平声模韵，二字声纽有别。作"浦"属误书。

第10行，"绁"注两"绁"字，依书例，宜省作两"丨"，然《广韵》不省，录时沿袭不觉。

第12行，"列"注"位制也"，《广韵》作"位序也"，"制"误。

第15行，"傑"注"英傑特□也又俊也□□切"，《广韵》"特□"作"特立"，"□□切"作"渠列切"。又"英傑"依例宜作"英丨"。

第16行，"碣"注"□立之石□"，《广韵》作"特立之石也"。

第17行，"榤"注"杙"，《广韵》作"杙"，疑俗书。

第18行，"舌"注"□□□也食列□"，《广韵》作"口中舌也食列切"。

第20行，"糱"注"麹丨又曰□米也"，《广韵》作"麹糱说文曰牙米也"，此省改"说文"为"又"，"牙"字残。

"蠥"注"衣□歌谣草木之怪谓之妖禽□□□之怪谓之丨"，《广韵》"衣□"作"衣服"，"禽□□□"作"禽兽虫蝗"，可据补。又"妖"作"祅"，《广韵》释妖为"妖艳"，"祅"为"祅灾"，见平声宵韵。据此，字宜作祅。然《集韵》云祅"通作妖"，显然本书已改用通用字体了。

第21行，"糱"注"丨馀"《广韵》"丨"作木，"丨"误。

"□"模糊。据《广韵》是"摵"。又注"□拔也又□也批也"，《广韵》作"手拔也又摩也批也"，可据补。案："批"当做"扯"，二书皆误。《说文·手部》："摵，批也"。段玉裁注："批各本作扯。小徐本及《集韵》、《类篇》、《广韵》作批，今正。"

第22行，"朅"注"丘竭切又去谒切"，《广韵》"竭"误从言作谒，遂致二反切音同。周祖谟《广韵校本》校正从立，本书可添一证。宋本《广韵》也有误书。

"鷩"注"□属"，《广韵》作"雉属"，是。又《周礼》下疑有"云"字，《广韵》无。

第23行，"□"，《广韵》作"绝"，可据补。注"□也"，《广韵》作"断也"，可据补。

"雪"注"疑"，误。《广韵》作"凝"，是。又自"水"至"下也"模糊难辨。《广韵》作"水下遇寒气而凝绥々然下也"，可据补。

第24行，"悦"注"悦也"，误。《广韵》作"脱也"，是。

第25行，残注"之后又失葜始 ▭ 傅丨张丨"，《广韵》于"悦"下接

"说"条,全文为:"说,姓傅说之后又失爇始锐二切。"知所残正文是"说",注文"之后"前残"姓傅说"三字,"始"下残"锐二切"三字。缺注"又",《广韵》作"说文"二字,此省改。

第26行,残注"如劣",《广韵》相应条是"爇,烧也如劣切",可据补。又审字数,此上残破处尚有一条:《广韵》自"缺"至"爇"有"蕝,蕝蕝草也。哕,逆气乙劣切一"一段文字。二字之中,哕更常用。敦煌俗字书《字宝》即载"哕逆气"一条,可以推测此上残破当为哕条。

(原载《敦煌研究》2001年第1期)

附表:《广韵》《集韵》《排字韵》《平水韵略》之入声韵对照表

广韵

韵目	用例	组
屋第一	独用	①
沃第二、烛第三	独同用	②
觉第四	独用	③
质第五、术第六、栉第七	术栉同用	④
物第八	独用	⑤
迄第九	独用	⑥
月第十、没第十一	没同用	⑦
曷第十二、末第十三	末同用	⑧
黠第十四、鎋第十五	同用	⑨
屑第十六、薛第十七	薛同用	⑩
茱第十八、铎第十九	铎同用	⑪
陌第二十、麦第二十一、昔第二十二	麦昔同用	⑫
锡第二十四	独用	⑬
三		
职第二十四、德第二十五	德同用	⑭
缉第二十六	独用	⑮
令第二十七、盍第二十八	盍同用	⑯
叶第二十九、帖第三十	帖同用	⑰
洽第三十一、狎第三十二	狎同用	⑱
业第三十三、乏第三十四	乏同用	⑲

集韵

韵目	用例	组
屋第一	独用	①
沃第二、烛第三	与烛通	②
觉第四	独用	③
质第五、术第六、栉第七	与术栉通	④
勿第八、迄第九	与迄通	⑤
月第十、没第十一	与没通	⑥
曷第十二、末第十三	与末通	⑦
黠第十四、舝第十五	与舝通	⑧
屑第十六、薛第十七	与薛通	⑨
茱第十八、铎第十九	与铎通	⑩
陌第二十、麦第二十一、昔第二十二	与麦昔通	⑪
锡第二十三	独用	⑫
职第二十四、德第二十五	与德通	⑬
缉第二十六	独用	⑭
令第二十七、盍第二十八	与盍通	⑮
叶第二十九、帖第三十、业第三十一	与帖业通	⑯
洽第三十二、狎第三十三、乏第三十四	与狎乏通	⑰

排字韵

薛	
薛同用	九屑与
锗	
辖同用	八黠与

平水韵略

一屋
二沃□入烛
三觉
四质□入术栉
五物□入迄
六月□入没
七曷併入末
八黠□入锗
九屑□入薛
十茱□入铎
十一陌□入德
十二锡
十三职□入德
十四辑
十五令□入盍
十六叶□入帖业
十七洽□入狎乏

敦煌莫高窟北区石窟发现《排字韵》札记

高田时雄　著

2001年11月，庆祝潘重规教授九五华诞暨研究敦煌学一甲子的学术研讨会在台湾举办。席上，敦煌研究院的彭金章先生在介绍新出版的《敦煌莫高窟北区石窟·第一卷》的同时报告了新发现的文献及其价值①，亦有言及此《排字韵》之处。彭先生认为新发现的残片是《广韵》以后的一部重要的而现已失传的韵书，记得笔者对此提出过这大概是《礼部韵略》的一种的意见。其后在端详该书所载照片时(见上文图)，注意到该韵书残片的内容其实与有名的王文郁的《新刊韵略》(图60~61)完全一致。对照附载的图版，这个问题一目了然。拙文在指出其一致性的同时，也想记下关于发现该残片的意义的若干要点。

关于这个新发现的韵书《排字韵》，已有张金泉先生的一篇论文②。张先生分析了《排字韵》的两页残片，得出以下两个结论：一是具有一百零六韵的组织；二是《广韵》略本之一种。这个结论确系事实，没有什么异议。然而张先生文中所述的几个观点亦非完全无可置疑。例如，既谈到从《广韵》的二百零六韵到《平水韵》的一百零六韵的大约200年的演变过程，又指出“此200多年又值西夏统治敦煌时期。西夏攻占沙州在宋景祐三年(1036年)，早《集韵》成书仅3年，西夏灭亡在宋宝庆三年(1227年)，仅晚《平水韵略》成书4年。史载西夏统治机构设置模仿北宋，可见敦煌出现雕版《排字韵》，自有其社会和政治的环境”③，还在别处说到“《排字韵》可理解为排字之韵略。排字者，排字整齐以利查检，一也；排列词语备采择，二也。韵者，韵略。其书有异于官颁《礼部韵略》，系地区性平民所用之书”④。如此则《排字韵》就成为西夏时期在敦煌民间印刷通行的韵书了。张先生

①见彭金章著《敦煌莫高窟北区石窟新发现的文献及其学术价值》，载于本书第90页。

②见张金泉著《莫高窟新出土的古韵书〈排字韵〉》，载于本书第255页。

③同②。

④同②。

图 60　王文郁著《新刊韵略·第五卷》入声(部分)

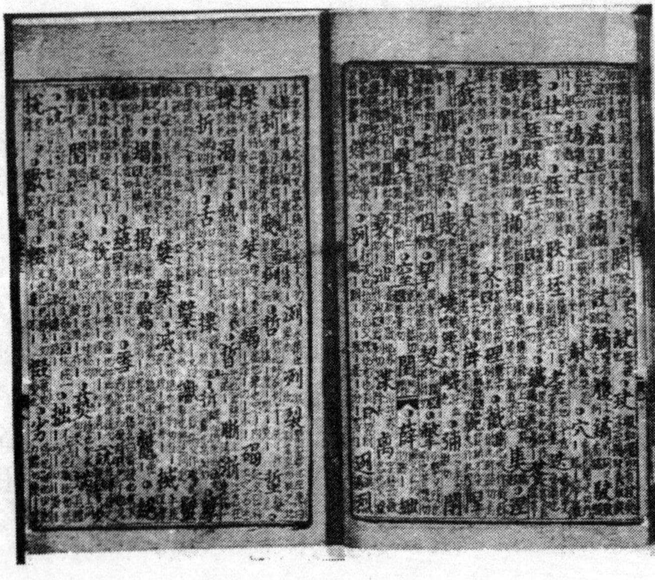

图 61　王文郁著《新刊韵略·第五卷》入声(部分)

拘泥于该残片发现于敦煌的事实,结果议论似乎偏离了目标。敦煌发现的印刷品中,虽然印刷于敦煌者并非完全没有,多数是由中原带入的这一点是众所周知的事实。专就韵书而言,至今尚未发现一件可以断言印刷于敦煌者。恐怕西夏时期敦煌没有印刷韵书之事。看来北区石窟发现的书籍多是元代之物的情况似亦未被充分考虑。

北区石窟发现的《排字韵》是刻本的两页残片,版心分别有"排字韵五八"、"排字韵五九",可知是第五卷入声的第8页、第9页。每半页有13行,每行等距离地排列5个被注字,使其出现在相同高度的位置上。王文郁《新刊韵略》的第6页背面至第8页正面与此基本相当。《新刊韵略》也是每半页13行,由于未采用排字的形式,页数少了一些。正文的内容完全相同,这一点已在开头谈到。包括注释、反切、又音、重添字在内,文字全部一致。除了是否排字的重大差异,形式上也有许多相同之处。其相同点首先在于同用的韵部之间用鱼尾形的记号加以区分,例如辖韵、薛韵。只有八黠、九屑等一百零六韵的韵目部分,《新刊韵略》以黑底白字表示强调,《排字韵》并不如此,其用左白右黑的小圈划分各个小韵倒是非常有特色的,特别明显地反映了《新刊韵略》与《排字韵》的继承关系。

王文郁的《新刊韵略》是现在所知的唯一版本,台湾的"中央图书馆"的藏本①,由过去的张钧衡(1872—1927年)、张乃熊父子的适园归于"中央图书馆"②。从印记可知此前是西拉木棱瑞诰③,之前又是怡亲王家的安乐堂④的藏书。然而《新刊韵略》的这个版本以外尚有黄丕烈所藏的一个版本为人所知。清代后半期,学者们利用的却是黄丕烈的这个藏本以及

①见《国立中央图书馆金元本图录》第97~98页,台北中华丛书,1961年。

②见苏精著《近代藏书三十家》第207页,台北传记文学出版社,1983年。其写到,张氏的适园几乎所有藏书于民国三十年十月以七十万圆的价格卖给中央图书馆。民国三十年张乃熊编《茁圃善本书目》中载有此书,据信刊于民国五年的《适园藏书志》中却无"新刊韵略"之名。因此《新刊韵略》是张钧衡晚年或至乃熊之代才藏入适园者。

③瑞诰,字凤伦,号悔公。满洲正黄旗人,监生。生平不详,然可知其于清末担任广东监运使司运同之职。卷首的题记有"宣统三年七月白露节悔公识于潮州醒廨蕉萝室",证实了其经历。

④怡亲王是以康熙第十三子允祥为祖的王族,"安乐堂"是其藏书楼之一。此外尚有"明善堂""乐善堂",以收藏之富闻名,同治年间流出民间。又有"史镀匡"的藏书印,由其盖印位置判断,可见为藏入安乐堂以前的收藏者,唯不知何许人也。

被认为依据此本的影钞本[①]。钱大昕于嘉庆元年(1796年)初次看到此本后附上跋文。咸丰四年(1854年)归于山东聊城的杨氏海源阁的一个版本中据信有“士礼居”“复翁”的印,因此大概就是黄丕烈旧藏本[②]。但海源阁不幸于1929—1930年一而再、再而三地遭土匪占据劫掠,受到毁灭性的打击。可以想象《新刊韵略》恐怕又受此劫难而消失。

《新刊韵略》卷首附有河间的许古道真的金正大六年(1229年)的序,卷末又有“大德丙午重刊新本/平水中和轩王宅印”的牌记。因此可知此书先刊行于金代,元大德十年(1306年)重刻。并且卷首的“御名庙讳”以英宗硕德八剌为今上皇帝,故此书是至治年间(1321—1323年)的重印本[③]。平水的地名使人立即联想到的是平水人刘渊的《壬子新刊礼部韵略》。正如顾炎武的《音伦》引《韵会举要》的目录云“依平水刘氏壬子新刊礼部韵略并通用之韵为一百七韵刘氏名渊壬子是宋理宗淳祐十二年,自元至今词人相承用之”(卷上),毛奇龄《古今通韵》谓“今世所传诗韵非沈约韵,亦非唐韵,乃宋南渡后江北刘渊所作而自元迄明误用之者”(论例),此书被认为是开辟了通往后世《诗韵》道路的韵书。而且“壬子”年是南宋理宗淳祐十二年(1252年),一直被看做是南宋的出版品。然而嘉庆元年看过王文郁《新刊韵略》的钱大昕,从早在刘渊《壬子新刊礼部韵略》问世的24年前一百零六韵的《新刊韵略》已经刊行一事,推想刘渊的书或许是王文郁书的翻刻本[④],同时进一步对刘渊是宋人的看法表示怀疑[⑤]。刘渊的《壬子新刊礼部韵略》现已失传无从得见,但《古今韵会举要》以此书作为“平水韵”使用,故可知其大凡[⑥]。而近年宁忌浮氏,对宋、金、元各时代的《礼部韵略》系统的韵书进

①张金吾的《爱日精庐藏书志·卷七》著录了黄丕烈藏本。此外著录影钞本的藏书志有《铁琴铜剑楼藏书目录》《抱经楼藏书志》《邓堂读书记》《皕宋楼藏书志》等,可见流传之广。

②据《楹书偶录》,入手时已失去四、五两卷的后半廿余页,钱大昕跋与黄丕烈跋俱无,未断言是否确系著录于《爱日精庐藏书志》的书。但难以想象黄丕烈收藏过此书两部。

③见钱大昕著《跋平水新刊韵略》,载于《潜研堂文集·卷二十七》。不过《潜研堂文集》缺跋文末尾“嘉庆丙辰五月望日竹汀居士钱大昕识”的纪年,有必要据《爱日精庐藏书志》《楹书偶录》所引补足。

④《跋平水新刊韵略》:“岂渊窃见文郁书而翻刻之耶。”

⑤《与谢方伯论平水韵书》:“刘渊乃刊平水韵之人,而后人乃以平水属之刘渊,毋乃误耶。且使渊而果宋人也,在稍通古今者,岂有慕于元海之名而效之耶。”见《潜研堂文集·卷三十六》。

⑥《古今韵会举要·第一卷》韵目后注:“近平水刘氏赟壬子新刊韵,始併通用之类,以省重复。上平声十五韵,下午声十五韵,上声三十韵,去声三十韵,入声一十七韵,今因之。”

行透彻的分析，对“平水韵”也持续展开周密的论证，完全证实了钱大昕的假说①。宁氏首先从《韵会举要》中拣出注有“平水韵增”的438字，确认了这些字基本上完全见于《新刊韵略》的相应之处。又指出《新刊韵略》中注有“重添”等的字亦见于《韵会举要》中的“平水韵”，而且两者的注释一致。《韵会举要》推崇《集韵》的反切，所以从诸家韵书增入时，往往将原有的反切换成《集韵》的反切，这种倾向很强。从“平水韵”增入的小韵中，有7个小韵不仅与《新刊韵略》的反切一致，连小韵的排列顺序、注释都相同，不能说是偶然。甚至有《韵会举要》所引的“平水韵”沿袭了《新刊韵略》的错误的情形。这些都暗示了“平水韵”与《新刊韵略》是相同的书。宁氏进一步指出，《韵会举要》所引的“平水韵”即刘渊《壬子新刊礼部韵略》，与《新刊韵略》同样不避宋人的庙讳，主张刘渊不可能是宋人。如此，刘渊《壬子新刊礼部韵略》是王文郁《新刊韵略》的翻刻本的论断已是难以动摇的结论。如说尚有些许不安的话，就是《古今韵会举要》的“凡例”中“江北平水刘氏渊壬子新刊礼部韵略”称“江北”的问题，相对于《新刊韵略》有一百零六韵，《壬子新刊礼部韵略》的韵反而增加为一百零七韵的问题，这两处可能受到指摘。然而，第一个问题的“江北”可以解释为“江南监本免解进士毛氏晃增修礼部韵略，江北平水刘氏渊壬子新刊礼部韵略”的对举，此处的江北应视为相对于江南的泛称，山西的平水也无疑是广义的“江北”。至于一百零六韵反而增加为一百零七韵的问题，初看显得不可理解，但正如属经指出的那样，这是因为相对于《新刊韵略》将拯韵、等韵并入上声二十四迥韵中，刘渊将拯、等二韵作为上声二十五独立出来，根据四声相配的观点谋求与其他声调的一致。《新刊韵略》将拯、等两韵并入迥韵，是因为拯、等韵中加上新添两字也仅有六字，势必成为极其狭窄的韵部的缘故。可以说刘渊的态度是与此相对，根据音理追求原则的。但《新刊韵略》的上声二十四迥韵中注有“拯等同用”，如果这是金元的功令②，那么不予遵从的一百零七韵的《壬子新刊礼部韵略》未能得到社会的支持，不久就消失的命运也是无可奈何的。另一方面，王文郁的一百零六韵《新刊韵略》的系统，作为遵照官韵者得以广泛流行可以说是理所当然。莫高窟北区发现的《排字韵》亦为王文郁《新刊韵略》的一个版本是非常容易理解的。实际上属于这个系统的“韵略”，此外尚有流传，而且多得出人意料。

①见宁忌浮著《古今韵会举要及相关韵书》第四章“《平水韵》考辨”，中华书局，1997年。其第二章“《礼部韵略》考”、第三章“《景德韵略》与《新刊韵略》”也有必要一起参看。

②见王国维著《书金王文郁新刊韵略张天锡草书会后》，载于《观堂集林·卷八》。

如上所述,莫高窟新发现的残片采用了所谓“排字”的形式。这是为使用者的便利而考虑的版面设计,当然必定出于民间出版商的创意,可以说是坊刻本的富有特色的形式。与莫高窟发现的残片相同,符合“排字韵”的名称者,现存元统乙亥年(1335年)建安吕氏会文书堂《文场备要排字礼部韵注》以及其覆刻本的至正十二年(1352年)徐氏一山书堂刊《文场备要排字礼部韵注》。前者是日本的内阁文库藏品,后者藏于台湾的“中央图书馆”①。每半页13行,每行各排6字。台北的故宫博物院尚有杨守敬自日本带去的称为《魁本排字通并礼部韵注》的一个版本②。此本每半页12行,每行排列七字,版式与《文场备要》本稍有差异,版本却没有差别,基本上可视为相同的书。无论《文场备要》抑或《魁本》,虽然版式不同,分韵、注释则皆沿袭王文郁《新刊韵略》,并进行增字。今将《新刊韵略》与《文场备要》本之间的异同,就开头的东小韵及同小韵比较如下。

《新刊韵略》东,冻,蝀/同,仝,童,僮,铜,桐,峒,筒,瞳,罿,犝,箽,潼,曈,侗,酮,羶,穜/计21字

《文场备要》东,冻,蝀,【涷】/同,仝,童,僮,铜,桐,峒,筒,瞳,罿,犝,箽,潼,曈,侗,酮,羶,穜,【艟,彫,絧,衕,鲖,艟】计28字

“【】”中的7字是增补的文字,可以看出其附加于各小韵的末尾。观察《新刊韵略》的重添字与新添字在《文场备要》本中如何处理,可见并未明示“重添”“新添”之类,而是编入正文。不过没有并入同一小韵,仍旧留在末尾的位置上。试举一例来说,《新刊韵略》原来在(八黠韵内的)锆韵末尾有“恝,无愁儿,孟子,为不若是恝,古黠切”及“鞂,草鞂,礼,稾鞂之设”的“新添”。这二字都不用小圈划开,可以认为都是“古颂切”的反切所表示的同音字。然而《新刊韵略》的锆韵尽管已有“古頌切”的刮小韵,却未合并这些。《文场备要》要将“新添”表示换成小圈把恝、鞂二字留在末尾位置,并在其后增补了“○叭,普八切,声也○鐁,查锆切,切草器。剿,上同”。这正与《文

①据《北京图书馆善本书目》可知该馆亦藏有一本,刊年不详。

②原为狩谷棭斋的求古楼藏本。由藏书印记可知自浅野长祚、寺田望南传下来,最后归于杨守敬的观海堂。有梅堂(浅野长祚)的手书题跋,云“卷首有清周亮工赖古堂藏印及第二卷末韩人源龙在田印记”,然而是否周亮工的旧藏非常可疑。附带说一下,此书亦著录于《北京图书馆善本书目》,为缺第五卷入声的残本。

场备要》的牌记中所说的“今复以诸韵参校，每一韵为增数字”相符合[①]。《新刊韵略》及其增补版的《文场备要》《魁本》仅以突然在各韵末尾依次追加下去的形式进行增字，无论如何也不能称为真正的增补改订版，应该说毕竟只是书商能做的工作。不过由于“重添”“新添”等标记已无，初看易生误解。杨守敬对于《魁本排字通并礼部韵注》说“文郁本有新添重添之字，此本无之。是又出文郁本之前”，当然是错误的。

总之，作为金元间的科场参考书流行的“韵略”中，王文郁《新刊韵略》系统的书占有主流地位。那些书由民间书肆经手翻刻时，为增加商品价值进行了增字。莫高窟发现的“排字韵”是未经增字的版本，因此可以看作《文场备要》《魁本》出现之前的较早时期的书。不管怎样，莫高窟的残片是从印刷地千里迢迢运到偏远的敦煌，满足了当地的需要的，当然不可能印刷于敦煌。不用说，以版心的“排字韵”作为该韵书的名称也是不确切的，其具体名称大概应是《排字新刊韵略》或《排字新刊礼部韵略》之类。我们从莫高窟发现的残片，可知元代一百零六韵的官韵已流行全国，发挥了规范作用。

（原载《敦煌学》第 25 辑，2004 年）

①《文场备要排字礼部韵注》的卷首“分毫点画正误字样”末尾有牌记，云“圣朝科试，举子所将，一礼韵耳。然唯张礼部敬夫定本最善。今复以诸韵参校，每一韵为增数字，凡增三千余字。释焉而详，择焉而精。敬用梓行为文场寸晷之助云”。此处提到的张敬夫本情况不明(见钱大昕著《养新录·卷三十》:“未知张礼部何时人耳”)，亦应属于《新刊韵略》系统。

莫高窟北区出土《元至正二十八年戊申岁(1368年)具注历日》残页考

邓文宽 著

到2004年底,《敦煌莫高窟北区石窟》全三卷出齐,为研究者提供了许多新资料,为敦煌学研究平添了不少内容,可喜可贺。其中第三卷刊有印本历日残页一小片①。据《敦煌莫高窟北区石窟》介绍,此件残宽11.10厘米,残高11.20厘米,可知是很小的一块。然据图版可知,此件属于版刻印本历日,且其左侧有竖条边框,知其为某一页历日靠近左侧的残存物。原件的确切年代尚未见有人加以考定,今据笔者所见,略加考证如后。

这里,我们先将原件文字加以释读。《敦煌莫高窟北区石窟》已有释文一份,我的释文若有区别,则以校记形式进行说明。原历残失掉的日期干支等内容,今据残历自身条件进行推补。推补文字放入方括号中,补出校记。

(前缺)

第1行　[二十日丁巳土定]柳(1)　宜祭祀、临□

第2行　[二十一日戊午火执]星　宜祭祀、上官、赴□

第3行　[二十二日己未]火(2)破张　宜祭祀、破屋□

第4行　[二十三日庚申]木危翼　昼三十九刻,夜六十一(3)[刻]。□

第5行　[二十四日辛酉]木成轸　宜祭祀、解除、沐浴(4)、□造□

第6行　[二十五日壬戌]水(5)收角　宜收敛货财、捕捉(6)、畋猎、□

第7行　[二十六日癸]亥水开亢　宜祭祀、袭爵、受封、临政、亲民、沐浴、治病、□

①见彭金章、王建军著《敦煌莫高窟北区石窟·第三卷》第8页图版39:1,文物出版社,2004年。

第8行 [二十七日]甲子金闭氏 日入(7)申正三刻。宜祭祀、求嗣、出行、沐浴、立券□

第9行 [二十八日]乙丑金建房 宜祭祀、解、安宅舍,忌出行、□

第10行 二(8)十九日丙寅火除心 宜袭爵(9)、受封、临政、亲民、解除、会宾(10)□

一、校记

(1)柳:原字残泐。《敦煌莫高窟北区石窟》作□,未识出。

(2)火:原字残泐。《敦煌莫高窟北区石窟》未识出,作残文。

(3)一:《敦煌莫高窟北区石窟》漏释,作残文。

(4)沐浴:"浴"字残泐。《敦煌莫高窟北区石窟》二字均作残文。

(5)水:原字残泐。《敦煌莫高窟北区石窟》作□,未识出。

(6)捕捉:《敦煌莫高窟北区石窟》作"备□",误。

(7)氐日入:三字《敦煌莫高窟北区石窟》作□□,未识出。

(8)二:原字残存下面一画,《敦煌莫高窟北区石窟》识作"一",非是。

(9)袭爵:《敦煌莫高窟北区石窟》作□□□,未识出。

(10)宾:原字残去下半,《敦煌莫高窟北区石窟》未识出,作残文。

原历残存10行文字,每行内容多少不等。经补充缺文,可知其为某年某月二十至二十九日共10天的历日内容。因第二十九日左侧为竖条边框,又知该月为一小月。并由此推得残历朔日为戊戌,下月朔日为丁卯。

二、残历的月份

如上所述,残历是某月最后10天的内容。那么,它属于农历几月份呢?我们知道,干支纪日中的地支与建除十二客之间,在星命月份中有固定对应关系①。残历二十六日亥与开,二十七日子与闭,二十八日丑与建,二十九日寅与除相对应,表明此段历日在星命月十二月中,即是在"小寒二十月节"之后不久。

但我们却不能简单地认为此页历日属于农历十二月。这是因为,我国传统农历自汉代始,便以二十四节气注历。理论上认为,每月有一节和一

①见邓文宽著《敦煌天文历法文献辑校》第741页,江苏古籍出版社,1996年。

气,如“立春正月节”和“雨水正月中(气)”。但节气在历日中的具体位置却在变化。原因在于,每个平气的日期为365.2422日÷24 = 15.21875日。两个节气(非中气)间就有30天多。但在农历中,每月小月只29天,大月至多30天,由此造成节气日期不能完全固定,需要用置闰的办法进行调节。这样,虽然我们依据建除与纪日地支间的固定对应关系确认残历是“小寒十二月节”后的一段,但仍不能认为残历就是十二月的。如果此前几个月内有过闰月,则此“小寒十二月节”就会提前注在十一月的下半月。那么,残历到底是农历十二月的还是十一月的呢?我们注意到,残历第4行(即二十三日)有“昼三十九刻,夜六十一刻”的历注。中国古代用百刻纪时制,夏至白昼长,六十刻,夜晚为四十刻;冬至夜晚长,六十刻,白天为四十刻。残历上的昼夜时刻与冬至十分靠近,则我们就有理由认为它属于农历十一月份,而非十二月份。

三、残历的年代

前已考知,这份十一月的历日朔日为戊戌,且该月为小月;下月即十二月份朔日为丁卯。我们以此与张培瑜教授《三千五百年历日天象》一书的朔闰表进行对照,在公元960年至1910年的范围内,相合者有公元1120年、1244年、1311年、1368年、1554年、1678年共6个年份。换言之,残历年代当于此6年中加以寻求。

以往我在考定残历年代时,最后确定年代的手段便是“密”日(星期日)注,而本残历未见有密日注。不过,本历却有二十八宿注历,是可以被我们间接加以利用的。我们知道,中国古代七曜日的次序是:日、月、火、水、木、金、土。同时又知道,二十八宿中的“角宿”是东方七宿的首宿,东方在五行中属于“木”(“东方甲乙木”),则“角”宿注历时必须与七曜日的“木”日相对应。又由于二十八是七的整四倍,所以用于历注的二十八宿与用于注历的七曜日间便有了下列固定对应关系。

七曜日	木	金	土	日	月	火	水
二十八宿	角	亢	氐	房	心	尾	箕
	斗	牛	女	虚	危	室	壁
	奎	娄	胃	昴	毕	觜	参
	井	鬼	柳	星	张	翼	轸

显然,房、虚、昴、星四宿所在的日期属于日曜日,亦即"密"日或星期日。

残历二十八日历注为"房"宿,则知某年农历十一月二十八日为星期日。往上推,便知本月二十一日、十四日、七日均为密日。我们将这一结果与前述6个可能的年份加以对照,发现仅公元1368年,即元至正二十八年农历十一月七日是密日,其余5年全不相合。公元1368年农历有闰七月,十一月朔日戊戌,合西历为12月11日,初七日干支甲辰,合西历为12月17日。查陈垣先生《二十史朔闰表》后面所附《日曜表》,此日恰为星期日。残历年代为元至正二十八年戊申岁(1368年)得以最后确定。

我们将此件定为元代残历,与学者们认为此件所出的莫高窟第464窟最晚时代属于元代[①],亦相吻合。

最后,我们拟对残历所注昼夜时刻再略作说明。残历第4行(二十三日)注有"昼三十九刻,夜六十一刻"。这该如何理解呢?《元史·历志一》"昼夜刻"云:

> 春秋二分,日当赤道出入,昼夜正等,各五十刻。自春分以及夏至,日入赤道内,去极浸近,夜短而昼长。自秋分以及冬至,日出赤道外,去极浸远,昼短而夜长。以地中揆之,长不过六十刻,短不过四十刻。地中以南,夏至去日出入之所为远,其长有不及六十刻者;冬至去日出入之所为近,其短有不止四十刻者。地中以北,夏至去日出入之所为近,其长有不止六十刻者;冬至去日出入之所为远,其短有不及四十刻者。今京师冬至日出辰初二刻,日入申正二刻,故昼刻三十八,夜刻六十二;夏至日出寅正二刻,日入戌初二刻,故昼刻六十二,夜刻三十八。盖地有南北,极有高下,日出入有早晏,所以不同耳。[②]

细读这段文字,便可以知道,此历是以当时京师(元大都)昼夜时刻为准的。冬至时,白昼三十八刻,夜晚六十二刻。残历已过去冬至一些日子,故昼刻加长为三十九,夜刻减短为六十一了。

有关元代的历日,此前在黑城出土有元至正二十五年(1365年)印本

①见彭金章、王建军著《敦煌莫高窟北区石窟·第三卷》第108页,文物出版社,2004年。

②见宋濂等编《志第四·历一》,载于《元史·卷五十二》,中华书局,1976年。

历日残页①。我们从莫高窟北区看到的本件残历,比黑城所出者仅晚三年。将两份印本残历的图版加以比较,觉得版式、字痕、内容都很相近,它们同属于元朝末年的历日,而且是郭守敬所编《授时历》的实行历日,对我们认识元历的真面目颇有帮助。

(原载《敦煌研究》2006 年第 2 期)

①见张培瑜著《黑城新出土天文历法文书残页的几点附记》,载于《文物》,1998 年第 4 期。

石窟保护研究

敦煌莫高窟北区洞窟及崖面崩塌原因探讨

樊锦诗　彭金章　王旭东　著

敦煌莫高窟北区洞窟的考古发掘与研究,已取得重要收获,不仅弄清楚了北区崖面现存洞窟的确切数量,而且还根据它们的形制特征以及出土遗物,科学地揭示了北区洞窟的性质、功能和与南区洞窟的关系,并探讨了它们的时代,从而证明北区洞窟是莫高窟石窟群不可缺少的重要组成部分。在北区洞窟出土的大批遗物中,不乏珍品。有的属于古佚书,有的为国内孤本,有的属于海内外所仅存,有的则为敦煌乃至河西地区首次发现,填补了敦煌地区某些考古学领域的空白,因而具有极其重要的学术价值和研究价值。已先后被列入国家社会科学"九五"规划重点研究课题和教育部人文社会科学重点研究基地2002—2003年度重大研究课题进行了研究,并取得了一批令国内外学术界瞩目的研究成果①。

莫高窟北区洞窟的考古收获除了以上所述之外,还有一项重要收获值得一提,即在北区洞窟内和崖面上发现了多处洪水和大气降水对洞窟以及洞窟所在崖体造成破坏的遗迹,对这些洪水和大气降水遗迹进行深入分析和系统研究,不仅对敦煌石窟保护有重要意义,而且对整个河西地区石窟保护也至关重要。本文拟以莫高窟北区洞窟及崖面现存洪水和大气降水遗迹为例,探讨洞窟以及洞窟所在崖体遭到破坏的内因和外因,并提出敦煌莫高窟北区洞窟及其崖体保护加固的建议。

①详见彭金章、王建军著《敦煌莫高窟北区石窟》(一至三卷);彭金章著《敦煌莫高窟北区洞窟的发掘及其意义》,载于《甘肃文物工作五十年》第200页,甘肃文化出版社,1999年;彭金章、王建军著《敦煌莫高窟北区洞窟所出多种民族文字文献和回鹘文木活字综述》,载于本书第78页;史金波著《敦煌莫高窟北区出土西夏文文献初探》,载于本书第323页;陈国灿著《莫高窟北区第47窟新出唐告身的复原与研究》、《莫高窟北47窟新出〈唐开元廿四年(736年)后丁租牒〉的复原与研究》)载于《敦煌学史事新证》第215~274页,甘肃教育出版社,2002年;彭金章著《敦煌莫高窟北区石窟新发现的文献及其学术价值》,载于本书第90页。

一

莫高窟北区崖面现存洞窟248个,依照洞窟底开凿于崖面的位置,大致以水平方向从下而上划分为6层。位于崖面最底层的洞窟为第一层,该层洞窟计35个。属于第二层的洞窟计68个,属于第三层的洞窟计42个,属于第四层的洞窟计70个,属于第五层的洞窟计15个,属于第六层的洞窟计18个。由于自然和人为因素,北区洞窟无一例外均遭到不同程度地破坏,有些洞窟遭到的破坏相当严重,甚至仅存洞窟地面或壁面的一部分。其中第一层洞窟在崖面所处位置最低,经常受到大泉河洪水的冲刷、浸泡,故遭到破坏的程度远比未遭洪水和大气降水冲刷的洞窟破坏程度严重得多。据考古发掘资料得知,北区崖面从下至上第一层洞窟的全部和第二层洞窟的大部分,合计有99个洞窟受到过大泉河洪水的冲刷和浸泡,因而在洞窟内留下了厚薄不等的洪水淤积层,有的洞窟如B92窟、B93窟、B94窟窟内淤积层厚达一米以上,并可细分为稍有差别的淤积小层,表明不是一次洪水所造成的①。其中位于崖面第二层的B39窟、B43窟、B44窟、B46窟、B47窟、B48窟、B50窟、B52窟、B56窟、B57窟、B58窟、B59窟、B68窟等13个洞窟内的洪水水位线至今仍清晰可见。甚至在个别洞窟,如B46窟后室、B50窟后室壁面上清晰可见高水位洪水线三条,表明北区洞窟遭遇特大洪水袭击的次数至少在三次以上。经测量得知,B47窟和B48窟窟内壁面现存最高洪水水位线下距该窟窟前现地面高3.5米,是已知北区洞窟所遇历次洪水中最大的一次②。虽说大泉河洪水曾无数次地对北区崖面底层洞窟以及洞窟所在崖体进行冲刷,但由于崖体地质结构和崖体所处岩层物理力学性质的差异,以及崖面上所开洞窟有疏有密,洪水对洞窟以及洞窟所在崖体造成的破坏也就不可能相同。现以大泉河洪水对洞窟造成严重破坏的几段崖面为例,探讨洪水对洞窟造成破坏的深层次原因。

1.B7窟所在崖面段(图62)。

B7窟属于北区崖面从下至上的第一层洞窟,为一多室禅窟,其现状是:后室、南侧室、北侧室保存完整,中室仅存南壁西侧、北壁西侧、窟顶西部和地面西部。前室及中室东部已被洪水冲毁。为了解洪水冲刷崖体的情况,在发掘该洞窟时,曾在B7窟窟前沿洞窟所在崖体向下开挖探沟一

①见彭金章、王建军著《敦煌莫高窟北区石窟·第一卷》图版128,文物出版社,2000年。

②同①,图版3:1。

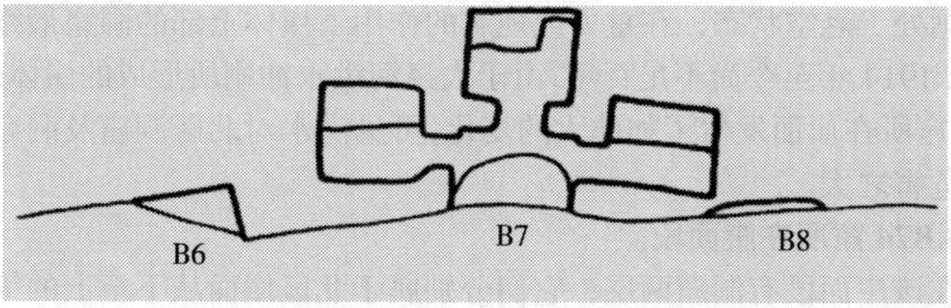

图 62　B6~8　窟联合平面图

条,清楚地看到了由于洪水冲刷造成崖体向西呈内凹状。由于 B7 窟及其所在崖体的崩塌，该窟附近的 B4 窟、B5 窟、B6 窟、B8 窟也遭到破坏,导致 B4 窟、B5 窟、B6 窟、B8 窟仅存后室西壁或西壁的一部分，同时也造成上层洞窟的崩塌(图 63)。至于该段崖面崩塌时间已无从考证。

图 63　B7 窟断面图

2.B100 窟所在崖面段。

在新近出版的《俄藏敦煌艺术品Ⅲ》中第 80 页有一幅 1914—1915 年由俄国人鄂登堡所摄 B100 窟所在崖面外景照片,照片上清楚的显示了该崖面段当年有洞窟 11 个[①]。B100 窟为一多室禅窟,从 1914—1915 年的照片上可知当年该窟有南侧室 2 个,北侧室 2 个,其中东南侧室、西南侧室、西北侧室保存完整，东北侧室仅存一部分。但是到了 20 世纪 80 年代末期，当敦煌研究院考古专业人员在对该段崖面上的洞窟进行考古发掘时，崖面上却仅存洞窟 9 个。B100 窟中室东部亦遭到破坏,该窟东南侧室东部仅存三分之一。当年的 B101 窟后室保存完整,如今则仅存后室一角,其前室及后室的大部分已崩塌。为了解该段洞窟崩塌原因,我们曾对 B100 窟中室地面沿崖体垂直向下进行了测量,发现崖体向西(内)凹进程度随着崖体高度的变化而变化,愈接近崖体底部凹进愈深,最深处已达 2 米(图 64)。从该段崖体保存现状分析,其底部内凹系洪水冲刷所为。一旦崖体下部被洪水掏空,上部

①见俄罗斯国立艾尔米塔什博物馆、上海古籍出版社编《俄藏敦煌艺术品》第 81 页,上海古籍出版社,2000 年。

洞窟则处于悬空状态，在重力或地震的作用下崖体上部的洞窟最终会垮塌。从 1914 年至今尚不足百年,由于大泉河洪水冲刷所形成的崖体悬空，B100 窟所在崖面发生了如此大的变化,可见洪水对北区洞窟及洞窟所在崖体危害之大。

3.B74 窟所在崖面段。

在该崖面段有洞窟两层，它们分别属于北区崖面从下至上的第一层洞窟和第二层洞窟(图 65)。

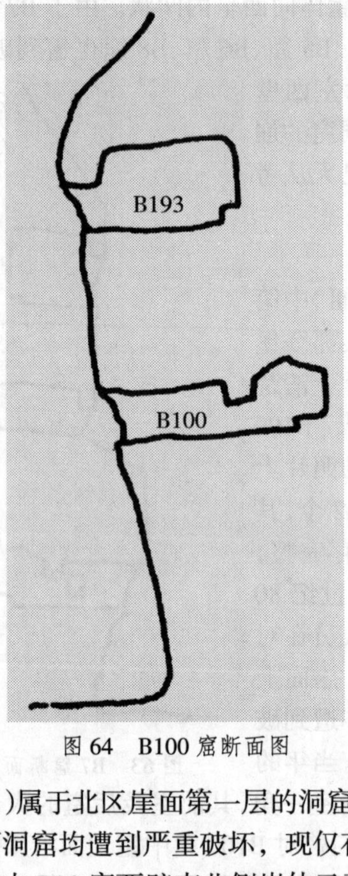

图 64　B100 窟断面图

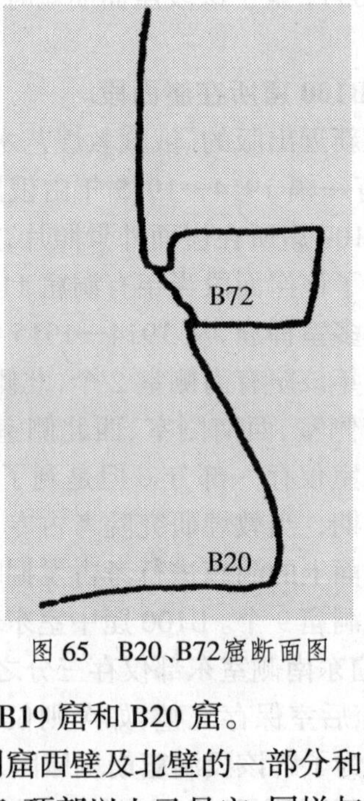

图 65　B20、B72窟断面图

(1)属于北区崖面第一层的洞窟有 B19 窟和 B20 窟。

两洞窟均遭到严重破坏，现仅存洞窟西壁及北壁的一部分和少许顶部。其中 B20 窟西壁南北侧崖体已不存,顶部以上已悬空,同样与洪水有关。

(2)属于北区崖面第二层的洞窟有 B71 窟、B72 窟、B73 窟、B74 窟、B75

窟第 5 个洞窟(图 66)。保存现状如下。

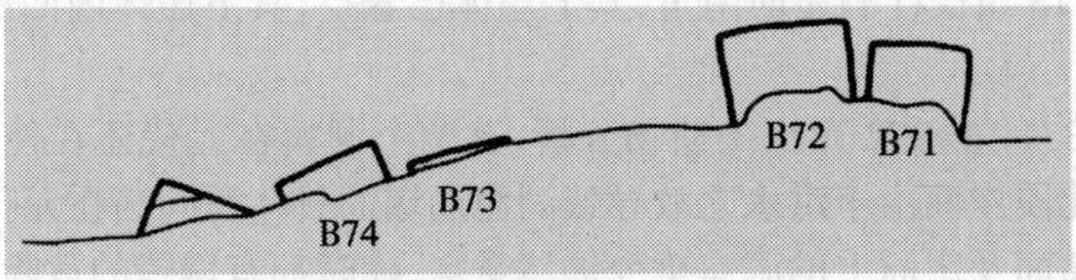

图 66　B71~75窟联合平面图

①B71 窟后室西壁和北壁保存完整,而后室南壁、东壁、顶部及地面均仅存一部分,前室仅存西壁一角及甬道少许。洞窟顶部以上崖体现处于悬空状态,地面以下崖体内凹(图 67)。

②B72 窟后室西壁及顶部保存完整,而后室南壁、北壁、地面大部分保存,后室东壁存少许,前室已无存。该窟上部崖体已悬空。

③B73 窟后室西壁保存完整,后室南壁、北壁及顶部保存一部分,地面仅存一角。顶部以上崖体已悬空。洞窟地面以下崖内凹深约 3 米(图 68)。

④B74 窟后室西壁保存完整,后室南壁、北壁、地面及顶部仅存一部

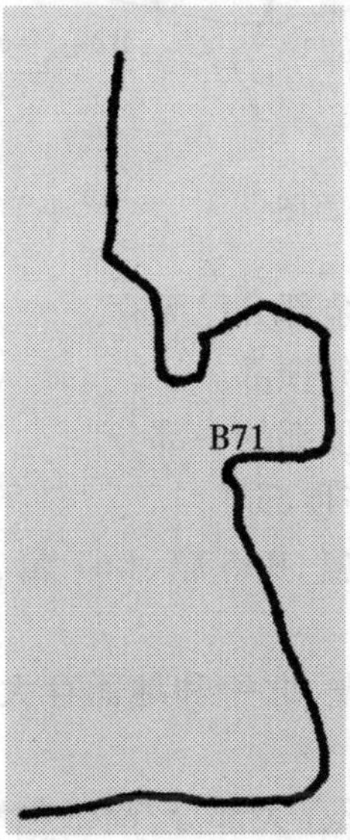

图 67　B71窟断面图

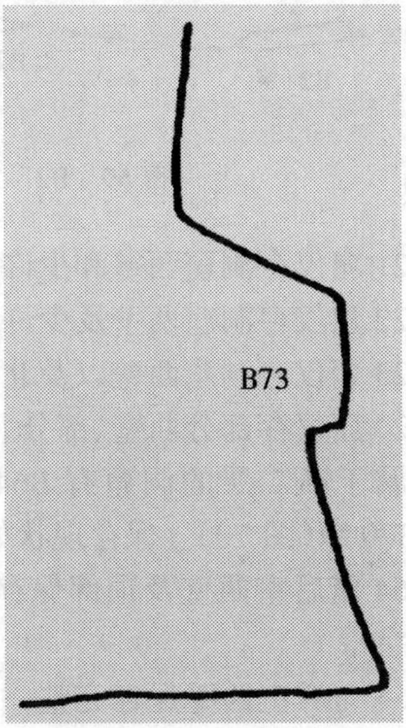

图 68　B73窟断面图

分。地面以下崖体一部分崩塌,一部分已悬空。

⑤B75 窟仅存洞窟西南角,其上崖体已悬空,其下崖体内凹深约 3.50 米。

从 B71 窟、B72 窟出土遗物分析,这两个洞窟在元代还在使用,据此判断,此段崖面由于洪水之故导致洞窟崩塌的具体时间当在元代或元代以后。崖面及崖面上的洞窟至今仍然悬空,随时都有塌毁的危险,亟待加固。

4.B66 窟至 B70 窟崖面段。

在 B72 窟以北有平行的两条从上至下的卸荷裂隙,第一条裂隙距崖面 0.50 米,第二条裂隙距第一条约 1.70 米。该段崖面有洞窟 3 层,分别属于北区崖面从下至上的第一层、第二层、第四层(在该段则属于第三层)洞窟。

(1)属于第一层的洞窟有 B21 窟、B22 窟、B23 窟、B24 窟(图 69)。保存现状如下。

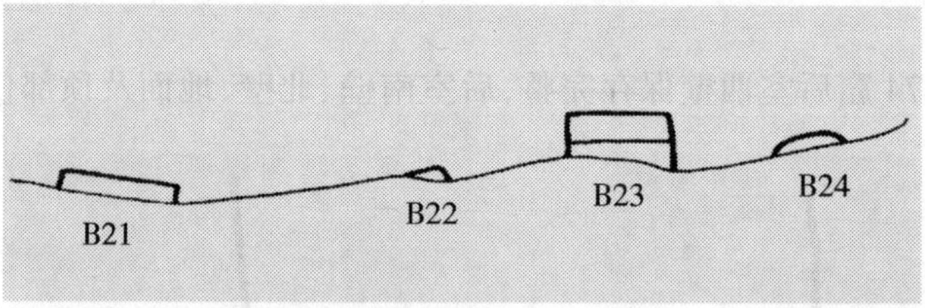

图 69 B21~24 窟联合平面图

①B21 窟仅存洞窟西壁和少许南壁。其余部分已无存。

②B22 窟仅存洞窟西壁及少许北壁和部分顶部。

③B23 窟仅存洞窟西壁以及北壁、南壁、顶部的一部分。

④B24 窟仅存部分西壁、部分北壁及少许顶部。

(2)属于第二层的洞窟有 B64 窟、B65 窟、B66 窟、B67 窟、B68 窟、B69 窟、B70 窟(图 70)。保存现状如下。

①B64 窟后室西壁及顶部保存完整,南壁、北壁和地面存大部分,东壁仅存少许。

②B65 窟后室西壁保存完整,北壁和顶部存大部分,南壁和地面存一部分。

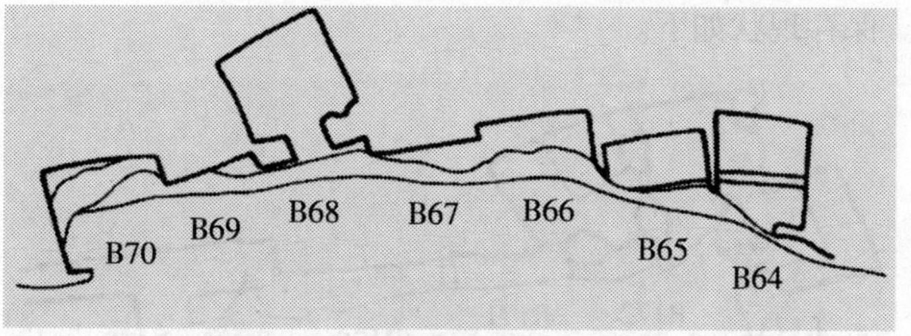

图 70　B64~70 窟联合平面图

③B66 窟仅存洞窟西壁及部分南壁、北壁、顶部。南壁和北壁的大部分、顶部东披及地面已崩塌，现存部分已悬空(图 71)。

④B67 窟仅存洞窟西壁及部分南壁、北壁、顶部和地面。南壁和北壁上部及顶部已悬空。

⑤B68 窟后室保存完整，前室仅存西壁及部分北壁和顶部，地面已无存，部分北壁已悬空。

⑥B69 窟仅存后室西壁的大部分及部分北壁和顶部，南壁及地面已无存(图 72)。

⑦B70 窟后室西壁、南壁、顶部保存完整，东壁仅存南上角，北壁仅存西侧一部分，地面存少许(图 73)。

(3)属于第四层的洞窟有 B169 窟、B170 窟、B171 窟、B172 窟、B173窟

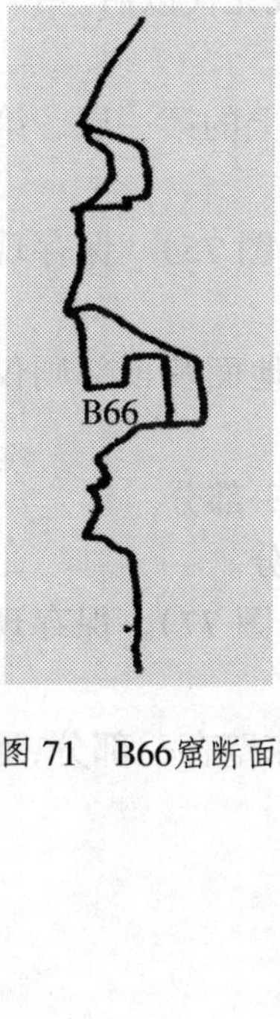

图 71　B66窟断面图

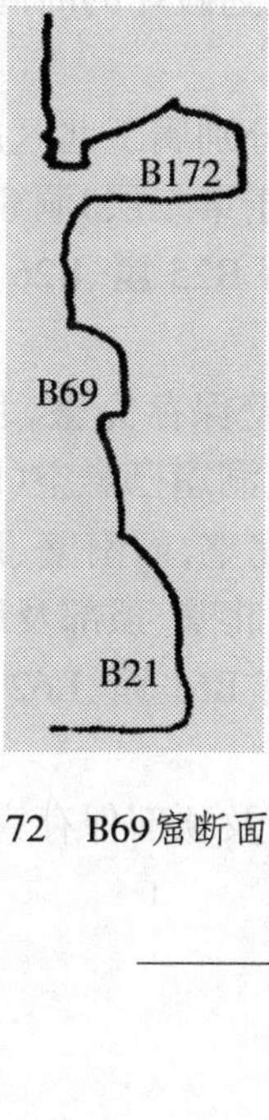

图 72　B69窟断面图

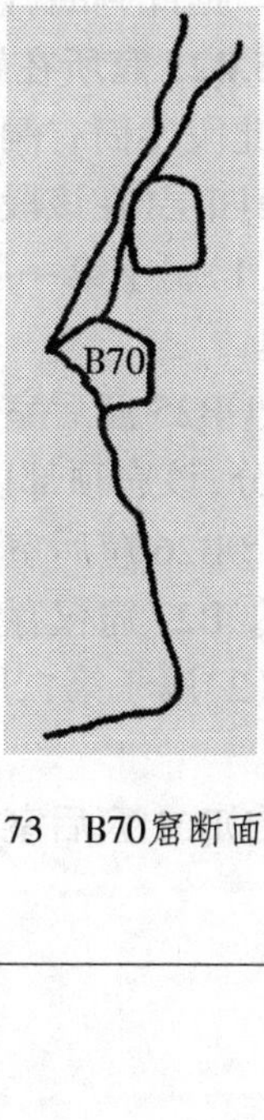

图 73　B70窟断面图

(图 73)。保存现状如下。

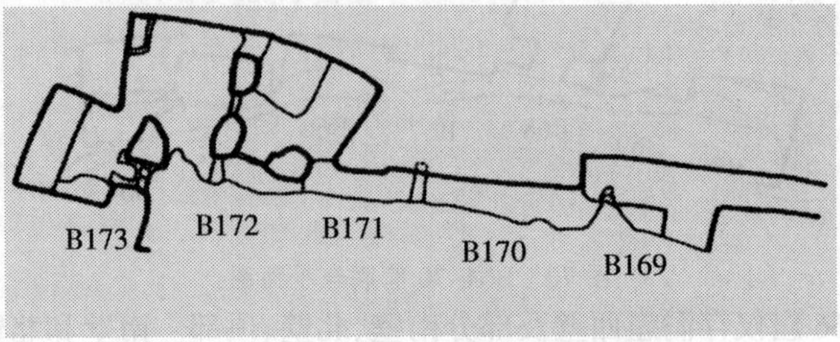

图 74 B169~173窟联合平面图

①B169 窟仅存后室西壁及部分南壁、北壁、地面及顶部。

②B170 窟仅存后室西壁、地面西部和顶部的一部分。

③B171 窟后室保存完整,前室仅存部分西壁、地面和顶部。

④B172 窟后室保存完整,前室仅存部分西壁、地面及顶部。

⑤B173 窟后室保存完整,前室仅存南壁(洞窟北向),其余部分已崩塌。

从该段崖面的洞窟现状分析,由于洪水冲刷之故,造成位于崖面最底层的第一层洞窟崩塌,并导致其上的第二层洞窟也随之遭到破坏,更进一步殃及上层洞窟。从 B172 窟出土有元代遗物分析,证明此窟在元代还在使用。据此判断,该段崖面遭到破坏的时间当在元代或元代以后。

5.B25 窟所在崖面段。

此段崖面有洞窟 3 层, 分别属于北区崖面从下至上的第一层、第二层、第四层(在该段崖面则属于第三层)洞窟。

(1)属于第一层的洞窟有 B25 窟、B26 窟、B27 窟(图 75)。保存现状如下。

①B25 窟后室西壁和南壁保存完整,北壁、东壁、地面及顶部则仅存一部分,该窟顶部以上崖体及洞窟已悬空(图 76)。

②B26 窟后室西壁保存完整,而南壁、顶部则仅存一部分。

③B27 窟仅存后室西壁、北壁、顶部及地面的一部分。

(2)属于第二层的洞窟有 B61 窟、B62 窟、B63 窟(图 77)。保存现状如下。

①B61 窟后室西壁、北壁及顶部保存完整,南壁、东壁存一部分,地面

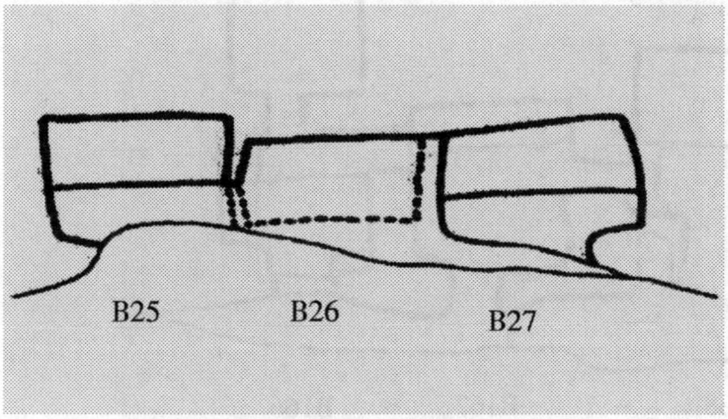

图 75　B25~27 窟联合平面图

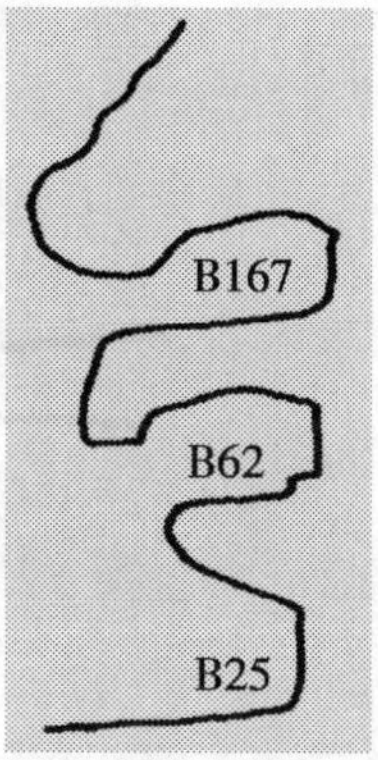

图 76　B25 窟断面图

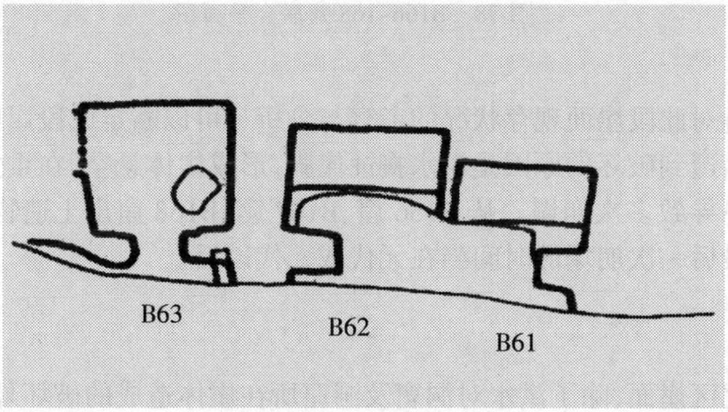

图 77　B61~63窟联合平面图

保存大部分。

②B62 窟后室西壁、南壁及顶部保存完整,北壁、东壁及地面则仅存一部分。

③B63 窟后室及甬道保存完整,前室仅存西壁,其余部分已无存。

(3)属于第四层(在此段则属于第三层)的洞窟有 B166 窟、B167 窟、B168 窟(图 78)。保存现状如下。

①B166 窟一多室禅窟,中室、后室保存完整,前室仅存部分西壁,地面遭到破坏,现状已非原貌。

②B167 窟后室保存完整,甬道保存大部分,其余部分已无存。

③B168 窟后室保存完整,前室仅存地面西部和西壁下部,其余部分

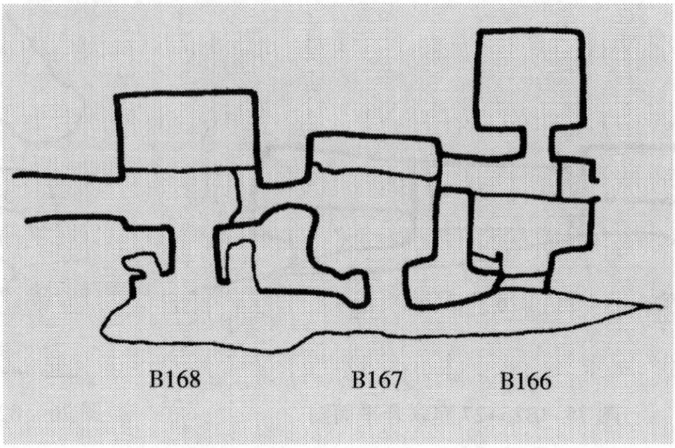

图 78　B166~168 窟联合平面图

已无存。

通过对此段崖面现存状况的考察与分析，可以断定此段崖面及崖面上的洞窟遭到破坏的原因是洪水掏蚀崖脚,形成崖体悬空,在重力或地震的作用下导致多次崩塌。从 B166 窟、B167 窟、B168 窟出土遗物分析,此段崖面最后一次崩塌的时间当在元代或元代以后。

二

在北区崖面,除了洪水对洞窟及洞窟所在崖体造成的破坏外,大气降水对洞窟和崖体造成的破坏也相当严重。遭到破坏最为严重的崖面有以下 4 段:

1.B104 窟、B211 窟所在崖面段。

此段崖面位于北区崖面南端,呈台阶状。其上有洞窟 12 个,它们分别属于北区崖面从下至上的第三层和第四层洞窟。

(1)属于北区崖面第三层的洞窟有 B104 窟和 B105 窟。保存状况如下。

①B104 窟仅存洞窟南壁、西壁、北壁和地面的一部分,其余部分已无存,B104 窟的时代为唐代，据此推测此段崖面的第一次崩塌当在唐代以后宋代以前。

②B105 窟仅存南壁、西壁、北壁和地面的一部分,其余部分已无存

（图 79）。B105 窟叠压在 B104 窟之上，表明 B105 窟是在 B104 窟崩塌以后才开凿的。B105 窟的时代为宋代，故该窟崩塌时间当在宋代或宋代以后。

（2）属于北区崖面第四层的洞窟有 B202 窟、B203 窟、B204 窟、B205 窟、B206 窟、B207 窟、B208 窟、B209 窟、B210 窟、B211 窟（图 80）。保存状况如下。

①B202 窟仅存地面西部、西壁下部、南壁西部，东壁及顶部已无存。洞窟崩塌时间当在宋代或宋代以后。

②B203 窟后室地面和西壁保存完整，南壁和北壁仅存西部，顶部已大部塌毁。崩塌时间当在宋代或宋代以后。

③B204 窟后室西壁保存完整，南壁东部和北壁东部已塌毁，地面保存一大部分，顶部仅存少许。

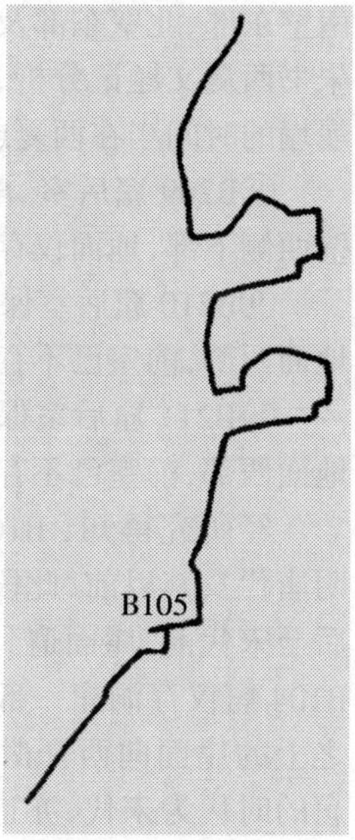

图 79　B105 窟断面图

图 80　B202~211窟联合平面图

④B205 窟后室西壁仅保存完整，地面东部、南壁东部、北壁东部、窟顶东部均已塌毁。

⑤B206 窟后室西壁南上角、南壁西上角、顶部西南角和东北角、北壁东侧上部、东壁上部均已塌毁，前室已无存，甬道仅存地面西部、南壁西侧下部和北壁西侧下部。

⑥B207 窟后室东壁北上角、北壁东上角塌毁一部分，其余部分保存完整。甬道南壁、北壁和地面东部已塌毁。

⑦B208 窟后室南壁、西壁、东壁、顶部均保存完整，北壁已不存，甬道

南壁东部、北壁东部及地面东部已塌毁。从该窟西壁和南壁有多条墨书及朱书西夏文题记分析，该窟在西夏或西夏以后仍在使用，故据此推测该窟崩塌的时间当在西夏或西夏以后。

⑧B209 窟后室、甬道及前室西壁保存完整，前室存南壁西侧下部、北壁西侧下部，地面仅存西部少许，顶部已不存。

⑨B210 窟后室保存完整，甬道仅存南壁西部、北壁西部、顶部北部和地面西部，前室已不存。

⑩B211 窟后室保存完整，甬道仅存南壁西部、北壁西部、窟顶西部、地面西部，前室已不存。洞窟崩塌时间不详(图 81)。

经研究得知，B104 窟的时代为唐代，表明唐代及其以前，此段崖面保存较好，唐代以后至宋代前，崖面遭到第一次大的破坏，导致 B104 窟仅存洞窟一部分。此后又在 B104 窟之上的崖面向西开凿了 B105 窟。已知B105 窟的时代为宋代，亦遭到严重破坏，而破坏的时间当在宋代或宋以后。表明该段崖面的第二次大的崩塌是在宋代或宋代以后。由于以上两个洞窟在崖面所处位置较高，未曾遭遇洪水冲刷，故该段崖面上洞窟遭到破坏的原因只能是大气降水所为。从崖顶现存冲沟分析，崖顶雨水沿崖体下泄时，首先冲刷处于高层的 B232 窟、B218 窟，其次冲刷 B104 窟，并逐渐沿崖面向南延伸，最后导致 B104 窟以南一批洞窟相继崩塌。崩塌发生的时间大约在唐代以后宋代以前。而此段崖面的第二次崩塌可能发生在宋代或宋代以后。

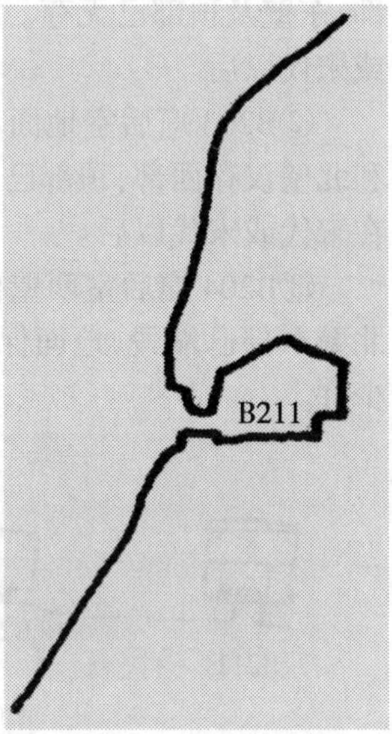

图 81　B211 窟断面图

2.B84 窟至 B90 窟所在崖面段(图 82)。

此段崖面有洞窟 3 层，崖面呈台阶状，其中 B84 窟至 B90 窟属于北区崖面从下至上的第二层洞窟，这几个洞窟虽未遭遇大泉河洪水冲刷，但也遭到了严重破坏，经考察同样系大气降水所为。保存状况如下。

(1)B84 窟后室保存完整，而前室仅存西壁、南壁、北壁及地面的一部

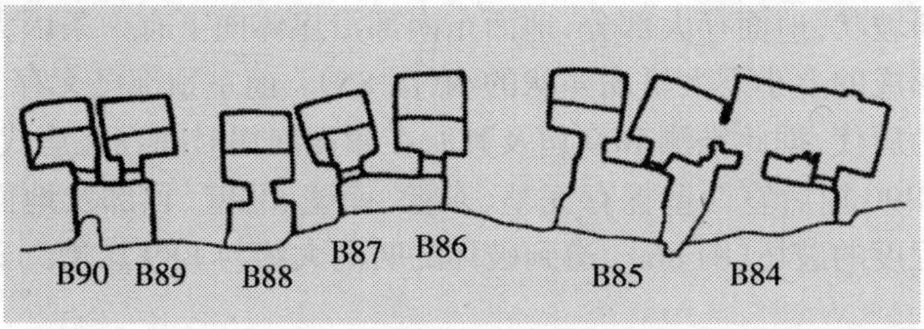

图 82　B84~90 窟联合平面图

分残存南壁和北壁呈西高东低斜坡状，东壁和顶部已无存。从该窟在宋代仍在使用分析，其崩塌时间当在宋代以后。

(2)B85 窟保存状况与 B84 窟大致相同。崩塌时间可能为同一时期(图 83)。从该窟之上的 B114 窟在西夏时期仍在使用来看，该窟崩塌时间有可能在西夏或西夏以后。

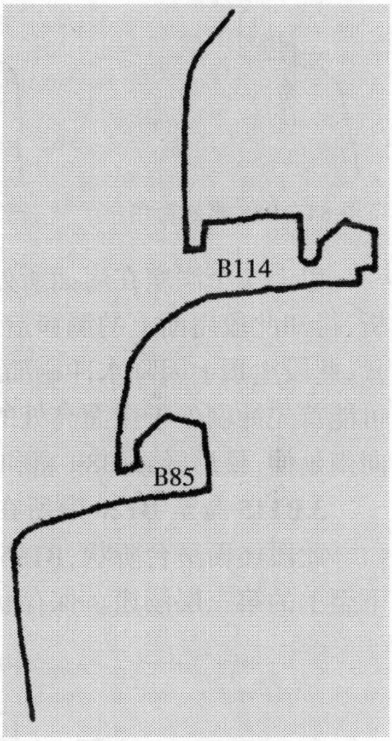

图 83　B85窟断面图

(3)B86 窟后室和前室西壁保存完整，前室南壁、北壁仅存一部分，呈西高东低斜坡状，地面存大部分，顶部及东壁已无存。该窟时代为盛唐，故洞窟崩塌时间当在盛唐以后。从该窟与 B85 窟相邻，崩塌后的前室现状与 B85 窟现状相似，B86 窟崩塌时间也可能在西夏或西夏以后。

(4)B87 窟保存状况与 B86 窟保存状况基本相同。崩塌时间也大致同时。

(5)B88 窟后室顶部已全无，西壁、南壁、北壁及地面尚保存，东壁上部已塌毁，前室西壁上部已不存，南壁和北壁仅存一部分，呈西高东低斜坡状，地面存大部分(图 84)。从此窟所在位置以及崖顶冲沟的走向分析，此段崖体遭到破坏的时间当在西夏或西夏以后。

(6)B89 窟后室西壁、北壁、东壁保存完整，顶部和南壁遭到部分破坏，与B90 窟共一前室，前室西壁保存完整，南壁、北壁仅存一部分，呈西高东低斜坡状,地面存大部分,地面东南部沿崖体向下有一条因大气降水冲刷而形成的上小下大呈漏斗状的沟(图 85)。前室顶部已无存。B89 窟的时代为唐代,据此推测 B89 窟及其所在崖面崩塌时间当在唐代以后。

(7)B90 窟后室西壁保存完整,东壁、南壁、北壁、顶部及地面均遭到了不同程度的破坏(图 86)。遭到破坏的时间大约与 B89 窟遭到破坏的时间相同。

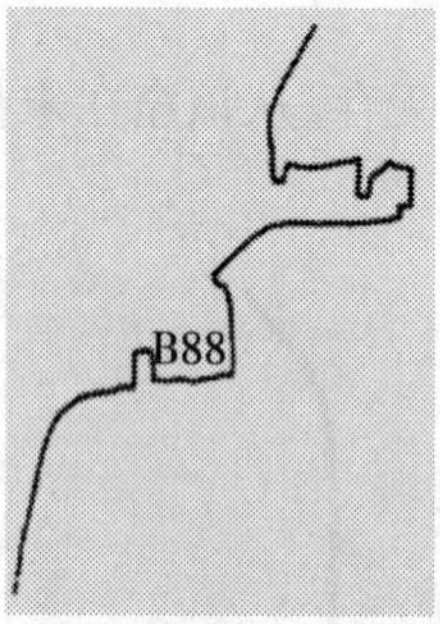

图 84 B88 窟断面图

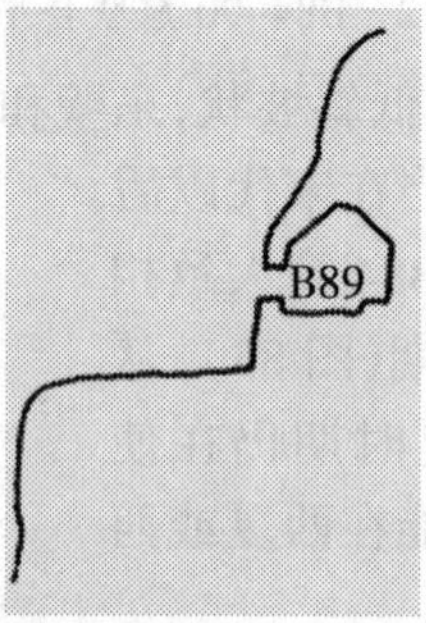

图 85 B89窟断面图

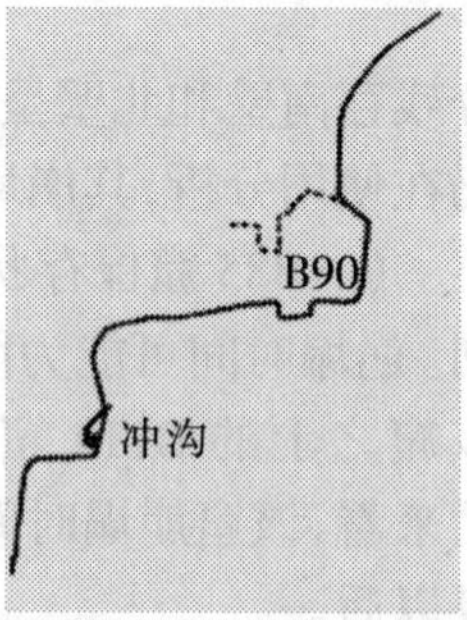

图 86 B90窟断面图

以上 7 个洞窟在崖面所处位置较高，未被洪水冲刷，从保存现状分析,得知此段崖面上的洞窟遭到破坏的原因完全系大气降水所为,时至今日,此段崖顶上因降水冲刷而形成的沟痕仍随处可见。从崖顶下泄的降水可能首先冲刷处于崖面高处的 B114 窟,其次冲刷 B84 窟、B85 窟,并逐渐向南延伸,最后导致 B89 窟和 B90 窟亦遭到破坏。

3.B115 窟至 B120 窟所在崖面(图 87)。

此段崖面呈台阶状,B115 窟至 B120 窟位于台阶上,属于北区崖面从下至上的第三层洞窟。保存状况如下。

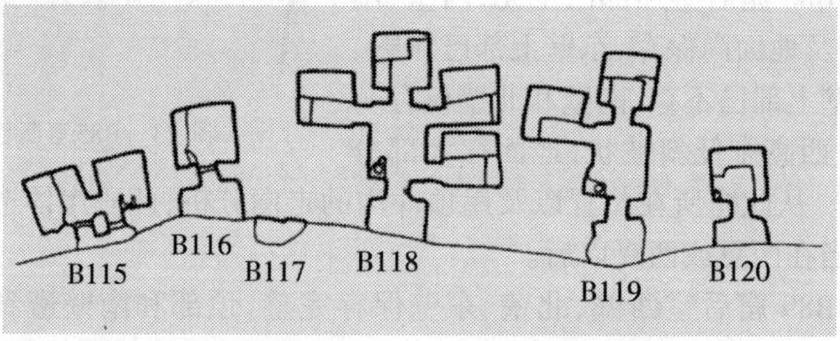

图 87 B115~120窟联合平面图

(1)B115 窟后室及前室西壁保存完整,前室南壁、北壁及地面仅存一部分,顶部已无存。

(2)B116 窟后室及前室西壁保存完整,前室南壁、北壁及地面仅存一部分,顶部已无存(图 88)。

(3)B117 窟塌毁严重，仅存西壁南下角、南壁西下角和地面西南角,其余部分已无存。经考古发掘得知,该窟崩塌后才开凿了 B116 窟,据此可知,此段崖面的崩塌至少在两次以上。

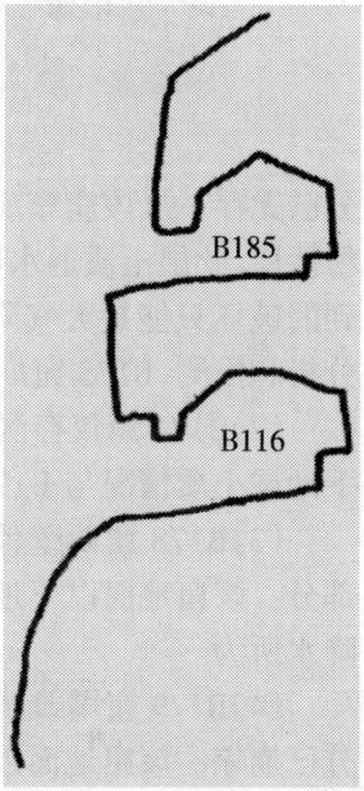

图 88　B116窟断面图

(4)B118 窟为一多室禅窟,中室甬道、中室、南侧室、北侧室、后室及前室西壁保存完整,前室南壁及北壁仅存接近地面处的一部分,地面东部已塌毁,顶部已无存。

(5)B119 窟为一多室禅窟,中室甬道、中室、后室、南侧室及前室西壁保存完整,前室南壁和北壁仅存下部,呈西高东低斜坡状,地面存一部分,顶部已无存。

(6)B120 窟后室保存完整,前室西壁稍有破损,前室南壁和北壁仅存下部,呈西高东低斜坡状,地面仅存西部,顶部已无存。

此段崖面上的 6 个洞窟所处位置较高,因而未遭洪水冲刷,但确受到了从崖顶下泄降水冲刷造成的破坏。从崖体现状分析,此段洞窟遭到破坏的过程应是从 B115 窟之上崖面开始的,并逐渐向北延伸,最后导致此层洞窟及上层洞窟均遭到不同程度的破坏。从考古发掘得知,此段崖面崩塌至少在两次以上。从此段崖面第四层的 B184 窟西夏时期仍在使用分析，此段崖面最后一次洞窟崩塌当在西夏或西夏以后。

4.B176 窟至 B179 窟所在崖面段(图 89)。

此段崖面的 4 个洞窟,均开凿于一条因降水冲刷而形成的大沟内,属于北区崖面从下至上的第四层洞窟，由于受崖顶下泄大气降水的不断冲刷,最后导致 4 个洞窟均遭到严重破坏。其现状如下。

(1)B176 窟仅存西壁下部、南壁下部、北壁下部及地面西部,其余部

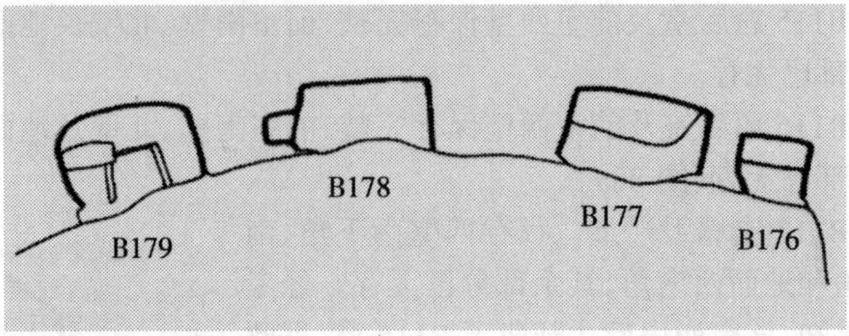

图 89　B176–179 窟联合平面图

分已无存。从该窟窟前地层可知,洞窟地面以下为厚约 7 米,质地松软的粉沙层,此层土质遇水即崩解。B176 窟所处位置较高,未遭洪水冲刷,遭到的破坏只能是大气降水所为。从与之相邻的 B175 窟在宋代仍在使用分析和推测,B175 窟崩塌时间当在宋代或宋代以后。

(2)B177 窟仅存洞窟西壁和地面西部,其余部分已崩塌。该窟地面以下地层土质情况与 B176 窟相同,洞窟崩塌原因系大气降水所为。

(3)B178 窟西壁保存完整,南壁、北壁和地面仅存西部,顶部仅存一部分。该窟地面以下地层土质情况与 B176 窟相同,洞窟崩塌原因系大气降水所为。

(4)B179 窟塌毁严重,仅存南壁、西壁、北壁和地面的一部分,其余部分已崩塌。该窟地面以下地层土质情况与 B176 窟相同,洞窟崩塌原因系大气降水所为。此段崖面及崖面上洞窟遭到破坏的原因是强烈的大气降水在崖面上形成的面流冲刷崖体。冲刷首先从崖面上部开始,逐渐向垂直方向和水平方向延伸,最后导致此层的 4 个洞窟相继崩塌。崩塌时间在宋代或宋代以后。

三

通过以上论述可知,造成莫高窟北区洞窟及洞窟所在崖面崩塌的自然因素,主要是大泉河的洪水和骤降的暴雨以及重力和地震的作用。从考古发掘了解到,大泉河洪水的冲刷,是造成下部崖体及崖面底层洞窟崩塌的主要原因,在重力作用下,崖体上即会形成卸荷裂隙,势必殃及上层洞窟。时至今日所见,北区崖体底部内凹、崖体或洞窟悬空,都是洪水冲刷留下的痕迹。在这种状况下,如再遇到地震,业已悬空的洞窟或崖体必然崩塌无疑。而莫高窟地区骤降的暴雨，则是造成崖面中、上层洞窟及洞窟所在崖体遭到破坏的主要原因。如再遇到崖体上有卸荷裂隙、结构裂隙或崖体地层严重风蚀等情况，必将导致崖面上的洞窟及洞窟所在崖体的大面积崩塌。通过考察发现，大气降水对北区洞窟及崖体的破坏特征是：强烈的大气降水在崖面上形成的面流冲刷崖体，在造成崖面上部洞窟或崖面崩塌后，继续向下冲刷，并向一定方向延伸，最后导致崖面中层以上洞窟及洞窟所在崖体的严重崩塌。北区现存几段台阶状崖面，均系骤降暴雨所为，属于崖顶下泄雨水对崖体及洞窟造成破坏所留遗迹。总之，大泉河的洪水从崖体底部对洞窟及洞窟所在崖体进行冲刷，而骤降暴雨则从崖顶对崖面及崖面上的洞窟进行冲刷，大气降水和洪水上下夹攻，才导致了北区洞窟及洞窟所在崖面被严重破坏。

敦煌莫高窟地区气候干燥，多年平均年降雨量为 23.23 毫米，而年蒸发量为 4347.90 毫米，年蒸发量是降水量的 187 倍①。也正是由于这种特殊的气候条件，才得以使敦煌莫高窟洞窟内的壁画至今保存得比较好。但是莫高窟的降水有其明显的季节性，大气降水主要集中在 6~8 月，占年降水量的 67%，而有时一次降雨的强度很大。一旦遇到强降水，就会在崖面上形成面流，冲蚀已遭严重风蚀的崖体，最终导致洞窟的垮塌。据莫高窟唐代碑记记载，当年的莫高窟是“上下云矗，构以飞阁，南北霞连，圣灯照时，一川星悬，前流长河，波映重阁”。“大周圣历之辰，乐僔、法良发其宗，建平、东阳弘其迹，推甲子四百他岁，计窟室一千余龛”②。经过一千余年的历史沧桑，开凿于鸣沙山东麓的莫高窟洞窟及洞窟所在的崖体已非原貌，崖面上保存至今的洞窟总数为 735 个（南区崖面现存洞窟 487 个，北区崖面现存洞窟 248 个），比唐代少了 200 多个，究其原因既有自然因素，又有人为因素，两种因素相比，前者又是主要的。对洞窟及洞窟所在崖体造成破坏的自然因素有洪水、大气降水和地震，种种迹象表明，洪水和大气降水是莫高窟洞窟及洞窟所在崖体遭到破坏的主要元凶。至今仍流淌于莫高窟窟前的大泉河，给窟前绿洲带来灌溉用水，但一旦发生洪水，又是造成崖面底层洞窟遭到破坏的最主要原因。据专家测算，大泉河洪水最大流量为 335 立方米每秒，如此大的洪水一旦直接冲刷洞窟或洞窟所在崖体，必然给洞窟及崖体造成灾难性的后果。对洞窟及洞窟所在崖体造成巨大破坏的另一元凶是暴雨，莫高窟地区骤降的暴雨，往往给上、中层洞

①见李实、屈建军著《敦煌莫高窟的气候环境特征》，载于《敦煌研究文集·石窟保护篇（上）》第 70 页，甘肃民族出版社，1993 年。

②见李永宁著《敦煌莫高窟碑文录及有关问题（一）》，载于《敦煌研究》，1981 年试刊 1。

窟及洞窟所在崖面造成毁灭性地破坏。

在干旱的敦煌地区,人们视水如油,因为有水就有绿色,有水就有生命。然而,在这一地区对洞窟及洞窟所在崖体造成严重破坏的罪魁祸首也是水——洪水和大气降水。因此,预防洪水和大气降水对洞窟造成的危害,必须引起石窟保护专家和有关部门领导的高度重视,并将其纳入石窟保护的长远规划之中,以防患于未然。为此,我们提出如下设想,供有关方面参考。

第一,对莫高窟大泉河左侧防洪大堤进行加固,并适当提高大堤的高度,同时对河道进行整治,对狭窄处河道加宽,对淤积的河道清淤,对严重影响泄洪的大泉河大桥必须进行彻底改造,提高泄洪能力,以抵御大泉河百年不遇的特大洪水。

第二,对北区现已悬空的洞窟和崖体进行加固,以防突发性地震对洞窟及洞窟所在崖面继续造成破坏。

第三,对北区崖顶冲沟进行整治,采取截排水等措施防止暴雨继续对北区洞窟的破坏。

(原载《敦煌研究》2004 年第 3 期)

莫高窟北区崖体病害

张国军 李最雄 著

一、前言

莫高窟南北长1700余米，崖体最高处达50米，现存735个洞窟，分为南北两段。壁画和彩塑主要保存在南面的487个洞窟中。北区的248个洞窟主要是禅窟、生活窟以及部分瘗窟，自开凿至今从未进行过修复加固，崖壁危岩突兀、裂隙纵横，崖体表面风化十分严重。

二、区域地质背景

敦煌莫高窟所在的敦煌盆地是一个由石板山、阿尔金山和鹰嘴山所围限的山间断陷盆地。根据区域构造地质研究发现，敦煌盆地是在南北陆缘造山带对挤的挤压作用下，受控于陆源基底断裂的压陷盆地。盆地发展连续性强，沉积厚度大，为"叠加式"盆地，称为"塔里木型"①。

由于北截山和南截山分隔，敦煌盆地可进一步分为北部的狭义敦煌盆地、南部的阿克塞盆地和玉门—踏实盆地。受北截山断裂和阿尔金山断裂控制，盆地成北东向狭长展布。

北截山断裂从莫高窟南约1千米处的三危山山前通过，左行斜向逆冲，造成前震旦系地层逆冲于中更新统地层之上。阿尔金山断裂是阿尔金断裂带的组成部分。阿尔金断裂带是中国西部最大的剪切—挤压型断裂带，北东向延伸，总长约2000千米，左行剪切，为区域性深大断裂带。

受北截山断裂和阿尔金山断裂控制，第三纪以来敦煌盆地南部山区抬升剥蚀，盆地内部近山断陷，远山拗陷，接受了疏勒河、党河及榆林河从南部山区搬运来的数百米第四系沉积物。第四系沉积物厚度在山前断裂附近为最大，向北远离山体逐渐减小。地貌及第四系特征表现出自山前洪

①见敦煌研究院编《敦煌莫高窟环境演化与石窟保护研究》，2003年12月。

积扇,经中部洪积、戈壁平原,向北部冲积、湖积细土平原过渡。莫高窟即位于三危山前西水沟洪积扇的上缘地段,崖体高度沿河流方向由南向北逐渐降低,最终尖灭于北部平坦的戈壁滩上。

三、地层岩石学特征

莫高窟地区在大地构造上位于塔里木古老断块的东南边缘带——阿尔金断裂带,构造比较复杂。前震旦系变质岩构成了统一的结晶基底,埋深2000~3000米。盖层主要为中下侏罗统、下白垩统及新生界。莫高窟所在的地层分为三层,即下更新统冰水沉积—洪积玉门组砾岩,中更新统洪积—冲积酒泉组半胶结砾岩和上更新统洪积—戈壁组沙砾石层。

玉门组砾岩在莫高窟地区仅出露于南部地震台附近,面积约200平方米。岩性为灰褐色砂砾岩夹厚层钙质砂岩透镜体。砾石成分以变质岩为主,粒径为1~3厘米,大者5~8厘米,硅钙质胶结,岩石致密坚硬,具明显流水作用特征。

酒泉组砾岩分布于三危山、小红山山前及西洪积扇前缘,出露面积约60平方千米。它是构成莫高窟、榆林窟以及东、西千佛洞的洞窟围岩。其岩性为单一灰白色砂砾石,钙泥质胶结,结构较密实,局部稍疏松,具微层理构造,中夹不规则的中细砂透镜体。据岩石薄片鉴定,酒泉砾岩的岩石成分主要有花岗岩、石英岩、辉长岩、千枚岩、片麻岩、石灰岩等。砾石的矿物成分主要为石英、长石、方解石、辉石、角闪石、黑云母等①。酒泉组砾岩工程地质条件良好,易于人工开凿。

戈壁组沙砾石层为一套未胶结的沙砾石层。岩性为灰白色砂砾石,夹砂层、亚砂土层透镜体。整合或假整合于酒泉组地层之上。戈壁组虽不是洞窟围岩,但可保护上层洞窟免于外动力地质作用影响,故应属于洞窟保护的范围。

四、主要病害

受莫高窟自身及周边地区的地理地质环境影响和制约,莫高窟北区崖体的主要地质病害归纳起来有风蚀、雨蚀、洪水冲刷、裂隙发育、岩体坍塌和环境沙漠化等6种,现分述如下:

①见敦煌研究院编《敦煌莫高窟环境演化与石窟保护研究》,2003年12月。

1.风蚀。

风蚀是造成莫高窟石窟崖体破坏的最主要因素。

莫高窟地处西北沙漠戈壁之中,气候干旱,风沙活动强烈。根据前人研究成果,莫高窟是一个多风地区,年平均风速3.50米每秒,而且是一个多风向地区,偏南风出现频率最高,占47.9%,不过风速并不是最大。以南风为例,风速大于5.00米每秒和小于8.00米每秒者占59.2%,搬运沙土物质的能力有限,而大于8.00米每秒者仅有1.5%。偏东风,虽然出现频率只有14.8%,但是输沙能力约为27.5%。偏西风出现频率为28.1%,而输沙能力却占31.9%①。

莫高窟崖体位置坐西向东,因此对莫高窟崖面及洞窟危害最严重的应该是偏东风,尤其春季3~5月份为西北地区沙尘暴多发季节,挟沙偏东风强烈地剥蚀洞窟崖面。受其影响以及崖体自身的岩层性质,在北区崖面上发育有大量平行于岩层的风蚀凹槽(图90)。在B94窟和B111窟南侧,由于崖体中部的软弱粉沙质夹层受风蚀作用强烈,深入崖体内部,从而造

图90　风蚀破坏

①见李最雄著《丝绸之路古遗址保护》,科学出版社,2003年。

图 91　雨蚀破坏

成上部崖体坍塌并后退。

至于偏西风，则是造成窟前积沙危害的主要原因。

2.雨蚀。

在莫高窟北区长达 700 多米的崖面上随处可见雨水冲刷的痕迹，在崖顶上也布满了或大或小的雨水冲沟(图 91)。根据气象观测资料，莫高窟多年平均降水量为 23.2 毫米，但年内分配极不均匀，其中夏季的 6~8 月份为 13.6 毫米，占全年降水量的 58%[①]。这说明莫高窟地区夏季骤降的暴雨也是造成北区崖面洞窟破坏的主要因素。短时间内强烈的大气降水在崖面及崖顶上汇合而形成面流，冲刷崖体。在造成崖面上部洞窟崩塌后，继续向下冲刷，沿裂隙渗入下层洞窟，从而造成更大的破坏。

在北区受雨蚀影响最为明显的崖面当属 B175~179 窟所在的崖面段。此段崖面的 5 个洞窟均开凿于一条雨水大冲沟内，并且洞窟地面以下有一厚约 7 米质地松软的粉沙层，此层粉沙质遇水即崩解。由于受崖顶下泄的大气降水的不断冲刷，最后导致一些洞窟遭到严重破坏。

据考古资料，其坍塌的年代在宋代或宋代以后[②]。位于大冲沟北侧的

①见王旭东著《敦煌莫高窟围岩的工程特性》，载于《岩石力学工程学报》，2000 年第 16 期。

②见敦煌研究院编《敦煌莫高窟环境演化与石窟保护研究》，2003 年 12 月。

B175、B176 两窟。已经被严重毁坏，难以辨认其窟型。

此外，B104 窟、B211 窟所在崖面段，B84 窟至 B90 窟所在崖面段和 B115 窟至 B120 窟所在崖面段是雨蚀破坏最为严重的地段。

3.洪水冲刷。

莫高窟前的大泉河发源于莫高窟以南 15 千米的大泉，流经鸣沙山、三危山，消失在戈壁滩上。由于受地形影响，在莫高窟前形成的河床宽窄不一，在南区窟前有高出河床 1~4 米、宽 30~200 米的 I 级阶地，从而有效地保护了南区下层石窟免遭洪水破坏。而北区石窟前 I 级阶地很早就被侵蚀殆尽，故长期以来一直遭受洪水冲刷，直到 20 世纪 80 年代初北区前修建了防洪大堤为止。

莫高窟北区位于崖面最底层的第一层洞窟共计 35 个。由于所处位置最低，因此常受到大泉河洪水的冲刷和侵蚀，故受损程度最为严重。据考古发掘资料，北区崖面自下而上的第一层洞窟和部分第二层洞窟，合计 99 个洞窟曾受洪水冲刷，因而在洞窟内留下厚薄不等的洪水淤积层，有的洞窟如 B92、B93、B94 窟窟内淤积层厚度达 1 米以上。经测量 B47、B48 窟内壁面现存最高洪水水位线距窟前地面 3.5 米[①]。

B66 窟至 B70 窟崖面段，崖体底部洪水掏刷深度在 2 米以上，底层的

图 92　洪水冲刷

①见敦煌研究院编《敦煌莫高窟环境演化与石窟保护研究》，2003 年 12 月。

B21 窟至 B24 窟已无明显形制,仅残留少量后壁。这是由于崖体地质结构和岩层物理力学性质的差异以及崖面洞窟分布疏密不同，因此洪水对洞窟造成的破坏也有所不同。主要危害为洪水掏刷崖体底部,造成上部洞窟及崖面悬空,在重力或地震作用下最终坍塌(图 92)。同样的病害也出现在莫高窟第 464 窟附近,崖体下部洞窟密集,但多数洞窟的前室已不存在。

4.裂隙发育。

由于地质构造运动以及洞窟开挖的影响，莫高窟北区崖体中形成了大量的裂隙(图 93),可大致归结为三类,即构造裂隙、卸荷裂隙以及纵张裂隙。

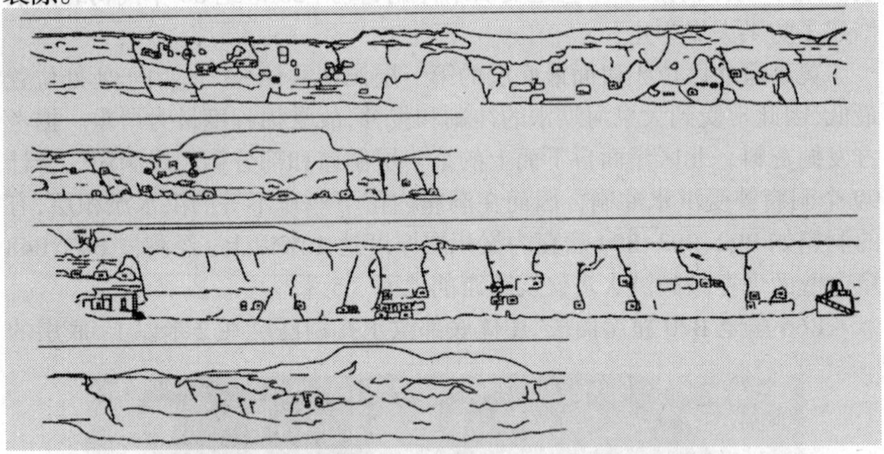

图 93　莫高窟北区崖体表面裂隙分布示意图

从三危山山前通过的北截山断裂，距莫高窟仅 1 千米左右。受其影响,洞窟地层中发育有一组构造节理系,在此基础上北区崖体形成了多条构造裂隙，其产状与南部三危山新构造运动产生的逆冲断层产状基本一致。构造裂隙走向 NE40°~60°,倾角 60°~85°,与崖面大角度相交,向上至崖顶斜坡地带即被淹没,向窟内 2~9 米即闭合[①]。由于其斜切崖面,且形成时间早,因此往往成为平行崖面的卸荷裂隙延伸的侧向终止边界。在此情况下即构成危险岩体的侧向切割面。

除了贯通整个崖面的构造裂隙之外,还有崖面上岩体在重力长期作用下向临空方向卸荷回弹,形成与崖壁近于平行的张性裂隙,即为卸荷裂隙。由于其走向平行崖面,因此多横切洞窟南北两壁、拱顶及地面,倾向崖外。

①见王旭东著《敦煌莫高窟围岩的工程特性》,载于《岩石力学工程学报》,2000 年第 16 期。

纵张裂隙是洞窟开挖后窟顶岩体缓慢下沉在拱顶部位形成的小型张性裂隙，应为卸荷裂隙的一种。纵张裂隙沿洞轴线方向展布，沿崖面向上及洞内 2~3 米即尖灭消失，规模较小，因此对洞窟稳定性影响不大。

莫高窟北区崖面裂隙调查情况见附表。

5.岩体坍塌。

根据斜坡岩体破坏理论，斜坡的破坏主要受斜坡的地层岩性、结构构造的控制和其他自然和人为因素的影响。这些影响因素包括地震、大气降水以及人为开挖等。斜坡的破坏从变形开始，变形过程为一累进性的破坏过程，逐步发展，破坏面不断扩展。当其互相贯通使岩体的部分分离出来，发生移动，斜坡岩体就进入了破坏阶段。崩塌主要发生在 60° 以上的高陡斜坡处。厚层脆性岩体由于卸荷裂隙的发育而形成陡而深的张裂缝，逐渐扩大，并与相邻结构面组合形成连续贯通的分离面，在外力作用下极易发生崩塌。

在莫高窟北区的崖面上，平行崖面的卸荷裂隙与构造裂隙相互交叉，将围岩切割成大小不等的破裂体，在地震、风蚀、雨蚀等外部因素作用下，破碎岩体沿裂隙、断面剪切或拉断，产生坠落与倾覆（图 94）。

图 94　岩体坍塌

典型的坍塌岩体出现在北区南段 B188 窟至B190 窟之间。岩体呈整体状沿近于垂直的结构面滑塌,上面还保留有三个洞窟的遗迹。

6.环境沙漠化。

莫高窟北区另一主要的地质病害是环境沙漠化。主要表现在大量流沙堆积在窟区,甚至掩埋洞窟。主要沙源即为莫高窟背后的鸣沙山,而动力则来自本区盛行的偏西风。在北区的 B211 窟与南区的第 1 号洞窟之间约 100 米的崖面即为流沙所掩埋,是南北两区的自然分界线。另外在 B10 窟和 B11 窟之间亦有一流沙堆积区。

五、结论

通过调查,可以初步得出以下几个结论。

第一,敦煌莫高窟是位于古丝绸之路上的砂砾岩石窟,其独特的自然地理和地质环境造就和影响了其主要病害的发生和发展。

第二,影响莫高窟北区崖体稳定性的主要病害是内、外动力地质作用共同作用的结果。其中风蚀、雨蚀、洪水冲刷和环境沙漠化属于外动力地质作用,裂隙发育属于内动力地质作用,而岩体坍塌则是以上几种病害综合作用和最终的发展趋势。

第三,上述病害是对莫高窟北区崖体破坏最严重的病害,部分洞窟有近期坍塌的可能,必须立即进行抢险加固。

(原载《敦煌研究》2005 年第 4 期)

附表:莫高窟北区崖面裂隙调查

裂隙名称	长度(m)	张开宽度(cm)	裂隙名称	长度(m)	张开宽度(cm)
F_g^{14}	17	<0.5	F_g^{9}	12	闭合
F_g^{13}	16	<0.2	F_g^{8}	13	<1
F_X^{23}	6	<0.5	F_{B18}	2.5	1~2
F_X^{22}	6	>1	F_X^{19}	8	不详
F_{B225}	5	>1	F_{B76}	1.5	2~3
距 F_{B225} 北约 6 米	3	>2	F_{B74}	2	0.2
F_{B195}	3	不详	F_g^{5}	15	2~3
B97 窟南壁以南	>10	>3	F_g^{4}	8	闭合
B97 窟北壁以北	>10	>20	F_{B125}	2	1~2
B190 窟南壁	12	>3	F_X^{11}	9	<1
F_{B188}	11	不详	F_g^{3}	8	闭合
距 B188 窟北 10 米	5	>5	F_X^{10}	18	1~3
F_{B94}	2	>20	F_g^{2}	15	2~3
F_g^{12}	15	<0.5	F_{B133}	4	<1
F_g^{11}	16	1	F_g^{1}	15	闭合
平行构造裂隙	2~3	<0.2	F_X^{2}	1.5	1~2
F_{B14}	4	<0.5	F_{B146}	2	<2
合计:共有裂隙 34 条,总长约 280 米。其中裂隙张开宽度小于 2 厘米的 20 条,长约 165 米;大于 2 厘米的 11 条,长约 95 米;宽度不详者 3 条,长 22 米。					

敦煌大泉河的河床演变及其对莫高窟崖体的影响

姚鲁烽　彭金章　著

敦煌莫高窟开凿于鸣沙山东麓大泉河西岸的砾石层崖壁上，这里至今仍保存着自北凉至元代一千多年间建造的735座石窟，是当今世界上延续时间最长、保存最好、规模最大和洞窟数量最多的佛教石窟群。该石窟群早在1961年就被国务院公布为第一批全国重点文物保护单位。又于1987年被联合国教科文组织列入“世界文化遗产名录”。一千多年来，由于受大泉河水流和大气降水的不断侵蚀破坏，莫高窟崖壁出现多处坍塌，许多洞窟受到不同程度的破坏。为了长久地、有效地保护好这处世界上独一无二的著名石窟群，就需要研究大泉河的河床演变过程以及大气降水对莫高窟崖体的影响。

一、流域地理概况

大泉河发源于祁连山西端的野马山，源地海拔高程3880米。源头有冰川融水形成的几条小河流经野马山区，出山后水流潜入地下，经过约40千米长的扇形戈壁滩，于大泉、大拉牌等地出露形成泉水。泉水在三危山地流径15千米后出山，在出山口以北约2.5千米处全部渗入地下。近半个多世纪以来，随着莫高窟窟前绿地的不断扩大，灌溉窟前花草树木的用水量越来越多，导致大泉河水在没有流出山口就已经全部用完。尤其是夏季，除发洪水外，大泉河已没有多余的水通过河道下泄。近年来，大泉河在夏季还时常有断流现象发生。

大泉河流域在气候上属于温带干旱区，多年平均年降水量不足30毫米，并且主要集中在夏季的6~8月。大泉河的年平均流量为0.13立方米每秒，年径流总量为410万立方米。

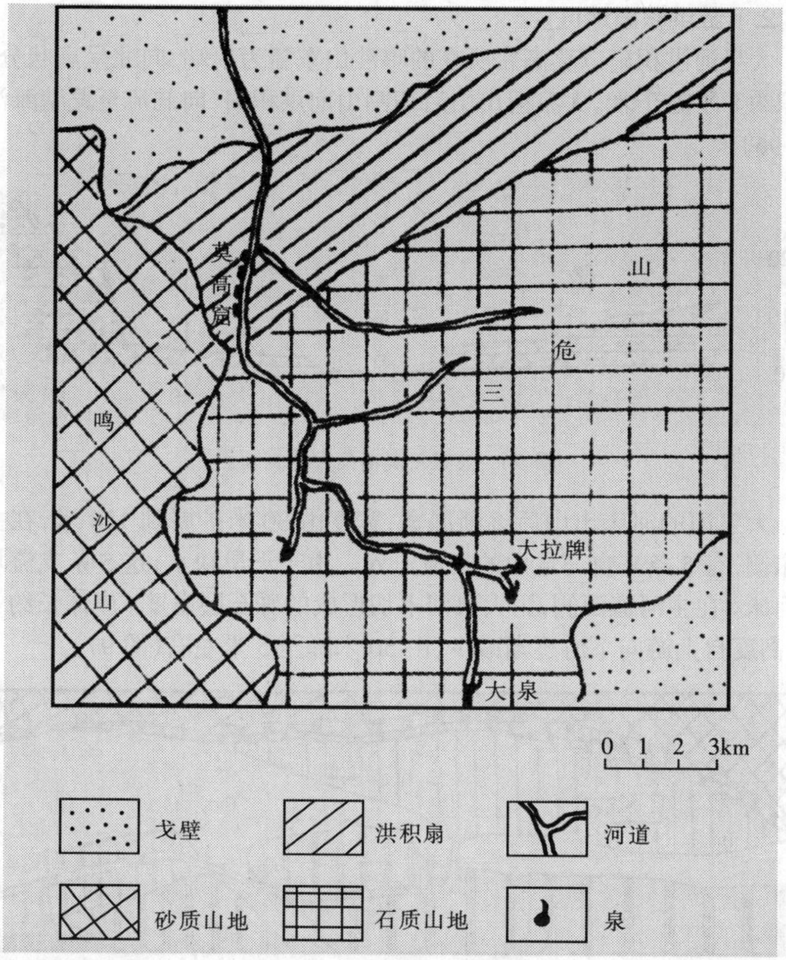

图 95　大泉河流域地貌图

大泉河流域的地貌类型可分为两部分(图 95)。

1.上游的三危山地。

三危山在地质构造上属于祁吕贺兰山字构造体系西翼反射弧外缘和阿拉善弧南缘复合部位。山地的海拔高为 1500~1700 米,山体由前震旦系及古生界变质岩构成。由于气候干旱,山体基岩裸露,没有土壤和植被覆盖,仅在沟谷中有少量的草本植物生长。大泉河上游河道嵌入坚硬的基岩中,河床宽 10~20 米。

2.下游洪积扇地区。

大泉河洪积扇以莫高窟所在的鸣沙山东麓为顶端,向北呈扇状分布,面积约 8 平方千米。大泉河出山后切割山前洪积扇,向北流至戈壁滩消失(图 96)。

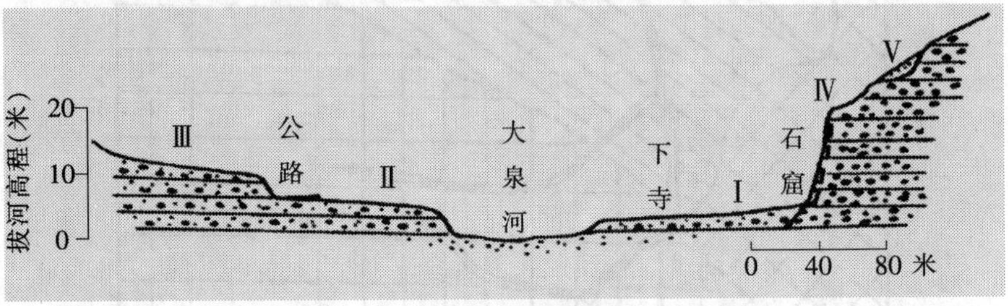

图 96　大泉河莫高窟河段剖面图

大泉河的河床出山后逐渐展宽,宽度由 30 米扩展到 150 米,在主河道东侧,有 5 条来自三危山的支流汇入。由于干旱缺水,这 5 条支流均为干河床。在主河道西侧,为大泉河下切形成的砾石层崖壁。崖体长约 4 千米,高度自上游向下游逐渐减少,由 50 米降至 5 米左右(图 97)。

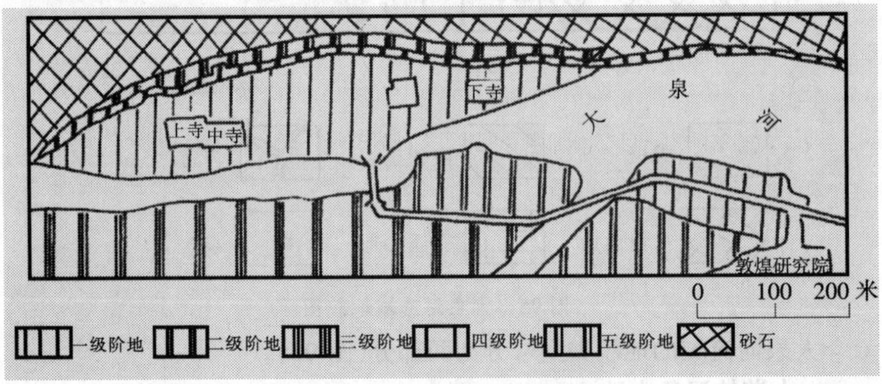

图 97　大泉河莫高窟河段地貌图

二、莫高窟崖体砾石层的成因

莫高窟崖体是由中更新统酒泉组砾石层堆积而成。砾岩成分为灰岩、大理岩及片麻岩,砾径为 1~5 厘米。砾石层下界与前震旦系敦煌群变质岩系呈角度不整合接触,上覆中更新统沙砾石层。

酒泉组砾石层胶结程度极好,古人正是利用这一特性,在其中开凿出多层次的大型石窟群。在莫高窟区 B58 窟与该窟下面的 B34 窟之间,砾石层厚度仅 10 厘米左右,上面仍可承受多人站立。砾石胶结紧密的原因是由于大泉河的河水中含有大量的钙质。据测量,大泉河出山口处的河水矿化度达 25 克每升①。当河水沿砾石层下泄时,在地下水面附近产生钙质沉淀,将砂砾石胶结成坚硬的岩层。随着第四纪以来三危山的持续抬升,河水下切砾石层造成地下水位不断下降,逐渐形成厚达 40~50 米的砾石胶结层,这样厚的砾石胶结,在我国第四纪沉积中是很少见的。

已有的研究表明,莫高窟洞窟地层所处的酒泉砾石层分为四个工程地质岩组②,由上往下依次编号为 A、B、C、D。

A 组:厚层状砾岩夹薄层细砾岩,厚度 6.80 米。砾石含量 81%,砂含量 16%,粉砂及粘粒 3.0%,粒径 15.70 毫米。该岩组颗粒偏粗,级配良好,分选性一般。泥质、钙质胶结,胶结类型为孔隙—接触式。

B 组:薄层状含砾石英砂岩,厚 2.00 米。砾石含量 16%,砂含量 79%,且以细砂为主,粉砂及黏土 5%,粒径 0.166 毫米,级配较好,有一定分选性。该岩组在莫高窟崖体中以大型透镜体状产出,南部崖体上出露位置较高,厚度较大,向北出露高度缓缓降低,厚度也逐渐变小甚至尖灭。交错层理比较发育,单层厚度仅 1~10 毫米。

C 组:厚层状细砾岩与薄层砾岩互层,偶尔可见砂岩微型透镜体和漂砾,厚度 14.50 米。砾石含量 74%~79%,砂含量约 22%,粉砂及黏土约 2%,粒径 5.20~12.20 毫米。颗粒中等,级配不良,磨圆度次圆,略有分选。钙泥质胶结,胶结类型为孔隙式和接触式。

D 组:厚层状细砾岩与中粗砾岩互层,可见厚度 6.00 米。砾石含量 50%~60%,砂含量 35%~45%,粉砂及黏土约 5%,粒径 2.00~3.80 毫米。颗粒偏细,级配良好,磨圆度次棱,略有分选性,颗粒有较明显的定向排列。钙质胶结和硅质胶结,胶结物已发育成晶形完好的方解石微晶。胶结类型为孔隙—接触式。

三、河流阶地的分布与河床演变

大泉河的河流阶地主要分布在下游。在莫高窟河段可见五级阶地。

一级阶地:分布在河流西岸莫高窟南区窟前,阶地高出河面 1.5~3

①见敦煌县水利局编《甘肃省敦煌县水资源调查评价及水利区划》,1982 年 8 月。

②见王旭东著《敦煌莫高窟洞窟地层的工程特性》,载于《岩石力学与工程学报》,2000 年第 6 期。

米，宽10~150米。莫高窟现存的上寺、中寺、下寺即坐落在一级阶地上。阶地底座为冲积沙砾石层，上部为风积沙土层。近年来，敦煌研究院组织考古研究所专业人员对上寺、中寺、下寺所在地进行了考古发掘，得知这三个寺院均始建于清代，它们既不是在早于清代的寺院构架基础上维修而成，又不是在清代以前古寺院遗址上重建的①。表明从清代至今莫高窟南区窟前一级阶地的高程和大小没有发生太大的变化。但北区窟前现状与南区窟前有别。从北区崖壁上现仍保存有许多个洞窟分析，当年北区窟前亦存在一级阶地。否则，当年的僧人是无法在北区洞窟内修禅、生活和礼佛的，只是后来由于大泉河主河道改道，才导致北区窟前一级阶地被洪水冲刷得无影无踪。经过近年来对北区洞窟的考古发掘和研究表明，北区崖壁上的洞窟一直延续使用到元代，此后就废弃了。据此推测，北区洞窟无人使用之后，北区窟前的一级阶地也就逐渐被大泉河的洪水冲刷而消失。

二级阶地：分布在河流东岸，高出河面4~6米，宽50~100米。敦煌研究院接待部、莫高山庄、停车场坐落其上，阶地由下更新统砾石层构成。

三级阶地：在东岸公路以东，高出河面8~12米，宽40~80米。阶地后缘与三危山山前洪积扇相连。阶地由下更新统砂石层组成，上面覆有0.5~1米的中更新统洪积砂砾石。

四级阶地：在河流西岸，高出河面18~20米，宽1~3米，阶地组成物质为下更新统砾石。莫高窟自下而上的一、二、三层洞窟就开凿在第四级阶地的阶坡上。由于第四级阶地的阶地面很窄，上面又被风积的砂、砾石淤成斜坡。所以四、五级阶地的坡面常被看作一个崖面。

五级阶地：位于河流西岸，高出河面22~24米，宽2~4米。阶地前缘在莫高窟第161窟、第196窟、第230窟的顶部，阶地后缘紧连着鸣沙山，阶地面上覆盖着0.50~2.00米厚的淤沙、砾石。

大泉河的阶地分布反映出第四纪以来三危山山地发生了间歇性地急剧上升。在上游山地的构造抬升过程中，大泉河下切山前的洪积台地，形成莫高窟砾石层崖壁。全新世以来，由于青藏高原已隆起到现代的海拔高度，阻挡了印度洋暖湿气流的北上，大泉河流量急剧减少，河水在莫高窟前沿着右岸下切，在左岸形成一级阶地。更新世时期的泥石流漂砾在洪积扇前缘的阶地剖面上仍可见到，而全新世时期在现代河床中堆积的泥石流漂砾最远只能达到莫高窟北区的北端。

①见蔡伟堂、郭俊叶、张小刚著《敦煌莫高窟上寺中寺发掘简报》，载于《敦煌研究》，2002年第1期。

历史时期，莫高窟前河床与阶地地面高程变化可根据考古发掘结果来推测。由于气候干旱，上游山地的化学风化作用极弱，河水中携带的山地风化碎屑物质很少。下游河床中淤积的物质，有相当一部分是来自西侧鸣沙山的风积砂石。当河水流量较大时，淤沙被冲走，河床被冲蚀加深。反之，当河水流量减少时，淤砂不能及时被水流冲走，河床就会被淤高。据现存于莫高窟第148窟的《唐陇右李府君修功德碑记》中记载，当时的莫高窟“凿为灵龛，上下云矗，构以飞阁，南北霞连，圣灯照时，一川星悬，前流长河，波映重阁”。说明唐朝时大泉河的流量比现在要大得多，河床也应较现在为深。近年来，考古工作者对莫高窟北区洞窟进行了大规模地考古发掘，还在北区B51窟和B52窟窟前挖了一个4米多深的探坑，仍未发现河床砾石层的底部。莫高窟南区和北区的考古发掘证明，一千多年来大泉河的流量在逐渐减少，河床在逐渐淤高。

莫高窟南区窟前一级阶地的高程变化可根据古代遗址和地层的底面来推断(图98)。莫高窟第489窟开凿于唐代以前，可能与第487窟同属北魏时期，其洞窟地面在今地面6米以下的地方；第61窟开凿于五代末，其窟前殿堂台基在地下3.2米处；第130窟窟前有一处西夏遗址，其地基高程在地下3米处；第61窟窟前元代遗址在地下2.1米处；第130窟窟前明代冲积层在地下2米处。

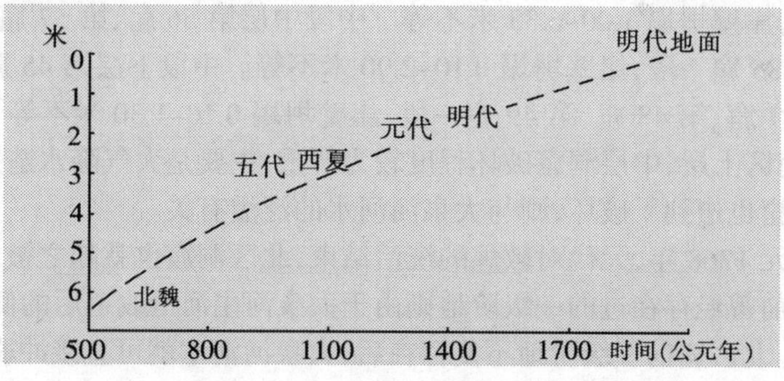

图98　古地面在现在地表下深度(米)

四、大泉河洪水对莫高窟崖体的破坏

大泉河流域虽然降水稀少，但偶然遇到较大降雨时，由于山地没有土壤和植被截蓄雨水，地表径流会迅速汇聚，形成大规模的洪流。

大泉河洪水对莫高窟崖体的破坏作用有两种形式。

1.主河道洪水的侧蚀。

大泉河上游洪水出山后对莫高窟崖体的破坏作用最大。但由于南区和北区窟前情况有别,因而洪水对两处崖体造成的破坏程度也就不同。南区窟前因有一级阶地的保护,大泉河的一般洪水对崖体不会造成很大的破坏,对崖体造成很大破坏的仅仅是大泉河泛滥时的特大洪水。从莫高窟南区洞窟保存现状分析,位于崖体下部的洞窟均遭到了不同程度的破坏,而遭到破坏的原因也多与大泉河洪水泛滥有关。比如崖壁最下一层的莫高窟第487窟、第488窟、第489窟三个洞窟窟内,堆积有厚达1.40~2.20米的洪积淤砂层,显然系洪水所为。根据对洪积淤砂层中出土的文物分析,这次大洪水发生在五代时期。最近考古发掘表明,莫高窟第96窟窟前初唐时期所建"重飞四级"的宏伟殿堂就毁于特大洪水。相比之下,位于崖壁某些地段中、上部的洞窟,尤其是上部洞窟破坏较为严重。经研究发现,后者遭到破坏的最主要原因不是洪水,而是"莫高窟崖体构造由于长期的自然地质作用及开挖洞窟的影响,洞窟崖体中形成了大量的裂隙……即卸荷裂隙、构造裂隙、层面裂隙、纵张裂隙……在重力或地震力以及大气降水的作用下最终造成洞窟的坍塌"[①]。从现存洞窟的考古遗迹推测,南区中段上层的莫高窟第444窟、第445窟、第446窟、第447窟、第448窟一段,崖壁坍塌1.00~6.33米不等。中段中层第56窟、第57窟、第276窟、第285窟一段,崖壁坍塌0.10~2.90米不等。中段下层第45窟、第46窟、第47窟、第48窟、第49窟一段,崖壁坍塌0.10~1.30米不等[②]。据此可知,南区上层、中层洞窟破坏程度较为严重,主要是大气降水造成的。而下层洞窟也遭到了破坏,则与大泉河河水的泛滥有关。

公元1368年,元代对敦煌的统治结束,北区洞窟也就随之被废弃了。北区窟前曾经存在过的一级阶地则由于大泉河主河道改道后的侧蚀而逐渐消失。北区窟前一级阶地不复存在后,大泉河河水就可直接冲刷北区洞窟所在的崖壁。这样一来,开凿于崖壁上的洞窟就遭到破坏。尤其是在每年夏季,泛滥的大泉河洪水对北区崖壁下部的猛烈冲刷和侧蚀,给开凿于崖壁下部的洞窟造成了极大的破坏。而这种因大泉河河水侧蚀造成的北区崖体崩塌、洞窟遭到破坏的情况,一直继续到20世纪80年代初在北区窟前修建防洪大堤为止。

①见敦煌市水利局编《敦煌市水利志》(初稿),1989年。

②见樊锦诗、彭金章、王旭东著《从莫高窟的历史遗迹探讨莫高窟崖体的稳定性》,载于《宿白先生八秩华诞纪念文集》第635页,文物出版社,2002年。

北区崖面现存洞窟248个，其中在北区崖面最下一层的全部洞窟和次下层的绝大多数洞窟，合计有99个洞窟遭遇过大泉河洪水的浸泡、冲刷和侧蚀，因而在这些洞窟内留下了厚薄不等的洪水淤积层，有的洞窟如B92窟、B93窟、B94窟窟内洪水淤积层厚达2米以上。甚至在个别洞窟，如B47窟和B48窟后室壁面上至今仍清晰可见高水位洪水线。该洪水线下距该窟窟前现地面3.5米，是已知北区洞窟所遇历次洪水中最大的一次①。根据这一洪水痕迹推算，大泉河的历史最大洪峰流量为566平方米每秒②。

虽说大泉河洪水曾无数次地对北区崖壁底层洞窟以及洞窟所在崖体进行侧蚀，但由于崖体地质结构和崖体所处岩层物理力学性质的差异以及崖壁上所开洞窟有疏有密，洪水对洞窟以及洞窟所在崖体造成的破坏程度也就不同。有的地段崖壁向西呈内凹状，如北区B61窟至B70窟等10个窟的底部或下半部，受洪水侧蚀后已完全塌落，崖壁上现仅存洞窟的上部或上半部，洞窟呈悬空状(彩版二十一)。除此之外，保存至今崖壁向西内凹比较典型的还有如下几处：B4窟至B8窟段，B10窟至B12窟段，B21窟至B24窟段，B25窟至B27窟段，B71窟至B75窟段，B100窟至B101窟段。这些地段无疑是洪水对崖壁侧蚀的结果，但由于地质结构的原因，该段崖壁尚能承受上部崖体的重力，未遇地震，还未达到崩塌的极限。北区仍呈悬空状的崖壁和洞窟，如不采取相应的应急保护措施，随时都有塌落的危险。而北区有的地段崖壁与现窟前地面大致呈垂直状。即崖壁下部并不向西呈内凹状，但崖壁上却有洞窟残迹。比较典型的地段有：B4窟至B5窟段，B88窟至B97窟段，B102窟至B110窟段。其中B4窟、B5窟、B88窟、B102窟所在崖壁，就仅仅残存洞窟西壁或西壁的一部分。经考察发现，这一现状也是由洪水造成的。是当洪水对该段崖壁侧蚀造成的向西内凹，已无法承受上部崖体上所开凿的洞窟而造成崩塌。此前的该段崖体正处于暂时相对稳定的状态，崖体和崖体上所开凿的洞窟暂时没有崩塌的危险。但由于大泉河洪水仍在继续侧蚀冲刷该段崖壁，崖壁下部又会出现新的向西内凹状，造成该段崖体再度出新的不稳定因素。久而久之，当该段崖体无法承受其上崖体的重力，或遇到地震，就必然造成该段崖体和崖体上洞窟的又一次崩塌。由于大泉河洪水的侧蚀和冲刷，使北区崖壁下部出现的上述两种状况，几乎成为一种恶性循环。给北区崖壁

①见樊锦诗、彭金章、王旭东著《从莫高窟的历史遗迹探讨莫高窟崖体的稳定性》，载于《宿白先生八秩华诞纪念文集》第635页，文物出版社，2002年。

②见彭金章、王建军著《敦煌莫高窟北区石窟·第一卷》图版3，文物出版社，2000年。

以及崖壁上所开凿的洞窟带来了极为严重危害。

由于大泉河洪水对北区崖体底部的侧蚀,形成崖体悬空,在重力或地震的作用下,最后导致崖体下层洞窟坍塌。而下层洞窟的坍塌,又必然殃及崖壁中层和上层洞窟。由来看来,北区崖壁中层和上层有些地段洞窟遭到破坏的元凶仍然是大泉河的洪水。

2.东侧支沟洪水的冲蚀。

莫高窟东侧的三危山是一系列东西向延伸的山脉。山间有 5 条干河沟自东向西汇入大泉河主河道。在东侧各支沟的出山口处,河床下切基岩形成窄 V 字的横断面和落差达 3~6 米的跌水,说明这些干河沟虽平时常年无水,但偶然也会暴发较大的洪水。东侧支沟洪水一旦汇入主河道,就直接冲蚀大泉河的西岸,造成崖体坍塌、后退,形成凹岸。

莫高窟崖体被支沟洪水破坏的地方有三处:

一处在北区以北约百米处,崖体被冲坍的长度达约 30 米,凹崖对面的干河沟沟口为敦煌研究院所在地以北约 150 米。由于此段崖壁上现无洞窟存在,故崖壁坍塌对莫高窟石窟群影响不大。

另一处在 B17 窟的北面,B83 窟的南面。凹崖长约 18 米,深 10 米,其内有一批洞窟遭到了严重破坏。凹岸对面的干河沟横穿敦煌研究院与停车场之间,干河沟上现修建有一简易公路桥。此外,莫高窟第 96 窟九层楼所在地也是一处被古洪水冲蚀的凹面。在九层楼对岸的洪积扇上有一条古河道与其相对。受新构造运动影响,这条古河道在更新世晚期已改道西北汇入主河道。

五、切崖顶坡地雨水汇流对崖壁上层和中层的侵蚀破坏

经过多年研究发现,在莫高窟除了大泉河洪水对崖壁和崖壁上所开凿的洞窟造成严重破坏外,大气降水对洞窟和崖壁造成的破坏也相当严重。在南区中段和北段上、中层洞窟遭到的破坏原因就是大气降水。而北区因大气降水对崖壁造成破坏最为严重的崖面有 B84~90 窟崖面段,B201~211 窟崖面段,B115~120 窟崖面段。这些洞窟均开凿于崖面高处,却都遭到程度不同的破坏,崖体断面无一例外均呈台阶状。在台阶状的崖壁上,有的洞窟窟顶已不存在;有的洞窟后室保存完整,而前室上半部已不存在;有的洞窟则仅存前、后室地面及洞窟残壁。经研究发现,这些洞窟

因处于北区崖壁中层和上层，它们遭到破坏的原因显然不是大泉河的洪水，而是大气降水①。

敦煌莫高窟地区气候干燥，多年平均年降雨量不足23.20毫米，而年蒸发量却高达4347.90毫米，是降雨量的187倍②。也正是由于这种特殊的气候条件，才得以使莫高窟洞窟内的壁画至今仍保存得比较好。但是，莫高窟地区的大气降水有着明显的季节性，主要集中在每年的6~8月，占全年降水量的70%~80%，而有时一次降雨的强度很大。一旦遇到强降水，就会在山顶形成汇流，向下冲蚀崖体，最终导致崖壁上部、中部洞窟的崩塌。

这样看来，大泉河洪水与大气降水对莫高窟崖壁上下夹击，就造成了莫高窟崖壁上所开凿洞窟的坍塌。

综上所述可知，由于受到大泉河洪水侧蚀冲击和大气降水的影响，崖壁上开凿的洞窟被破坏。根据这些遭到破坏的洞窟残迹推测，莫高窟南区崖壁下部有的地段被侧蚀后退了1~2米，崖壁中层有的地段被破坏了约3米，崖壁上层有的地段被破坏了约6米。北区崖壁遭到破坏的状况更严重，崖壁下部被大泉河洪水侧蚀后退了3~4米，崖壁中部有的地段被破坏了约5米，崖壁上部有的地段被破坏了约7米。

为了长期有效地保护莫高窟，使其不再遭受大泉河洪水和大气降水以及地震等自然灾害的破坏，早在20世纪60年代初，国家就拨巨资对莫高窟南区危崖及洞窟进行了加固，使其不再崩塌。后又于80年代初，在北区窟前20余米处修建了长700余米、高1.5米的防洪大堤。从此，结束了大泉河水危害北区崖体的历史。90年代中后期，又整修大泉河河道，将河道加宽、加深、去弯取直，并将南区一级阶地东侧外和北区窟前的防洪大堤加高，以确保即便大泉河发生百年一遇的特大洪水，也不至于对莫高窟崖体和洞窟造成破坏。最近，还对北区崖壁进行了加固，并对窟顶进行了治理，以防大气降水或地震等自然因素对崖壁和洞窟造成破坏。经过近半个世纪的不懈努力，现在的莫高窟崖壁及崖壁上的洞窟，抵御大泉河洪水、大气降水以及突发地震的能力大大增强。使已有千年历史的“世界文化遗产”敦煌莫高窟得以延年益寿，永葆青春。

（原载《敦煌研究》2007年第5期）

①见樊锦诗、彭金章、王旭东著《敦煌莫高窟北区洞窟及崖面崩塌原因探讨》，载于本书第283页。

②见李实、屈建军著《敦煌莫高窟的气候环境特征》，载于《敦煌研究文集·石窟保护篇（上）》第70页，甘肃民族出版社，1993年。